Effiziente Unternehmensplanung

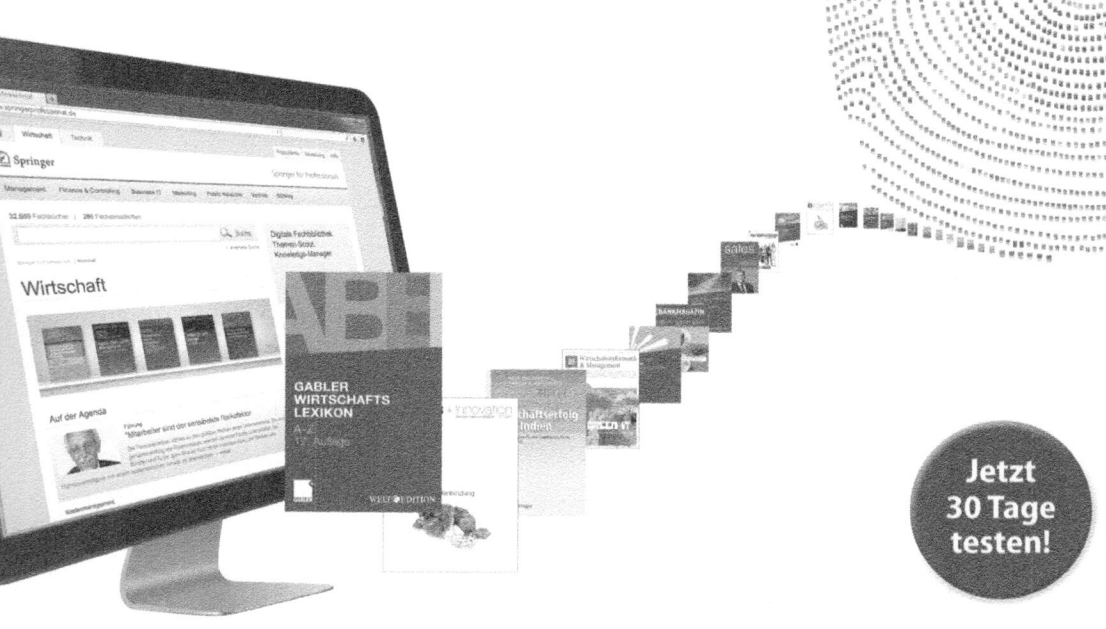

Igor Barkalov

Effiziente Unternehmens-planung

Weniger Aufwand, mehr Flexibilität, mehr Geschäftserfolg

 Springer Gabler

Igor Barkalov
Capgemini Deutschland GmbH
Offenbach
Deutschland

ISBN 978-3-658-06838-7   ISBN 978-3-658-06839-4 (eBook)
DOI 10.1007/978-3-658-06839-4

Die Deutsche Nationalbibliothek verzeichnet diese Publikation in der Deutschen Nationalbibliografie; detaillierte bibliografische Daten sind im Internet über http://dnb.d-nb.de abrufbar.

Springer Gabler
© Springer Fachmedien Wiesbaden 2015

Gedruckt auf säurefreiem und chlorfrei gebleichtem Papier

Springer Fachmedien Wiesbaden ist Teil der Fachverlagsgruppe Springer Science+Business Media
(www.springer.com)

Geleitwort

Von anderen lernen?

Die Planung in einem Unternehmen ist ein höchst individueller und zumeist auch sehr komplexer Prozess. Kann es da sinnvoll sein, sich am Beispiel anderer zu orientieren oder gar von ihnen lernen zu wollen?

Seit ich die Studienergebnisse des Beratungsunternehmens Capgemini zu diesem Thema kenne, beantworte ich die zunächst skeptisch gestellte Frage mit einem klaren „Ja". Es gibt in der Tat sehr vieles von erfolgreichen Unternehmensplanern zu lernen. Auch wenn diese vielleicht ganz andere Rahmenbedingungen haben, in einer anderen Branche tätig sind und wenn ihr Unternehmen eine kaum vergleichbare Struktur aufweist.

Dem Autor dieses Buches, Igor Barkalov, und seinem Team ist es zu verdanken, dass bei Hunderten bedeutender Unternehmen die Art zu planen und die Qualität der Ergebnisse akribisch untersucht wurden; im Verlauf von etwa acht Jahren geschah dies mehrfach. Und am Ende fanden sich erstaunliche Korrelationen und Schlussfolgerungen, die für jedes Unternehmen nützlich sein können. Wenn die Verantwortlichen ihren Nutzen daraus ziehen WOLLEN.

Die wichtigen Details der Studien, die Ergebnisse und die darauf aufbauenden Empfehlungen liegen nun in diesem ausführlichen, praxisorientierten Buch vor. Es wendet sich vor allem an

- Geschäftsführer, die ihre Planungsverantwortlichen motivieren und ihnen aktiv helfen wollen,
- Planungsverantwortliche, die ihre Geschäftsführer besser verstehen wollen, und
- alle Führungskräfte, die verstehen wollen, welchen Mehrwert sie aus der Planung ziehen können.

Die Lektüre lohnt sich für jeden, der grundsätzlich erkennt, dass die Planung viel Zeit in Anspruch nimmt, dafür aber auch einen Wert liefert. Darauf verzichten können dagegen alle, die auf jeden Fall den Status quo bei der Planung beibehalten wollen oder die Auffassung vertreten, dass Planungsergebnisse schon allein durch ein neues, allumfassendes Tool oder durch Anpassung einzelner Prozesse bedeutend verbessert werden könnten.

Illusorische Erwartungen werden in diesem Buch schonungslos offengelegt, was ich sehr erfreulich finde. Gleichzeitig zeigt der Autor die realistischen Möglichkeiten der aktuellen Informationstechnik auf, zum Beispiel die Chancen von „Business Analytics". Ihr Einsatz erfordert aber neue, spezielle Fähigkeiten, die in den meisten Unternehmen (noch) nicht verfügbar sind, weshalb Business Analytics von manchen – zu Unrecht – geschmäht wird.

Es gilt letztlich, die neuen Erkenntnisse und die Erfahrungen aus den Studien zur Unternehmensplanung mit der nötigen Portion Aufgeschlossenheit aufzunehmen. Dann wird jeder Leser – davon bin ich überzeugt – von diesem Buch profitieren.

Dr. Volkmar Varnhagen
CEO Capgemini Consulting

Vorwort

70 % of corporate strategy plans fail.
Why CEOs fail – Fortune Magazine

In vielen Unternehmen tun sich die Verantwortlichen schwer damit, eine vernünftige Planung und Budgetierung auf die Beine zu stellen. Prinzipiell spricht sich eine große Mehrheit für eine Standardisierung aus (siehe Abb. 1), aber schon die Entscheidung für eine bestimmte Planungsart wird zum Problem: Standardprozesse wie die Budget-Erstellung sind sehr aufwendig, die Strategische Planung oder die operative Prognose werden wegen des überschaubaren Aufwands favorisiert, doch sie liefern eher unzureichende Ergebnisse (siehe Abb. 2). Wer deshalb zu den businessorientierten Instrumenten greift, also etwa zu rollierenden finanziellen oder operativen Prognosen, erhält ein schärferes Bild der Chancen und Risiken, sieht sich aber auch schnell einem deutlich erhöhten Planungsaufwand ausgesetzt.

Noch häufigere Abstimmungsschleifen, ohnehin eine der lästigen Hürden in vielen Unternehmen, sind oft die Folge (siehe Abb. 3). Die durch Marktdynamik, kürzere Konjunktur- und Produktlebenszyklen sowie Krisen verursachten Erschwernisse bei der Planung haben sich gerade in den letzten Jahren weiter verschärft. Aus diesen Gründen hat die durchschnittliche Planungsdauer überall deutlich zugenommen – ablesbar an der Zahl der Abstimmungsschleifen: Sie ist nach einer umfassenden Erhebung der Unternehmensberatung Capgemini Consulting allein in den Jahren 2012 und 2013 um 30 % gewachsen (siehe Abb. 3).

Was also ist zu tun, um Unternehmensplanung effizienter und effektiver werden zu lassen? Auf der Grundlage neuester Studien bei einer Vielzahl bedeutender Unternehmen in Europa und den USA werden nachfolgend ein Konzept für ganzheitliche Planungsprozesse und ein praktischer Leitfaden zur Steigerung von Effizienz und Effektivität entwickelt. Dabei gehe ich auf geschäftsspezifische Branchenschwerpunkte und Trends ebenso ein wie auf typische Schwachstellen, um vor diesem Hintergrund die Definition eines individuellen Planungszielbildes sowie der richtigen Hebel zu erleichtern.

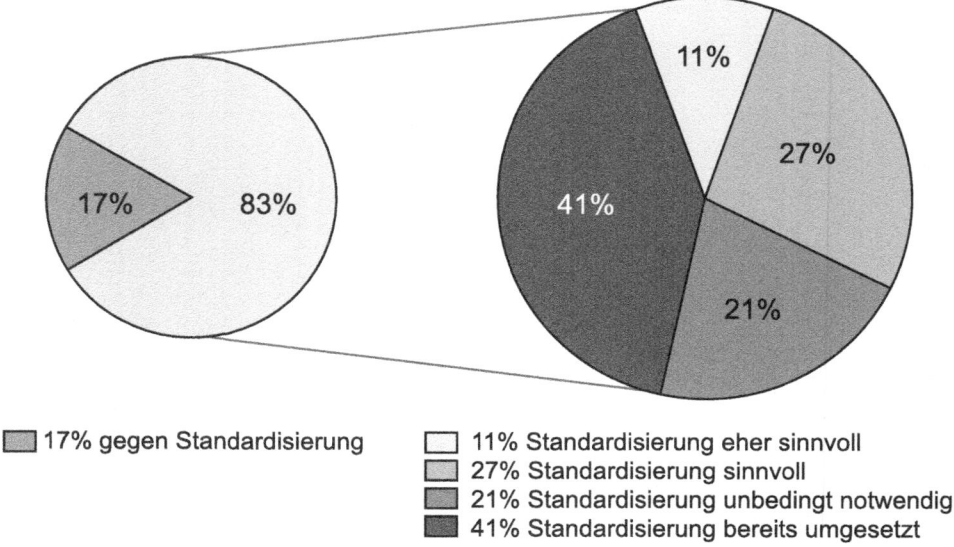

◼ 17% gegen Standardisierung   ☐ 11% Standardisierung eher sinnvoll
                                                 ◻ 27% Standardisierung sinnvoll
                                               ▨ 21% Standardisierung unbedingt notwendig
                                               ◼ 41% Standardisierung bereits umgesetzt

Abb. 1 Standardisierung der Planungsprozesse. Rund 83 % der Mitarbeiter sprechen sich dafür aus

Abb. 2 Zufriedenheit mit der Planung. Etwa jeder fünfte Mitarbeiter ist mit der Planung unzufrieden oder sehr unzufrieden

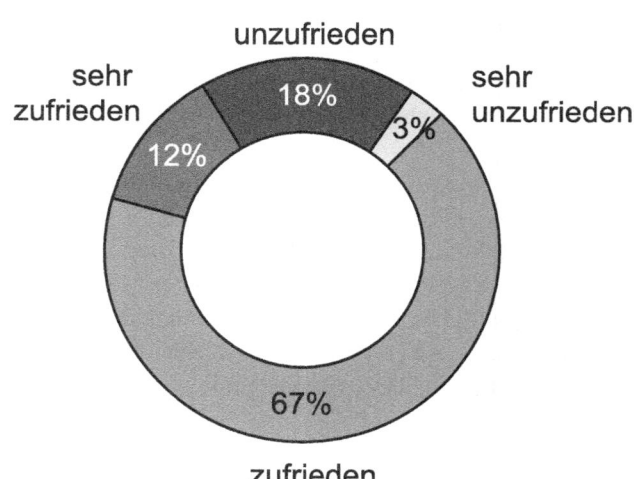

Zielsetzung des Buches ist es, den Verantwortlichen sowohl Grundlagen als auch praktische Hinweise zu vermitteln, damit sie die geeigneten Instrumente verwenden, die richtigen Schwerpunkte setzen und relevante Erkenntnisse für die Unternehmenssteuerung gewinnen. Unternehmensplanung kann und muss effektiver, aber auch effizienter werden. Abbildung 4 zeigt den vermeidbaren Aufwand bei den verschiedenen Planungsarten.

Wo die wachsenden Herausforderungen einer komplexen Unternehmensplanung liegen, wie man ihnen begegnet und welche Schritte letztlich zur Planungsoptimierung

Abb. 3 Zahl der Abstimmungsschleifen. Für die
Jahresplanung und den
finanziellen Forecast hat
sich die Zahl der Abstim-
mungsschleifen zwischen
2010 und 2013 um 30 %
erhöht

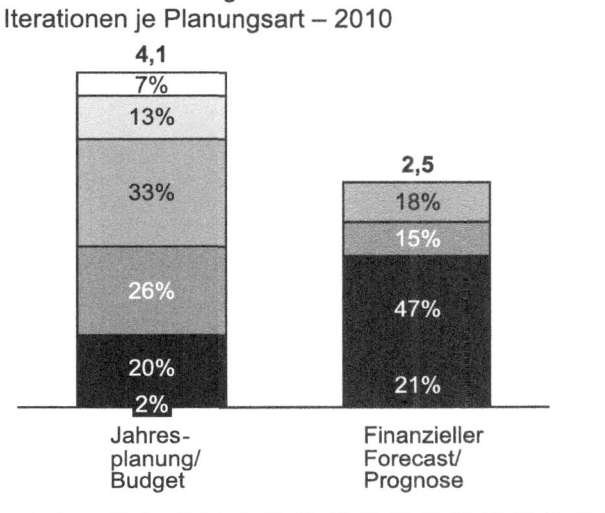

Anzahl Abstimmungsschleifen /
Iterationen je Planungsart – 2010

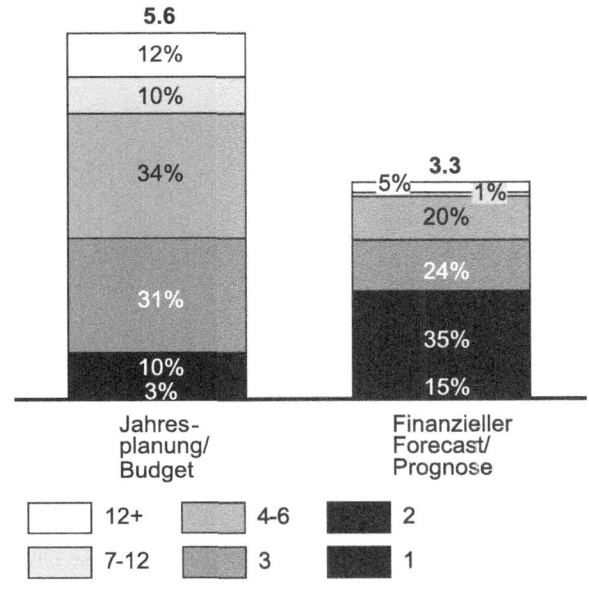

Anzahl Abstimmungsschleifen /
Iterationen je Planungsart – 2013

führen – auf diese und viele weitere Fragen gibt das Buch Antworten und Empfehlungen.
Weitere Stichworte: Matrix für den Planungsreifegrad, Bedeutung und Einbeziehung der
Business-Treiber, differenzierte Betrachtung der Planungsarten: von der Strategischen
Planung bis zu Business Analytics, von der rollierenden finanziellen Prognose bis zur
Planung mit Szenarien.

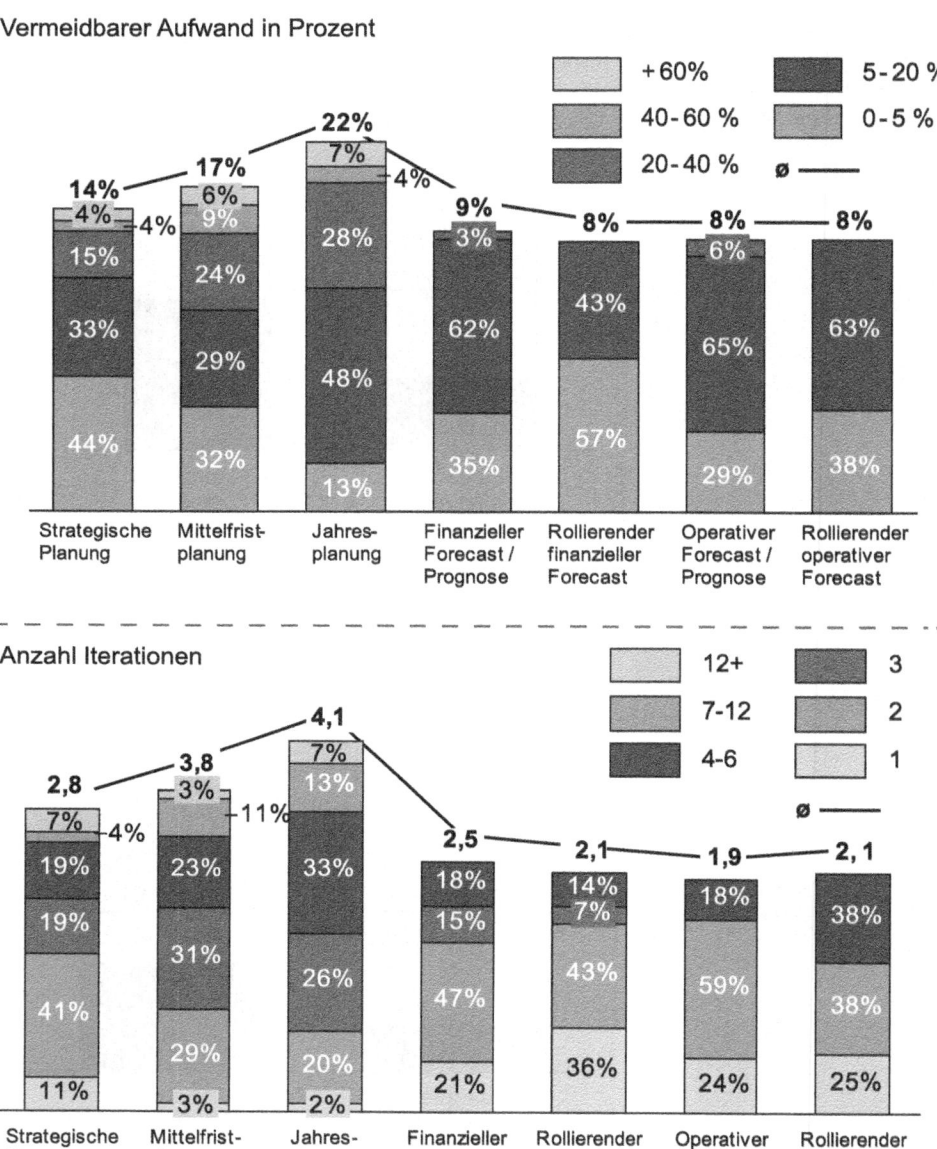

Abb. 4 Vermeidbarer Aufwand bei der Planung. Bei der Jahresplanung tritt am stärksten vermeidbarer Aufwand auf, mit einem Anteil von durchschnittlich 22 %

Was machen erfolgreiche Unternehmen bei Planung und Steuerung besser als die anderen? Wo können und sollten CFOs und Controller ansetzen, um zu befriedigenden Ergebnissen zu kommen? Die präzisen Antworten, die das Buch gibt, mögen von Branche zu Branche verschieden sein; aus den Beispielen und Erkenntnissen kann aber jeder Unternehmensverantwortliche zu seiner eigenen Quintessenz finden und damit letztlich zu einer klaren „Forward Visibility".

In Teil 1 des Buches wird zunächst die Notwendigkeit eines Zielbildes für die Unternehmensplanung diskutiert. Eigentlich handelt es sich fast immer um eine Vielzahl von Bildern, die sich je nach Hierarchieebene und Verantwortungsbereich deutlich voneinander unterscheiden. Basis dafür sind die individuellen Erwartungen an die Planung, die nicht immer leicht auf einen gemeinsamen Nenner zu bringen sind. Daher ist die Rolle der Unternehmensplanung für die gesamte Unternehmenssteuerung zu untersuchen, und es stellt sich die Frage, was ein Zielbild dem Unternehmen überhaupt bringt.

Kommt man zu dem Ergebnis, dass das Zielbild von Nutzen ist, schließt sich die Frage an, wie es zu entwickeln ist: Aus welchen Parametern lässt sich das Planungszielbild ableiten? Wie kommt man zu praktisch verwertbaren Assessments?

Teil 2 geht auf branchenspezifische Schwerpunkte bei der Planung, auf typische Schwachstellen und aktuelle Trends bei der Wahl von Planungsarten ein. Hier wird insbesondere die Rolle sogenannter Treiber und die notwendige Fokussierung darauf in der Planung betrachtet.

Teil 3 schließlich befasst sich mit dem Planungsreifegrad von Unternehmen. Er enthält einen Leitfaden zur Ermittlung dieses Reifegrades je nach verwendeter Planungsart wie auch zur Definition des Zielbildes samt geeigneter Hebel. Und er gibt praxisgerechte Hinweise für die Planungsoptimierung im Hinblick auf Effizienz und Effektivität. Hier erfahren Unternehmensverantwortliche, wie sie zu ganzheitlichen Planungsprozessen kommen – von Strategischer Planung bin hin zu funktionalen Planungsarten. Praxisbeispiele für Integrierte Business-Planung, vertikale und horizontale Integration, für rollierende finanzielle Prognose sowie Planung mit Szenarien und Business Analytics in der Planung runden die Darstellung in Teil 4 ab.

Aufgrund der transparenten Gliederung und mit Hilfe der Indizierung gibt das Buch auch dem eiligen oder an Vorkenntnissen schon reicheren Leser die Möglichkeit, schnell die interessanten und hilfreichen Stellen zu finden, die individuellen Nutzen versprechen.

Danksagung

Für die Vorbereitung und Realisierung dieses Buches habe ich viel Unterstützung erfahren, für die ich mich an dieser Stelle ausdrücklich bedanken möchte.

Besondere Anerkennung haben verdient:

- Michael Metz, Philipp Wagner, Johannes Martin und Sibylle Mume für Mitarbeit, gemeinsame Überlegungen und Diskussion bei den Studien Forward Visibility 2010 und 2013;
- Philipp Wagner, Roland Scharer und Marina Gertsberg außerdem für die Bereitschaft, die Themen rund um den Einsatz von Business Analytics zu diskutieren.
- die TRIUM Executive MBA Class 2014 für die Analyse von Unternehmenssituationen und Beispielen meiner Kunden;
- die Professorinnen und Professoren von NYU Stern, HEC Paris und London School of Economics für zahlreiche Diskussionen rund um die Unternehmenssteuerung, die mich mit vielen Ideen zu diesem Buch bereichert haben.
- Peter Birkenmaier, Stephanie Heno, Raoul Bruch und Lena Sophia Kreß, die mir geholfen haben, das Buch in Form zu bringen;
- meine Frau, die mich stets unterstützt hat.

Ein herzliches Dankeschön gilt auch dem Verlag für die stets gute Zusammenarbeit bei der Entwicklung des Buchprojekts.

Igor Barkalov

Inhaltsverzeichnis

Teil I
Zielbild und unternehmerische Herausforderungen

Die Erwartungen an eine Unternehmensplanung – und was davon wirklich realistisch ist

Die Beschäftigung mit dem Thema „Unternehmensplanung" beginnt mit vielen Fragen. Eine der elementaren lautet: Wofür ist sie überhaupt da, die Unternehmensplanung? Sie soll, könnte man ganz allgemein sagen, die zukünftige Entwicklung eines Unternehmens bestimmen.

Genauer betrachtet, haben die Teilnehmer am Planungsprozess, insbesondere die Stakeholder, sehr unterschiedliche Erwartungen an die Planung – und sie profitieren ebenso unterschiedlich von ihren Ergebnissen. Der Planungsprozess selbst spielt dabei eine gewichtige Rolle, weshalb auch er die Erwartungshaltung stark beeinflusst.

Die Führungskräfte und engagierten Mitarbeiter eines Unternehmens haben meist sehr unterschiedliche Erwartungen an die Unternehmensplanung. Typische Beispiele:

CEO

- Vermittlung und Ausrichtung des Unternehmens nach seiner Strategie.
- kritische Reflexionen zur Entwicklung von Konjunktur, zu Wettbewerb sowie Positionierung des Unternehmens im Markt; Chancen und Risiken sowie deren Auswirkung auf den Unternehmenserfolg über einen bestimmten Zeitraum.
- Zielvereinbarung mit Unternehmensbereichen.
- Vorgabe der inhaltlichen Anforderungen der Unternehmensplanung.

CFO

- Abschätzung der Auswirkungen von Chancen und Risiken auf die GuV sowie auf Bilanz und Kennzahlen über einen bestimmten Zeitraum.
- Bewertung unterschiedlicher Geschäftsentwicklungsszenarien mit Chancen und Risiken sowie deren Auswirkung auf den Unternehmenserfolg (Ertrag, Aktienkursentwicklung etc.).

© Springer Fachmedien Wiesbaden 2015
I. Barkalov, *Effiziente Unternehmensplanung,*
DOI 10.1007/978-3-658-06839-4_1

- Schaffung einer Grundlage für die Performance-Beurteilung von Unternehmensbereichen und einzelnen Managern.
- Erreichen operativer Bestmarken und Kostenvorteile (Vertrieb – Supply Chain/Produktion – Einkauf – Back-Office).
- Befriedigung von externen Informationsbedürfnissen (Investoren, Geldgeber, Behörden etc.).
- Detaillierung inhaltlicher Anforderungen, Überwachung der Kosten und der Geschwindigkeit des Planungsprozesses.

Controller

- Abstimmung einzelner Bereichsplanungen aufeinander, um ein Gesamtbild der Unternehmenslage zu erhalten. Rechtzeitige Erhebung der Zahlen, Blick auf mögliche Differenzen.
- Verantwortung für die Qualität der Daten.

Head Vertrieb

- Verständnis für die Auswirkungen von Marktveränderungen auf den Absatz von Produkten in den einzelnen Märkten und Kommunikation solcher Erkenntnisse.
- Ausrichtung der Vertriebsorganisation auf die Vertriebsstrategie.
- Verankerung einer Brücke zwischen Marketingausgaben, Umsatzwachstum sowie Profitabilität. Verfügbarkeit eines adäquaten Produktmix sowie Kommunikation einer Anforderung nach möglichst mehr Flexibilität in der Produktion.

Mitarbeiter im Vertrieb

- Abgestimmte Vertriebsziele und Commitment zum jeweiligen Produktmix, zur Verfügbarkeit und zu Launch-Terminen.
- Freigabe von Marketingausgaben.

Leiter Supply Chain

- Validierte und abgestimmte Stückzahlen, zum Beispiel über das Jahr und Regionen verteilt.
- Auf Absatzmärkte abgestimmtes Produktionsnetzwerk. Optimierte Kosten für TW (Transport/Warehouse).
- Ermittlung und Transparenz von tatsächlich abweichendem Produktmix oder abweichender Verteilung über das Jahr oder Regionen.
- Kommunikation einer Anforderung an stabilen Vertrieb nach Produktmix und Märkten gegenüber Vertriebsteam und Management.

Mitarbeiter Supply Chain

- Klar definiertes Operationsframework mit Zielvorgaben und aufeinander abgestimmten Bestandsflüssen.

Leiter Einkauf
- Klare Vorgaben zur Abwägung von Kosten und Qualität bei Komponentengruppen sowie Dienstleistungen. Stabile Bestellung bzw. Produktion von kritischen Komponenten und Dienstleistungen je Standort.
- Kommunikation von Anforderungen an Komponentenvorlaufzeiten sowie der damit verbundenen Risiken im Falle von nicht eingehaltenen Plänen.

Mitarbeiter Einkauf
- Vorgaben zu Preis und Qualität. Mengen. Standorte.

Wie man sieht, gibt es große Unterschiede bei Schwerpunkten und Erwartungen. Der CEO ist zum Beispiel auf inhaltliche Punkte konzentriert, der Schwerpunkt liegt auf der eigentlichen Unternehmung sowie auf den Shareholdern. Der CFO dagegen muss darüber hinaus die Informationsanforderungen von Regulatoren befriedigen sowie Inhalt, Qualität, Geschwindigkeit und Kosten auf einen Nenner bringen. Der Vertrieb wiederum will auch auf funktionalen Ebenen so viel Flexibilität wie möglich erhalten, während für Supply Chain und Einkauf je nach Branche eine höhere Stabilität bzw. ein längerer Vorlauf zur Veränderung benötigt wird.

Studien belegen, dass 40 % der Manager, die zum ersten Mal eine solche Position besetzen, ihren Job nicht richtig machen. Den anderen 60 % fehlen fundamentale Management-Fähigkeiten. Dieses Defizit im Know-how ist ein Problem in jedem Unternehmen und spiegelt sich auf vielfältige Weise wider, sei es in der Minderung der Produktivität oder in einem Anstieg der Fluktuation der Mitarbeiter. 70 % der Mitarbeiter, die kündigen, haben eine schlechte Beziehung zu ihren Vorgesetzten.

Eines der wichtigsten Prinzipien für Manager ist die 80/20 Regel: Ungefähr 20 % der Ursachen erklären 80 % der Resultate. Manager sollten die Möglichkeit haben, ihre Zeit auf die wichtigen 20 % zu konzentrieren, und sich weniger um die trivialen 80 % kümmern. Dabei soll die Unternehmensplanung und -Steuerung einen Beitrag leisten.

Für das Management einer Abteilung sind vier Punkte entscheidend:
- „Planning" – Priorisierung der wichtigen Aufgaben/Ziele, Budget und Prognose.
- „Organizing" – Funktion der Mitarbeiter identifizieren sowie der Ressourcen, die sie dafür benötigen.
- „Influencing" – Motivation und Leiten der Angestellten, ohne ihnen Befehle zu geben.
- „Controlling" – Überprüfung der Arbeit durch Feedback Calls und quantitative Reports.

Ein erfolgreicher Manager bindet verschiedene Bereiche eines Unternehmens mit ein; hier drei Beispiele:

- HR-Abteilung – Ziel ist es, einen guten Draht zu jedem Mitarbeiter zu etablieren.
- Die Angestellten – Beziehen Sie Ihre Mitarbeiter mit in das Geschäft ein, geben Sie ihnen Verantwortung. Besprechen Sie auch die Ziele und die erarbeiteten Pläne mit ihnen. Damit signalisieren Sie, dass Sie Vertrauen in die Mitarbeiter haben. Sie sollten Unstimmigkeiten im privaten Kreis und nicht öffentlich klären. Durch monatliche Team-Meetings sollten mögliche Probleme angesprochen und behoben werden.
- Der Vorgesetzte – Gehen Sie sicher, dass Ihr Chef weiß, dass Sie an der Zusammenarbeit interessiert sind. Wenn Sie Pläne mit ihm besprechen, sollte er sicher sein, dass Ihre Abteilung die aufgetragenen Ziele erfüllt und dass die Arbeit in einer Weise getan wird, die ein positives Licht auf die Firma wirft.

Weitere Informationen dazu finden sich im Buch „Managing for Success" von Steven R. Smith.

In der Regel ist das Gebilde eines Konzerns noch weit komplexer als in dieser Aufzählung erkennbar. Da die Verantwortung oft über die Konzernebenen verteilt ist, multiplizieren sich die Rollen. Dennoch sind die grundsätzlichen Erwartungen an die Unternehmensplanung oft ähnlich.

Ob die Erwartungen auch realistisch sind, ist eine ganz andere Frage. Wir fragen zunächst andersherum: Kann eine Unternehmensplanung den Erwartungen immer gerecht werden?

Es gibt darauf keine eindeutige Antwort. Klar ist nur: Die Unternehmensplanung kann keine Zukunft vorhersagen. Spätestens nach der Jahrtausendwende haben die letzten Unternehmen eine solche Erwartungshaltung als illusorisch erkannt und endgültig aufgegeben. Die meisten Verantwortlichen wissen ohnehin, dass konkrete Budgetzahlen in der Praxis nie exakt getroffen werden. Abweichungen korrelieren allerdings oft mit der Volatilität des betreffenden Marktsegmentes, in dem das jeweilige Unternehmen operiert.

Diese Volatilität (siehe Abb. 1.1) ist nur eine von zahlreichen Herausforderungen, die eine Unternehmensplanung begleiten – und erschweren. Zu den externen Faktoren zählt insbesondere der permanente Wandel der relevanten Märkte für Absatz, aber auch für Ressourcen, etwa im Hinblick auf notwendige Rohstoffe. Politische Unwägbarkeiten und instabile Kosten stellen die langfristige Versorgung bzw. Zuliefersicherheit in Frage. Hinzu kommen die Unbeständigkeit der Finanzmärkte sowie die wachsende Verschlechterung von Rahmenbedingungen, vor allem in Bezug auf Gesetzeslage und Umweltbestimmungen. Letztlich wird alles immer komplexer: das Geschäft, die Märkte – und damit auch die Planung.

Während die genannten Faktoren nicht oder nur in sehr engem Rahmen beeinflusst werden können, sind andere unternehmerische Herausforderungen eher beherrschbar. Zum Beispiel das allgegenwärtige Problem, ein gesundes Gleichgewicht zwischen Krisenfestigkeit und Wachstumsorientierung zu finden. Oder die Defizite bei der Ausrichtung

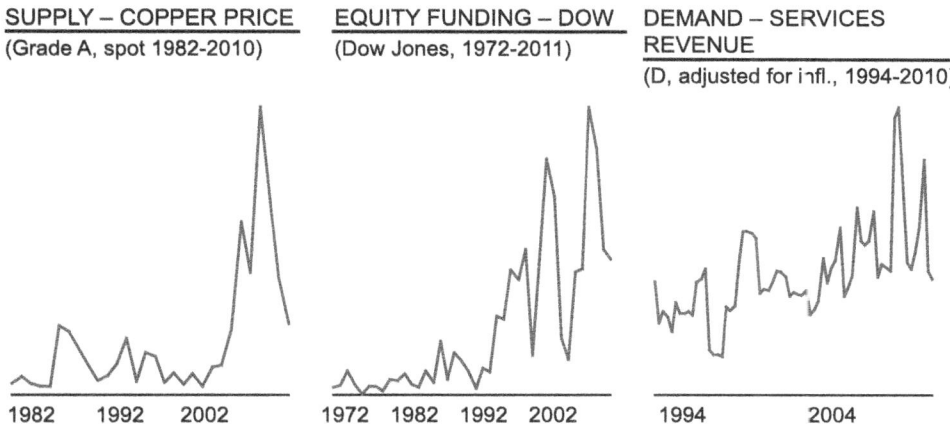

Volatilität anhand der monatlichen / jährlichen Standardabweichung gemessen
Quelle: IMF, Capgemini Consulting Analysis

Abb. 1.1 Volatilität. Eine Vorhersage der Zukunft ist unmöglich. Märkte sind unberechenbar, sowohl für Zulieferer als auch für die Nachfrageseite

des Unternehmens auf Märkte und Kunden. Hier sehen sich Verantwortliche oft vor die schwierige Entscheidung gestellt, ob sie eine schnelle Reaktion erzielen oder die Nachhaltigkeit fördern sollen. Eine klare Corporate Governance auf- und umzusetzen, ist ein weiteres Beispiel für große unternehmerische Herausforderungen.

►   Vor diesem Hintergrund ist Unternehmensplanung prinzipiell als ein Prozess zu sehen, bei dem sich alle Beteiligten Gedanken über mögliche Szenarien der Unternehmensentwicklung machen. Durch Abstimmung mit anderen relevanten Bereichen kommen sie schließlich zu einem „best possible educated guess", einer gut fundierten Abschätzung für das gesamte Unternehmen. Der Planungsprozess ist auch im eigentlichen Wortsinn „educational", wenn er sinnvoll ausgestaltet wird: Dann führt er in der Tat zu einer „lernenden Planung".

Was heißt nun „lernende Planung" konkret?

Im Rahmen des Planungsprozesses können Unternehmen wertvolle Erkenntnisse darüber gewinnen, welche Wirkung einzelne Einflussfaktoren auf die Organisation und auf die Geschäftsergebnisse haben – wenn dieser Planungsprozess in geeigneter Weise ausgestaltet wird. Dieses Buch wird unter anderem aufzeigen, wie dies geschehen sollte, um im Unternehmen eine lernende Umgebung zu schaffen. Hauptziel muss es sein, im Fall einer Marktveränderung oder im Fall von einschneidenden internen Vorgängen annähernd vorbereitet reagieren zu können

Der Begriff „vorbereitet" ist hier bewusst gewählt worden, weil es eine „richtige Reaktion" nicht gibt. Zum Erfolg oder zur Lösung von Problemen führen nahezu immer mehrere unterschiedliche Wege. Allerdings sind ihre Aussichten auf Erfolg wegen der oft spezifischen Bedingungen oder wegen der Haltung der Stakeholder je nach Situation oder Zeitpunkt unterschiedlich. Der Planungsprozess im Unternehmen kann jedoch dazu beitragen, dass der optimale Weg zu einer Problemlösung wenigstens in der Zukunft signifikant verkürzt wird.

Die Chancen einer „lernenden Planung" werden bislang (Stand: 2014) von nur wenigen großen Unternehmen genutzt. Dies haben umfangreiche Erhebungen von Capgemini Consulting ergeben, die in den Jahren 2010 und 2013 im Rahmen von Studien zum Thema „Forward Visibility" publiziert wurden.

▶ **Unter lernender Planung** kann ein Planungszielbild verstanden werden, das unterschiedliche Planungsarten sowie Teilpläne systematisch verknüpft und damit die Organisation im Ganzen befähigt, wertvolle Erkenntnisse aus der Planung bzw. Gegenwirkung einzelner Pläne abzuleiten. So können die Auswirkungen möglicher künftiger Entwicklungen auf den Geschäftsbetrieb aus diversen Perspektiven im Unternehmen eingeschätzt und Entscheidungen auf unterschiedlichen Unternehmensebenen bzw. Unternehmensfunktionen bewusst getroffen werden. Statt Informationen auf einzelnen Hierarchieebenen zu konzentrieren, sollen Divisionen und Abteilungen vorbereitet werden, unter Berücksichtigung der Unternehmensziele schnell auf Veränderungen zu reagieren.

Eine weitere Frage stellt sich in diesem Zusammenhang: Kann bzw. soll eine Unternehmensplanung immer das Gleiche leisten, unabhängig von den Entwicklungsphasen eines Unternehmens?

Bei Start-ups zum Beispiel wird immer wieder behauptet, dass sie keine Unternehmungsplanung haben und diese im Grunde auch nicht brauchen. Diese Aussage stimmt nur zum Teil. Es gibt oft keinen formalen Prozess, der Unternehmungsplanung heißt, denn auf Grund der anfangs bescheidenen Unternehmensgröße ist ein formaler Prozess zumeist überflüssig. Dennoch findet auch in Start-up-Unternehmen eine rege Kommunikation und Abstimmung über die Entwicklung von Markt, Produkt, Kosten und Liquidität statt. Lediglich Prognosen und Ausblick sind in der Regel kurzfristiger und der Zeitrahmen für die Planung ist weniger formal.

Unternehmensplanung, so können wir daraus folgern, hat in jeder Phase der Unternehmensentwicklung ihre Berechtigung, wenn das Zielbild darauf abgestimmt wird. Es muss sich allerdings auf realistische Erwartungen beziehen. Und das ist nicht immer der Fall. Manche Erwartungen sind wenig realistisch und daher nicht erfüllbar, wie Tab. 1.1 zeigt.

▶   Weitere Einblicke in Erwartungen, die gar nicht oder nur durch unverhältnismäßigen Einsatz von Ressourcen erfüllt werden können, vermittelt der Artikel „Unternehmensplanung: Die falschen Ziele" von Johanna Hoppe auf www.handelsblatt.com.

Tab. 1.1 Erwartungen vs. Realität

Erwartung	Warum nicht erfüllbar?
Die Unternehmensplanung sagt die zukünftige Entwicklung vorher	Wegen der Volatilität der Märkte und anderer externer Faktoren, die nicht zu beeinflussen sind
Die Unternehmensplanung bildet mögliche Entwicklungsszenarien umfangreich und vollständig ab	Eine Anforderung, die Planung ganzheitlich nach neuen Annahmen zu wiederholen, ist in der Komplexität vieler Unternehmen kaum realisierbar
Die Unternehmensplanung liefert hohe Qualität und schont gleichzeitig den Einsatz von funktionalen Ressourcen	Ein Planungsprozess kann in vielen Unternehmen sehr aufwendig ausfallen. Man wünscht sich daher den limitierten Einsatz von funktionalen Experten bei gleichbleibender Planungsqualität. In ‚ruhigen' Jahren scheint die Logik aufzugehen. Doch die Planungsqualität liegt nicht in der scheinbaren Konsistenz der Daten, sondern wird dadurch gemessen, wie ein Unternehmen über alle wesentlichen Funktionen hinweg auf Veränderungen vorbereitet ist und auf die Veränderung reagiert In Kap. 3 und 4 wird diskutiert, wie ein Zielbild zu einer lernenden Planung beiträgt, ohne dass die funktionalen Experten allzu stark mit „Number Crunching" belastet werden
Die Unternehmensplanung ist über alle funktionalen Bereiche hinweg abgestimmt	Abgesehen von der für Menschen kaum beherrschbaren Komplexität: Kein heute verfügbares Tool wird in der Lage sein, umfangreiche Verknüpfungen und damit eine breite Abstimmung zu erreichen. In Teil 4 wird diskutiert, wie man Integration in der Planung zwischen funktionalen Bereichen, bezogen auf wesentliche Treiber, ausreichend gestalten kann
Unternehmerisches Handeln, Eigenverantwortung und Initiative auf mittleren und unteren Ebenen im Unternehmen können durch einen soliden Plan ersetzt bzw. kompensiert werden	Kein Planungsprozess oder -tool wird menschliches Handeln in absehbarer Zeit ersetzen können

Viele andere Erwartungen lassen sich demgegenüber durchaus erfüllen, zumindest im Wesentlichen, sodass die Unternehmensplanung immer einen wertvollen Beitrag zur Unternehmenssteuerung leisten kann. Die Erfahrung zeigt, dass Unternehmen am meisten erreichen, wenn sie ihre Erwartungen je nach individueller Situation priorisieren und die Planung von vornherein auf diese Prioritäten ausrichten. Auch sollte sich der Planungsprozess mit der Einschätzung möglicher Schwankungsintervalle der Kerneinflussfaktoren beschäftigen. Im Teil 2 dieses Buches wird erklärt, was die Kerneinflussfaktoren, die

Treiber, sind und wie man sie ermittelt. Zusätzlich geht Teil 4 auf die Gestaltung und auf aktuelle Ansätze zur Szenarienentwicklung ein.

Wie man schließlich den ‚best possible educated guess‘, den die Unternehmensplanung nun einmal darstellt, noch signifikant verbessern kann, wird in Kap. 3.13, „Business Analytics", erläutert, nämlich mit Hilfe der detaillierten und weit zurückreichenden Unternehmensdaten, der externen Trends sowie der sichtbaren Handlungen des Wettbewerbs.

Grundsätzlich stellt die Planung ein Instrument dar, mit dem Verantwortliche die Auswirkungen ihres Handelns bzw. Nicht-Handelns einschätzen können. Und sie bietet eine Plattform dafür, die Maßnahmen mit anderen im Einflussbereich ihres Handelns befindlichen Bereichen abzustimmen.

Im folgenden Kapitel Kap. 2 wird die Rolle der Unternehmensplanung für die Unternehmenssteuerung unter Berücksichtigung einzelner Branchen näher betrachtet.

Die Rolle einer Unternehmensplanung für die gesamte Unternehmenssteuerung

Ganz unabhängig von der Branche muss die Unternehmensplanung auf eine Reihe von wesentlichen Grundbedürfnissen eingehen, insbesondere auf Kommunikation, Informationsversorgung, Ausrichtung des Unternehmens (Alignment) und Gewinnung von Entscheidungshilfen. In den meisten Unternehmen steht neben der internen Kommunikation auch die Versorgung externer Entscheider mit relevanten Informationen im Vordergrund.

Trotz gleicher Motive sind weder der Planungsprozess noch die Inhalte einer Planung immer gleich, manchmal auch nicht annähernd. So wie sich die Unternehmen in ihrem Reifegrad, in ihren Zielen und Herausforderungen sowie im organisatorischen Setup unterscheiden lassen, so verschieden sollten sie auch bei ihren inhaltlichen Schwerpunkten für die Planung sein. Wenn Effizienz und Effektivität gleichermaßen gefordert sind, kann auch der Planungsprozess nicht gleich sein. Im Gegenteil: Je spezifischer ein Planungsprozess auf die individuellen Bedürfnisse eines Unternehmens ausgelegt ist, desto effektiver kann die Unternehmensplanung die Informationsbedürfnisse der Unternehmenssteuerung versorgen, wobei die Organisation nicht überfordert wird.

Was aber bedeutet Effektivität konkret?

▶ **Effektivität in der Planung** kann mit Entscheidungssupport hoher Qualität gleichgesetzt werden, woran jedes Management ein starkes Interesse hat. Effektivität zeigt sich in der Steuerungsrelevanz und Prognosefähigkeit der Planung – sowie der Möglichkeit, Planungssimulationen vor dem Hintergrund unterschiedlicher Geschäftsentwicklungsszenarien vorzunehmen. Eine effektive Planung zeichnet sich außerdem dadurch aus, dass sie zusätzlich zu den regulären Planungsarten strategische Planung, mittelfristige Planung, Jahresplanung (Year-End Likely, finanzieller Forecast) auch vermehrt dynamische Elemente wie eine rollierende Prognose oder eine rein operative Prognose berücksichtigt. Sie

© Springer Fachmedien Wiesbaden 2015
I. Barkalov, *Effiziente Unternehmensplanung*,
DOI 10.1007/978-3-658-06839-4_2

basiert weiterhin auf unternehmensweit gültigen Annahmen, arbeitet mit klaren, skalierten Vorgaben und Zielen und verwendet ein Planungsmodell.

(Quelle: Barkalov et al. 2010)

Betrachtet man die Informationsanforderungen von Unternehmen einer bestimmten Branche, so wird man naturgemäß durchaus Ähnlichkeiten feststellen. Solche Unternehmen werden auch von außen als ähnlich wahrgenommen. Daraus kann geschlossen werden, dass sich externe Informationsansprüche relativ leicht von der Unternehmensplanung berücksichtigen lassen.

Typische Informationsbedürfnisse verschiedener Branchen sind im Folgenden zusammengefasst:

Telekommunikation
- Vertragsabschluss- bzw. Aufhebungsraten (in Bezug auf zweijährige Mobilverträge)
- Spitzenauslastung des Netzwerks (Nutzung der Infrastruktur)
- Durchschnittlicher Umsatz pro Stunde im Call Center; durchschnittliche Gesprächszeiten der Mitarbeiter pro Stunde im Hinblick auf die Effektivität des Call Centers als wichtigster Vertriebsweg
- Performance von Kampagnen, Customer Lifetime Value (Kundenwert über das gesamte „Kundenleben")
- Ausstehende Forderungen (aus Kundenverträgen)
- Kundenzufriedenheit, Kundenerschließung und Profitabilität, Erfassung von Profilen in Bezug auf Kundenverhalten und -bedürfnisse
- Technologische Trends

Bau
- Planungen in Bezug auf Standorte, umgebende Gebäude, Infrastruktur etc.
- Örtliche Gewerkschaftsaktivitäten, Sicherheitsbestimmungen und gesetzliche Regelungen und Tarifverträge unter besonderer Berücksichtigung spezifischer Unterschiede
- Kontrollverfahren, Stand des Beschaffungswesens, Qualitätskontrolle von Lieferteilen
- Materialpreise, makroökonomische Trends, die Preisveränderungen beeinflussen
- Produktionspläne und Leistungsberichte
- Aktuelle Leistungstrends, Personaldaten
- Transportwege
- Auslastung von Baugeräten
- Prozesse, die über die normale Dauer hinausgehen, ungewöhnliche Projektereignisse
- Terminüberschreitungen in der Supply Chain

Pharma
- Umfassender Überblick über die Bedürfnisse und Interessen von Ärzten
- Medikament-Arten, die von Ärzten regelmäßig verschrieben werden
- Informationen über Kliniken, mit denen die Ärzte zusammenarbeiten
- Daten zu Anbietern im Gesundheitswesen, zu Versicherungen und ihren Versicherungsschutz
- Wachsender Bedarf an Abgleich von Downstream-Daten – z. B. Informationen über Wertschöpfung oder Vorräte – mit Sales- und Marketing-Daten
- Informationen über neue Medikamente, klinische Erprobungen und Entwicklung von Medikamenten, Arzneimittel-Sicherheit (z. B. in Bezug auf Nebenwirkungen)
- Daten zur Einschätzung der Marktfähigkeit eines Produkts
- Daten über Regulierungen – sowohl mit globaler als auch mit regionaler Bedeutung im Markt

Dienstleistungen
- Makroökonomische Faktoren und Trends
- Grad der Gerätenutzung
- Grad der Personalauslastung
- Komplexität und Spezialisierung bei Dienstleistungen
- Anteile von Onshore- und Offshore-Services im Liefermodell

Produzierendes Gewerbe
- Produktionstechnologietrends
- Wartungsanforderungen
- Maschinenleistung, Ausfallzeiten
- Verbleibende Standzeiten von Maschinen, Veränderung der nutzbaren Lebensdauer
- Einhaltung der Qualitätsanforderungen von Lieferanten und deren Zulieferteilen
- Veränderungen der Organisationsstruktur von kritischen Lieferanten, Besitzerwechsel und Auswirkungen auf die Qualität
- Qualität von Endprodukten
- Performance der Supply Chain, aktuelle Risiken und Trends, z. B. in Bezug auf Just-in-time-Fertigung
- Faktoren, die auf Kosten und Preise Einfluss haben

Handel
- Makroökonomische Faktoren
- Performance der Lieferkette
- Ausländische Märkte, ihre Situation und ihre Risikofaktoren
- Relevante Bestimmungen im Handel
- Anteil des Online-Geschäfts

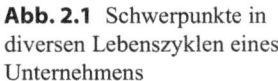

Abb. 2.1 Schwerpunkte in diversen Lebenszyklen eines Unternehmens

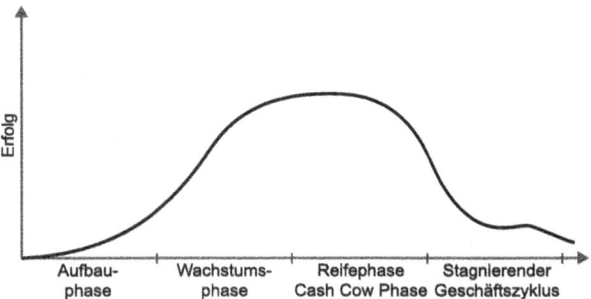

Eine Unternehmensplanung unterscheidet sich nicht nur in den thematischen Schwerpunkten, wie oben dargestellt. Sie spielt auch in den diversen Lebenszyklen des Unternehmens eine ganz unterschiedliche Rolle (siehe Abb. 2.1).

In der Aufbauphase zum Beispiel fällt die Planung viel schlanker aus. Im Vordergrund steht die Flexibilität und der Fokus wird auf zentrale Cash-In- und Cash-Out-Treiber gelegt, ebenso auf die möglichst schnelle Markteinführung von Produkten.

In der Wachstumsphase stehen dann vor allem die Entwicklung von Neugeschäft und die Erschließung neuer Märkte im Vordergrund: eben alles, was Wachstum treibt.

Die Reifungs- oder Cash-Cow-Phase ist durch den Fokus auf das Profitabilitätsmanagement gekennzeichnet.

Bei Unternehmen, die sich in einem stagnierenden Geschäftszyklus befinden, liegt der Schwerpunkt auf dem Erreichen einer operativen Excellence mit möglichst perfekten Prozessen und niedrigen Kosten.

Bisweilen kann es erforderlich sein, dass Unternehmen schon in einer frühen Phase die typischen Ziele von späteren Zyklen anpeilen. Nicht selten ist dies aber auch ein Signal dafür, dass ein Unternehmen die Prioritäten falsch setzt – oder dass die Prioritäten bzw. die Strategie im Unternehmen nicht klar über alle Ebenen hinweg kommuniziert wurden.

Nach einem Bericht der Organisation Conference Board werden 70 % der Unternehmen mit stagnierendem Umsatz einen Marktverlust von mehr als 50 % erleiden. Der Grund für die Umsatzstagnation sind in erster Linie schlechte strategische Entscheidungen. Sobald ein Unternehmen ins Stocken gerät, setzt sich diese Entwicklung in der Regel durch die nächsten 10 Jahre hindurch fort, was meistens zum Bankrott führt.

Wer gegensteuern will, sollte sich mit der so genannten GOST-Checkliste anfreunden:

- Goals – Was ist Ihr Ziel? Ein generelles Ziel.
- Objectives – Was wollen Sie genau erreichen? Ein spezifisches Ziel.
- Strategy – Eine Strategie gibt vor, *wie* das Ziel erreicht werden soll.
- Tactics – Eine Taktik liefert die Antwort auf die Frage: „Wie gehen wir vor?"

Wer auf dem goldenen Weg bleiben will, sollte sich an drei weitere Punkte halten:
- „Acumen" – Sie haben die Möglichkeit, Einblicke in Ihr Business zu schaffen.
- „Allocation" – Sie benutzen Ihre Ressourcen sinnvoll.
- „Action" – Die Pläne werden so ausgeführt, dass die Ziele erreicht werden.

Doch wann ist es an der Zeit, einen Strategiewechsel in Erwägung zu ziehen? Es gibt fünf wichtige Anzeichen, die man im Blick behalten muss:
- Sie erreichen Ihr Ziel oder müssen es anpassen – Durch neue Ziele finden Sie auf neue Wege.
- Die Konsumenten brauchen Veränderung – Sie sollten immer die Meinung der Konsumenten kennen.
- Eine Innovation stört Ihre Marktposition – Sie sollten im Bilde sein über mögliche Konkurrenten und Sie sollten vorausschauend handeln.
- Konkurrenten decken neue Bedürfnisse auf – Dadurch werden die Karten neu gemischt und es geht von vorn los.
- Ihre GuV – Ihr Unternehmen braucht eine neue Strategie, entweder um die Gewinne zu verwalten oder mit dem Verlust zurechtzukommen.

Weitere Informationen dazu sind im Buch „Elevate" von Rich Horwath zu finden.

Die Definition eines Zielbildes für die Unternehmensplanung – und warum sie dem Unternehmen nützt

3

Hat ein Unternehmen den Anspruch, aus seiner Planung wertvolle Erkenntnisse für die gesamte Unternehmenssteuerung gewinnen zu können, dann braucht es ein Planungszielbild, das unterschiedliche Planungsarten und Teilpläne systematisch verknüpft – und zwar über alle Hierarchieebenen hinweg.

Statt Informationen auf einzelnen Hierarchieebenen zu konzentrieren, sollten Divisionen und Abteilungen in die Lage versetzt werden, unter Berücksichtigung der Unternehmensziele schnell auf Veränderungen zu reagieren. Nur so können die Auswirkungen künftiger Entwicklungen auf den Geschäftsbetrieb bewertet und zielgerichtet Entscheidungen getroffen werden. Dabei müssen Informationen zu diesen Entscheidungen komprimiert an andere Bereiche im Unternehmen kommuniziert werden.

Bei einer großen Zahl von Unternehmen klaffen Anspruch und Wirklichkeit weit auseinander. Die umfangreichen Studien von Capgemini zur Unternehmensplanung haben deutlich gemacht, dass heute immer noch jedes zweite Unternehmen mit seiner Planung nicht über das Standardniveau hinauskommt. Der messbar niedrige Wirkungsgrad hat seinen Ursprung nicht selten darin, dass von Anfang an ein Planungszielbild gefehlt hat.

Dieses Zielbild sollte vor allem Antworten auf folgende Fragen geben:

- Was erwartet das jeweilige Unternehmen von seiner Planung?
- Was muss die Unternehmensplanung leisten, z. B. im Hinblick auf das Gesamtsteuerungsmodell?
- Wo liegen die Schwerpunkte der Planung, welche Unternehmensbereiche stehen im Vordergrund?
- Welche wichtigen Kennzahlen und Business-Treiber können zugrunde gelegt werden?
- Wie sehen die Prioritäten aus? Worauf kann und soll der Fokus gerichtet werden?

© Springer Fachmedien Wiesbaden 2015
I. Barkalov, *Effiziente Unternehmensplanung*,
DOI 10.1007/978-3-658-06839-4_3

Die Beantwortung dieser Fragen ermöglicht es einem Unternehmen, die Erfolgsfacetten in die Planung zu übertragen und sich so vom Wettbewerb auch im Sinne einer Unternehmensplanung abzuheben. Dabei kann es auch sinnvoll sein, die so genannte „Blue Ocean"-Strategie in die Planung einzubeziehen.

▶   Want more? Mehr zu diesem Thema findet sich im Buch „Blue Ocean Strategy: How to create uncontested market space and make the competition irrelevant" von Renée Mauborgne und W. Chan Kim.

Bei den Überlegungen zum Planungszielbild wird schnell deutlich, dass es Abwägungen geben muss: Präzision oder Flexibilität? Beides zusammen ist nicht zu erreichen – oder nur mit extrem hohem Aufwand, den sich kein Unternehmen leisten kann und will. Der Blick auf beispielgebende Unternehmen, die ebenso effizient wie effektiv planen, macht eines deutlich: Sie konzentrieren sich nicht auf Retrospektive und Reaktion, sondern auf proaktives Handeln. Und sie erreichen ein gesundes Gleichgewicht zwischen Effizienz und Effektivität durch klare Fokussierung auf individuelle Prioritäten – auf der Basis eines unternehmensweit kommunizierten Zielbildes.

Effektiv ist die Planung, wenn ihre Ergebnisse für die Unternehmenssteuerung relevant sind und wenn sie verlässliche Prognosen bieten. Darüber hinaus müssen sie die Möglichkeit erschließen, verschiedene Szenarien der Geschäftsentwicklung zu simulieren. Eine effektive Planung, wie sie von jenen beispielhaften Unternehmen vorgelebt wird, nutzt außerdem dynamische Planungsarten wie die rollierende und operative Prognose und sie basiert auf unternehmensweit gültigen Annahmen. Sie sorgt für konkrete Vorgaben und Ziele, nach denen die operativen Bereiche arbeiten können. Und sie verwendet ein integriertes Planungsmodell, das sowohl alle Unternehmensbereiche (horizontale Integration) als auch die Unternehmensebenen (vertikale Integration) im Wesentlichen integriert.

Effizient ist die Planung, wenn der Aufwand für Administration, Datenaufbereitung und Abstimmung gering bleibt, abzulesen auch an den Kosten: je niedriger, desto effizienter. Abhängig von der Komplexität des Geschäftsmodells begrenzt eine effiziente Planung den Detaillierungsgrad auf ein möglichst optimales Maß. Erreicht wird dies unter anderem durch Fokussierung auf die wesentlichen Geschäftstreiber, auf Bewertung und Analyse der Planungsergebnisse sowie auf die Ableitung von Maßnahmen. Eine wichtige Voraussetzung für Effizienz ist unter anderem auch die Integration aller Teilpläne. Welche Herausforderungen dabei zu meistern sind, welche Lösungsansätze denkbar sind und wie letztlich eine realitätsnahe Unternehmensplanung in der Praxis aussehen könnte, soll anhand des folgenden Fallbeispiels näher beleuchtet werden.

Planung in einem Öl- & Gas-Konzern: Herausforderungen und Lösungsansätze

Am authentischen Fall eines russischen Öl- und Gas-Konzerns können wir die Praxis einer – komplexen – Unternehmensplanung realitätsnah betrachten und nachvollziehen. Es geht hier um ein integriertes, landesweit operierendes Unternehmen mit diversifiziertem Portfolio und deutlichem Schwerpunkt auf Raffinerie-Verfahren und Vertrieb entsprechender Produkte. Die Anteilseigner konnten für ihr Investment aus drei Gründen ein deutliches Wachstumspotenzial sehen:

1. Das Unternehmen verfügt über bedeutende Kohlenwasserstoff-Ressourcen.
2. Innerhalb Russlands gibt es umfangreiche Möglichkeiten der Exploration.
3. Außerdem stehen aussichtsreiche „Greenfield"-Projekte an, die größere Investitionen erfordern.

1. Die Strategie

In der Kommunikation mit den Investoren stellte das Unternehmen folgende Strategie-Punkte in den Vordergrund:

- Die Gesellschaft verfolgt weiterhin das Ziel, die Öl- und Gas-Produktion zu steigern, indem sie neue Projekte startet und gleichzeitig die Produktion an bewährten Standorten aufrechterhält.
- Die Exploration bleibt eine der Kernaktivitäten des Unternehmens.
- Das Unternehmen wird seine Downstream-Geschäfte verstärken.

2. Die Rahmenbedingungen

Zum Hintergrund: Die Öl- und Gasindustrie ist besonders kapitalintensiv, weil aktuelle Investitionsentscheidungen entscheidend dafür sind, wie der Cashflow schon in naher Zukunft aussieht und wie sich das Unternehmen langfristig positionieren kann. Russland ist ein gutes Beispiel für ein entwicklungsfähiges Land mit einem Fiskalsystem, das an Umsätzen orientiert ist und in dem ein Großteil der Exporterlöse über Steuern und Zölle an den Staat fließt.

Die Entwicklung von Öl- und Gas-Ressourcen erfordert in Russland

- Milliarden-Investitionen (in US-Dollar gerechnet) während der fünf- bis siebenjährigen Erschließungsphase bei Greenfield-Projekten;
- gleichzeitig fortgesetzte Investitionen für bestehende Lagerstätten, um die normalerweise sinkende Produktion durch neue Bohrungen auszugleichen.

Es gibt, mit anderen Worten, keine stabile Kalkulationsbasis. Solche Unternehmen müssen also mit hohen Greenfield-Investitionen rechnen, ohne die Profitabilität abschätzen zu können.

3. Die Restrukturierung

Wir haben es mit einem jährlichen Prozess zu tun, in den alle Geschäftsbereiche umfassend einbezogen sein müssen. Der Planungshorizont beträgt fünf Jahre, wobei für die folgenden zwei Jahre eine detaillierte Planung erforderlich ist. Begonnen wird im April/Mai, der Abschluss ist im November/Dezember. Grundlagen sind unter anderem die

Ergebnisse der strategischen Bewertung der Unternehmenszahlen und der Überprüfung der Performance und Trends auf den globalen und lokalen Märkten; ein wesentlicher Input kommt außerdem von den strategischen Vorgaben für die Unternehmensplanung, den finanziellen Zuweisungen für die verschiedenen Geschäftsbereiche und den makroökonomischen Annahmen.

Die Planung erfolgt in einem mehrstufigen Prozess: Leitlinien und Annahmen werden zunächst an die planenden Einheiten (z. B. Tochtergesellschaften) übermittelt, danach ruft die Unternehmensführung die erforderlichen Daten mindestens zwei Mal von den angesprochenen Stellen (upstream und downstream) ab; ebenso oft werden die Daten sorgfältig gesichtet, verarbeitet und ggf. aktualisiert.

4. Die Herausforderungen

4.1. Sorgfältige Kapitalabgrenzung zwischen den Geschäftsbereichen

Der Upstream wird im Allgemeinen als „Cash Cow" betrachtet, die man melken kann, während der Downstream eher Geld verschlingt, zum Beispiel, um Raffinerien aus den Zeiten der Sowjetunion zu sanieren.

Entwicklung und Produktion erscheinen bei kurz- bis mittelfristiger Betrachtung viel attraktiver als die Exploration mit ihren Risiken und Kapitalabflüssen.

Das Unternehmen muss erkennen, dass seine Geschlossenheit noch nicht ausreichend entwickelt ist, um Langzeitinteressen zu wahren und die gesamte Wertschöpfung über kurzfristige Fortschritte zu stellen.

Konsequenzen: Das Unternehmen braucht striktere Regeln und eine klar strukturierte Steuerung der Investitionen, nachvollziehbar orientiert an der Wertschöpfung.

4.2. Einhaltung eines optimalen Entwicklungsplans

Der Entwicklungsplan muss für alle Öl- und Gas-Felder gelten und eine klare Trennung der Verantwortlichkeiten für die verschiedenen Ebenen festlegen.

Aufgrund der komplexen geologischen Strukturen sind ein permanentes Lagerstätten-Management und ein Life-of-Field-Management erforderlich, damit der Wert der Ressourcen wachsen kann und damit eine optimale Entwicklung der Felder gesichert ist.

Das Management ist in Bezug auf kurzfristige Ziele gespalten. Die Pläne für Upstream-Projekte sind abgeschlossen und von unabhängigen Instanzen innerhalb des Unternehmens überprüft; bei letzteren handelt es sich um Organisationseinheiten, die weder der Unternehmenszentrale noch Tochtergesellschaften zuzuordnen sind. Hinzu kommt, dass die Chefs der Tochterunternehmen keinerlei Verantwortung für die Ergebnisse der Langzeitentwicklung tragen; in der jährlichen Planungsphase liefern sie am liebsten ausschließlich Daten, die sie für 100 % sicher halten. Das Controlling ist daher in hohem Maße skeptisch, was die Unternehmensplanung für das jeweilige Jahr angeht.

Konsequenzen: Das Field-Management sollte am Business-Plan-Prozess ausgerichtet werden, andernfalls wird der Gesamtwert des Unternehmens aufgrund der eingeschränkten Kontrolle über Field-Entwicklung und Lagerstätten-Management gemindert. Die Management-Performance sollte anhand verschiedener Kriterien beurteilt werden, wobei auch mittelfristige Ziele eingeschlossen sind.

4.3. Berichtswesen ist unbefriedigend

Die Daten für die Unternehmensplanung werden durch untergeordnete Instanzen produziert, von den verschiedensten Gruppen eingesammelt und schließlich in der Führungsebene geprüft. Es findet aber kein klarer Prozess statt, mit dem zum Beispiel die aktuellen Daten mit den Daten des Vorjahres verglichen werden, um eine Faktoranalyse zu erhalten. Einige Aufgaben werden in der Zentrale, einige andere bei Tochterfirmen erledigt. Und nur selten lässt sich überprüfen, von wem oder wann irgendetwas getan worden ist.

Schlussfolgerung: Diese Form des Berichtswesens ist überholt. Die Verfahren im Rahmen der Unternehmensplanung sind weder überschaubar noch nachvollziehbar. Es müssen daher transparentere Management-Systeme geschaffen werden, vor allem ein umfassendes Inhouse-System für das Reporting. Die für die Unternehmensplanung relevanten Prozesse müssen im gesamten Unternehmen klar definiert und regelmäßig kontrolliert werden. Dabei sollte das Management-System sowohl die einfache Zusammenstellung von Daten als auch ihre Auswertung unterstützen – letzteres durch die Erstellung sorgfältiger Berichte zur richtigen Zeit.

4.4. Kontrollmechanismen brauchen Realtime-Daten

Reports für das Management sind in aller Regel schon überholt, wenn sie abgeliefert werden – und damit als Entscheidungshilfe nicht zu gebrauchen. Der Grund: Solche Daten werden erst in der Firmenzentrale in das System eingegeben, nachdem man sie von den Tochterfirmen bekommen hat. Daraus ist zu schließen, dass das Kontrollsystem für den Planungsprozess nicht ausreichend qualifiziert ist, denn es schafft zusätzliche Risiken, wenn Daten nicht rechtzeitig verfügbar sind. Auf Subsidiary-Ebene gibt es nicht genügend Kontrollpunkte, die dies sicherstellen könnten. Weil es keine Realtime-Daten und nur begrenzte Kontrollmöglichkeiten gibt, kann das Führungspersonal in den untergeordneten Einheiten zum Beispiel die Daten der Ölförderung, der Konstruktionspläne oder anderer wichtiger Kriterien für die Performance zeitnah oder auch über viele Monate hinweg manipulieren.

Konsequenz: Das Management in der Firmenzentrale erhält nur eingeschränkt die Informationen, die es benötigt. Oft sind sie veraltet, manchmal auch inkorrekt oder inkonsistent. Die Entscheidungsfindung in einer solchen Situation ist erschwert und kann die Leistungsfähigkeit des gesamten Unternehmens nicht sicherstellen. Ein Realtime-System ist deshalb unabdingbar. Es muss ein grundlegendes Schema mit Kriterien und Prozessen zur Datenkontrolle etabliert und kontinuierlich praktiziert werden. Dabei müssen Module für den Daten-Input für das Management-Reporting-System auf allen Ebenen des Unternehmens integriert werden.

5. Was uns das Beispiel zeigt

Das oben beschriebene Beispiel einer Gesellschaft aus einem Emerging Market macht deutlich, wie das Unternehmen die Herausforderungen bei der Planung wahrnimmt und über welche Lösungsansätze es nachdenkt. Klar wird dabei auch, wie sehr die Positionen von Verantwortlichen auseinandergehen können, wenn die Erwartungen an die Planung sowie das Planungs-Framework nicht mit einer konkreten Unternehmenssituation in Einklang gebracht werden. Mit dieser Situation haben auch (west-)europäische Unternehmen oft zu kämpfen, wenn auch nicht immer so deutlich ausgeprägt.

Als Lösung für mangelnde Verantwortungsbereitschaft, fehlende Transparenz sowie Diskrepanz zwischen Planungsinhalt und Herausforderungen wird in unserem Beispiel-Unternehmen eine noch stärkere Regulierung des Planungsprozesses und ein ‚alles könnendes‘ Reporting bzw. ein Management Information System angesehen. Damit steht das Unternehmen nicht allein: In vielen anderen Firmen werden ganz ähnliche Wege beschritten.

Dabei muss man noch anmerken, dass das Unternehmen zu dieser Zeit mit zwei unerwarteten Events, sogenannten ‚Black Swans‘, konfrontiert wurde. Diese haben die gesamte Unternehmenssituation signifikant verändert: Zum einen hat sich der Ölpreis praktisch halbiert, zum anderen wurde die Zusammenarbeit mit Technologiepartnern aus dem Westen durch die aktuellen Sanktionen blockiert, worauf die weitere Entwicklung und das Betreiben einiger Projekte praktisch unmöglich wurden.

Jedes einzelne dieser Vorkommnisse hätte schon allein großen Einfluss auf den Cashflow des Unternehmens sowie auf Profitabilität und Kostendruck nehmen können.

Hätten eine Prozessverbesserung sowie die Einführung eines modernen Reporting- und Planungstools unter diesen Bedingungen dem Unternehmen geholfen? Ich wage es zu bezweifeln. Ein umfangreiches Projekt hätte das Unternehmen zusätzlich belastet und womöglich sogar den Fokus von den aktuellen Herausforderungen in unzulässiger Weise abgelenkt.

Sinnvoll dagegen wäre in diesem Fall eine gezielte Anpassung von Planungsinstrumenten. Zum Beispiel hätten einige rollierende Forecasts mit einem Horizont von einem Jahr manche der operativen Probleme lösen können, wenn dabei der Fokus auf den wichtigsten Projekten und einer klaren Aufteilung von Key Performance Indicators (KPIs) zwischen lokalen und globalen Verantwortlichen gelegen hätte. Mit diesen rollierenden Forecasts lässt sich ein Instrument schaffen, das die Führungskräfte auf die besondere Herausforderung des Unternehmens ausrichtet und entsprechend mobilisiert.

Auch der Inhalt der KPIs hätte in diesem Zusammenhang Chancen für die Problembewältigung eröffnet. So würde zum Beispiel die Abfrage von Cash Flow, Profitabilität und Kostensenkung auf der einen Seite, die Risikoabschätzung beim Ausfall von Technologiepartnern auf der anderen Seite Sinn machen.

Wie leitet man praktisch ein Zielbild der Unternehmensplanung ab?

Ist die Notwendigkeit für ein Planungszielbild erkannt, stellen sich neue Fragen, vor allem zur praktischen Umsetzung dieser Erkenntnis. Woraus kann das Zielbild abgeleitet werden? Wie geht man am besten vor?

Der erste Schritt besteht vernünftigerweise in einer kritischen Auseinandersetzung mit den bestehenden Steuerungs- und Informationsmodellen im Unternehmen. Man kann davon ausgehen, dass die zumeist vorhandenen Bemühungen um ein zukunftsfähiges Controlling in vielen Unternehmen von typischen Problemen und Herausforderungen durchkreuzt werden:

- Unklar definierte Verantwortungsbereiche machen unternehmensweit geltende Annahmen zu Trends im Markt und zu Entwicklungen im Unternehmen sowie sinnvolle Zielvereinbarungen von vornherein unmöglich.
- Undurchschaubare Zusammenhänge zwischen Erfolgsmessgrößen behindern eine effektive Abweichungsanalyse.
- Ein lückenhaftes Berichtswesen führt zu Informationsdefiziten, während andererseits irrelevante Daten gesammelt und zu entsprechend irrelevanten Reports verarbeitet werden, die den Bedürfnissen der Empfänger nicht annähernd entsprechen.
- Zeitraubende manuelle Vorgehensweisen erschweren oder verhindern dynamische und effektive Entscheidungsprozesse.

Wer die individuellen Hemmnisse genau kennen und ihnen adäquat begegnen will, muss also zunächst die Situation um die Steuerungs- bzw. Reportingmodelle untersuchen. Dabei lässt sich auch das Zielbild der Planung ableiten.

1. Die fünf Kernelemente für ein solches Vorgehen sehen wie folgt aus: Zunächst wird das aktuelle Steuerungsmodell bzw. Reporting- und Planungsmodell im Unternehmen

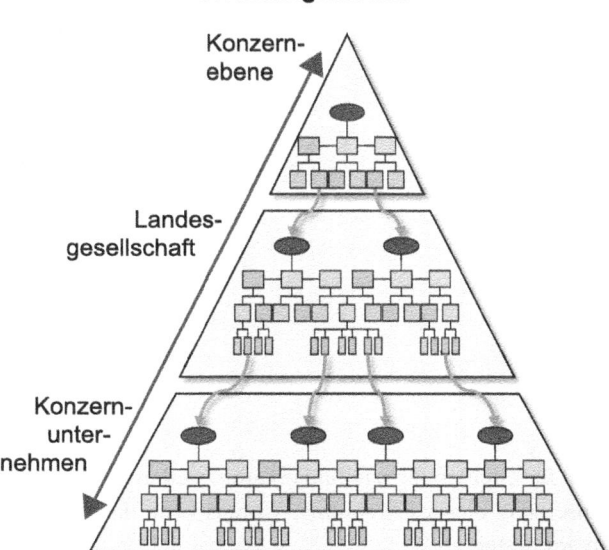

Abb. 4.1 Aktuelles Steuerungsmodell. (Capgemini Consulting)

begutachtet, um ein tieferes Verständnis für besondere Herausforderungen und potenzielle Hindernisse zu gewinnen. Dabei wird begonnen, die Informationsanforderungen
strukturiert aufzunehmen und im Informationsmodell zu dokumentieren. Abbildung 4.1
veranschaulicht diesen Schritt. Je nach Unternehmenskomplexität lässt sich dies mit
einem Zeitaufwand von etwa fünfzehn Tagen durch Interviews und Recherchen am
Schreibtisch bewerkstelligen.

2. Im Anschluss folgt eine Situationsanalyse (siehe Abb. 4.2) anhand vordefinierter Kriterien, um Stärken und Schwachstellen im Steuerungsmodell zu identifizieren. Da-

Abb. 4.2 Situationsanalyse.
(Capgemini Consulting)

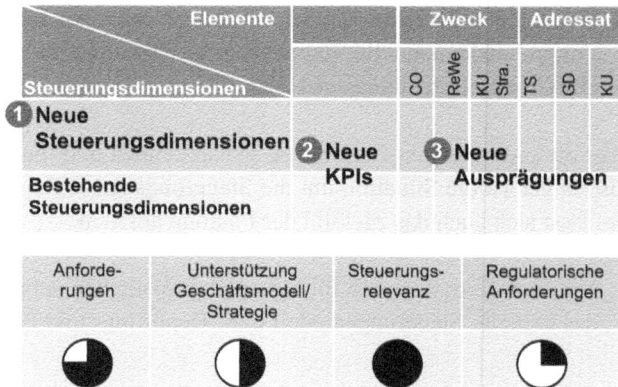

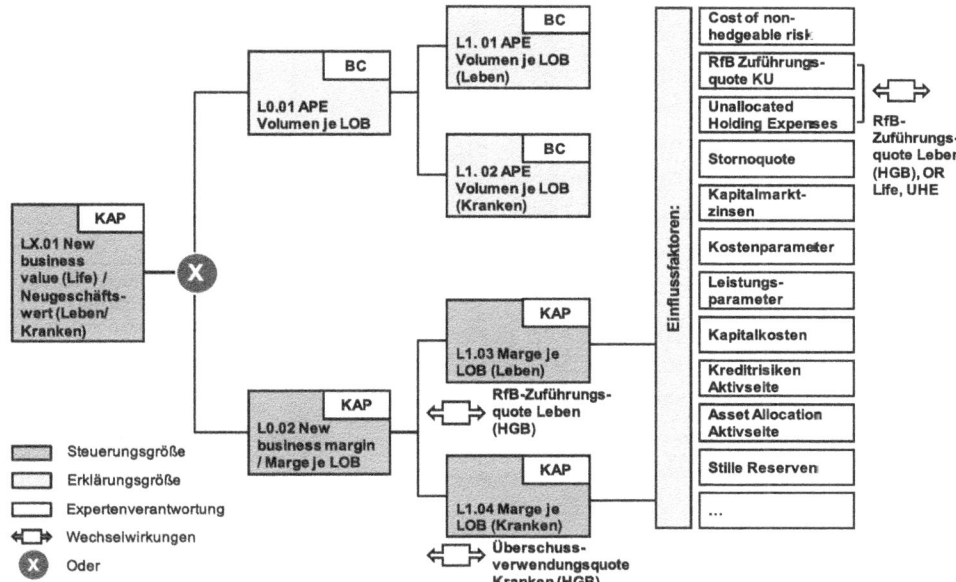

Abb. 4.3 Identifizierung von Werttreibern

bei werden die vorhandenen Informationsblöcke im Rahmen der Planung dem damit verbundenen Aufwand zur Informationsbeschaffung gegenübergestellt, ebenso die Schwerpunkte in der Steuerung, die Aufmerksamkeit der Entscheidungsträger und die Volatilität der vergangenen Jahre. Auch diese Erkenntnisse sind im Informationsmodell festzuhalten. Hierzu empfehlen sich Workshops; der Zeitaufwand liegt bei etwa zehn Tagen.

3. Der dritte wichtige Schritt ist die Identifizierung von Werttreibern und die Feststellung von Wechselwirkungen, außerdem die Bestimmung zukünftiger Anforderungen, um letztlich zu einem unternehmensspezifischen Zielbild zu gelangen (siehe Abb. 4.3). Dabei wird auch ein Abgleich zum aktuellen Stand gemacht, damit Handlungsfelder und der damit verbundene Aufwand besser eingeschätzt werden können. Auch hier sind Interviews und Workshops angebracht. Nach weiteren 30 Tagen sollte diese Etappe geschafft sein.

4. Es folgt das Konzept für ein ganzheitliches Informationsmodell, das relevante Kennzahlen aus dem gesamten Unternehmen aufeinander abstimmt und praktisch eine Verknüpfung von kaufmännischer und technischer (IT) Sichtweise ermöglicht. Es empfiehlt sich, mit einem Konzept zur Steuerung sowie mit einer Ist-Analyse und -Berichterstattung zu beginnen. Erst danach sollte die Planung fortgesetzt werden. Auch diese Aufgaben lassen sich durch Interviews unterstützen und in etwa 30 weiteren Tagen erledigen. Abbildung 4.4 skizziert die Ableitung eines Informationsmodells aus dem Steuerungsmodell.

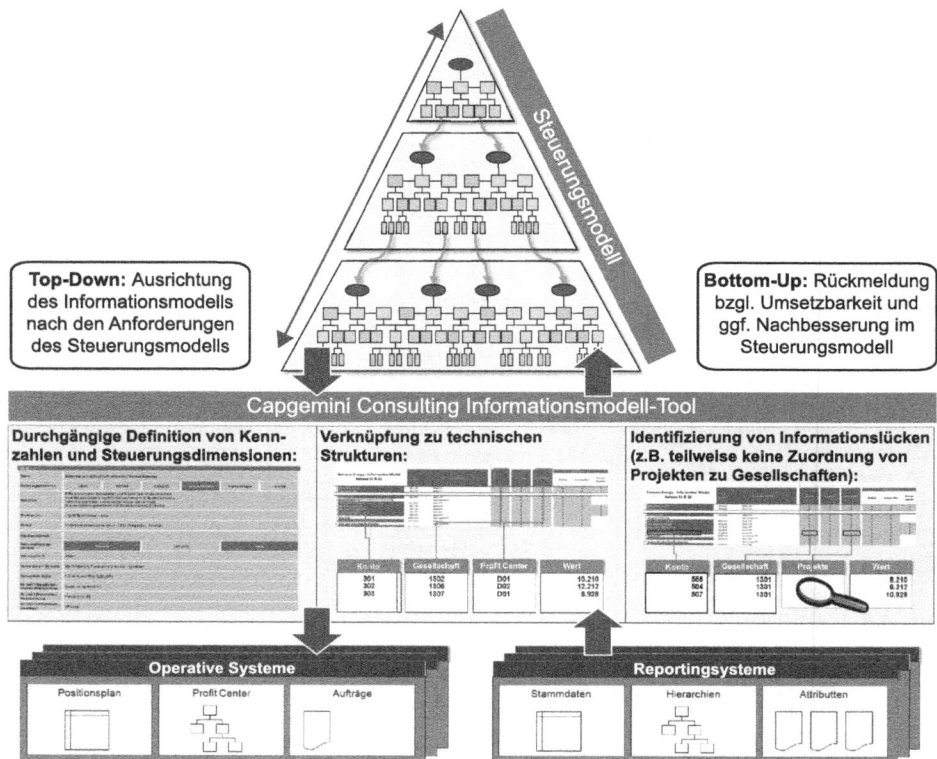

Abb. 4.4 Vom Steering Model zum Reporting Model. (Capgemini Consulting)

5. Im letzten Schritt kann die Implementierung eines neuen oder angepassten Steuerungsmodells umfassend geplant werden (siehe Abb. 4.5), wobei insbesondere Änderungen
   in Prozessen, Daten und Systemen zu berücksichtigen sind. Kosten, aber auch Vorteile,
   sind abzuschätzen, Anforderungen zu priorisieren und die Umsetzung des Steuerungsmodells in Workshops vorzubereiten.

Die Planung folgt inhaltlich dem Steuerungsansatz. Daher bildet das Zielbild des Steuerungs- bzw. Reportingmodells eine wesentliche Voraussetzung für das Aufsetzen eines
sinnvollen Planungszielbildes. Hierbei sollte die Überprüfung des Steuerungs- und Planungszielbildes keine einmalige Aktivität sein. Praktischerweise sollte das Steuerungsmodell bei jeder signifikanten Veränderung der Unternehmensstrategie überprüft werden.
Falls es zu signifikanten Änderungen des Steuerungsmodells kommt, ist eine Anpassung
des Planungsmodells zwingend erforderlich.

Abbildung 4.6 fasst das gesamte Vorgehen zusammen.

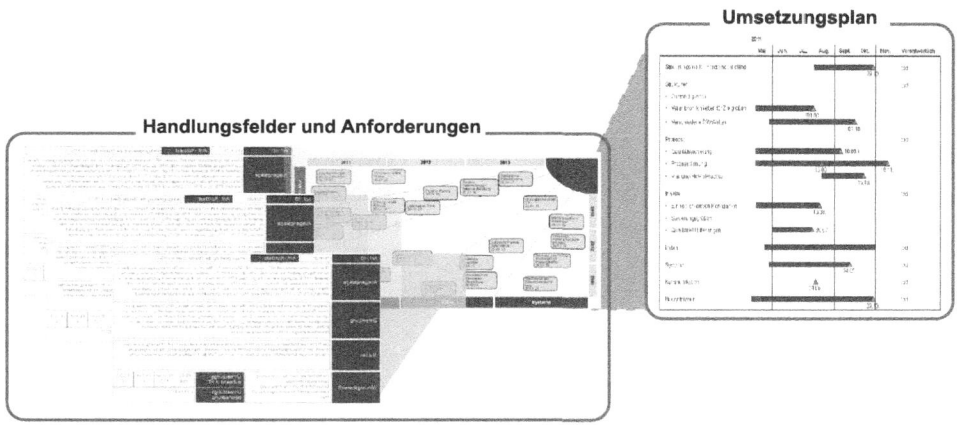

Abb. 4.5 Implementierung. (Capgemini Consulting (2012))

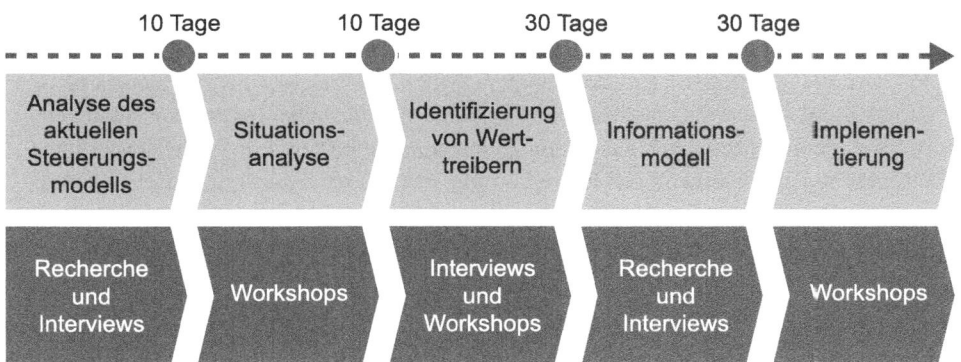

Abb. 4.6 Vom Steuerungsmodell zur Exzellenz im Berichtswesen. (Capgemini Consulting (2012))

► Want more? Im Anhang sind weitere Abbildungen des Infomodells zu finden.

Für jedes Problem gibt es auch eine Lösung – man muss nur richtig fragen. Durch geschickte Fragestellungen wird man erfolgreicher sein. Nach Interviews mit mehr als 100 Kreativdenkern aus Wissenschaft, Business, Technologie und Entertainment kristallisieren sich drei Fragen heraus:

- „Why?" – „Wieso-Fragen" inspirierten die Innovationen der letzten Jahre, unter anderem die Polaroid-Kamera, Netflix und die Prothesen. Neue Lösungen tauchen auf, wenn Menschen sich weigern, die existierende Realität zu akzeptieren.
- „What if?" – „Was-wäre-wenn-Fragen" erlauben es, alle möglichen Szenarien zu überdenken. Sie helfen bei den Schritten zu einer Lösung des Problems.
- „How?" – Mit dieser letzten Frage lassen sich Ideen mit den Möglichkeiten des Hier und Jetzt abstimmen. Wie wird die Idee umgesetzt?

Wie wichtig sind Fragen für Unternehmen? Sie spielen eine entscheidende Rolle. Mit den folgenden fünf Punkten strukturieren Sie Ihr Unternehmen so um, dass auch wieder mehr gefragt wird.

- „Start with the leadership" – Ein CEO, der zu einem Chief Executive Questioner wird, motiviert die gesamte Belegschaft in der Organisation dazu, Fragen zu stellen. Die besten Führungspersonen geben nicht nur Antworten, sie hinterfragen auch und diskutieren, um so von der Belegschaft Kreativität einzufordern.
- „Reward questioning" – Unternehmen sollten aufhören, das Fragen zu bestrafen. Unternehmen sollten ihren Mitarbeitern Zeit geben, um Fragen zu klären.
- „Restructure the company as a learning environment" – Unternehmen müssen eine Atmosphäre schaffen, welche zur Erkundung einlädt. Dies kann durch Inhouse-Fortbildungen oder Gastvorträge geschaffen werden.
- „Replace brainstorming with question-storming" – Brainstorming ist eine gute Methode, um viele verschiedene Meinungen zu erfassen. Allerdings sollten Unternehmen ihren Fokus stärker auf die Fragengenerierung setzen, da hierdurch sehr häufig Probleme gelöst werden können.
- „Recruit questioners" – Unternehmen sollten die Belegschaft mit neuen Mitarbeitern anreichern, da diese vieles in Frage stellen. Außerdem sollten sie in den Bewerbungsgesprächen auch einmal die Fähigkeit prüfen, Fragen zu stellen, und nicht nur die Fähigkeit zur Beantwortung von Fragen. Auf diese Fragen könnte dann das gesamte Interview aufgebaut werden.

Weitere Informationen finden sich im Buch „A More Beautiful Question" von Warren Berger.

Der wichtige Blick auf den Reifegrad: Selbsteinschätzung funktioniert oft nicht

5

Die umfangreichen Planungsstudien von Capgemini in den Jahren 2008 bis 2013 haben für eine objektive Beurteilung des Planungs-Reifegrades von Unternehmen die Kriterien klar herausgearbeitet. Teilt man Unternehmen in die Segmente „Standard", „Fortgeschritten", „Führend" und „Best-in-Class" (von links nach rechts, siehe Abb. 5.1) ein, so lässt sich eine Zuordnung recht präzise anhand unterschiedlicher Vorgehensweisen finden.

Vereinfacht dargestellt zählen zur Gruppe „Standard" grundsätzlich alle Unternehmen, deren Bereiche ohne Koordination in separaten „Silos" planen. Bereits fortgeschritten sind Unternehmen, die wenigstens eine High-Level-Koordination durch das Controlling praktizieren. Liegt der Koordination auch ein Planungsmodell mit vertikaler Integration der Abteilungen zugrunde, so haben wir es mit führenden Unternehmen zu tun. Zur höchsten Stufe der Planungsreife bringen es Unternehmen, die ihre Planung über alle Bereiche hinweg (horizontale Integration) und durch alle Abteilungen hindurch (vertikale Integration) integrieren.

Zur präzisen Erfassung des Reifegrads hat Capgemini eine Reifegrad-Matrix entwickelt, bei der folgende zehn Punkte betrachtet und analysiert werden:

1. Szenario-Modellierung
2. Verknüpfung der strategischen und operativen Planung
3. Definition von Zielen und Messung der Zielerreichung
4. Finanzielle Planung
5. Verkaufsplanung
6. Funktionale Planung (Produktion, Beschaffung, Support-Funktionen)
7. Rollierende Prognose
8. Ressourcen-Allokation
9. Planungsregeln, -koordination und -kommunikation
10. IT-Unterstützung

© Springer Fachmedien Wiesbaden 2015
I. Barkalov, *Effiziente Unternehmensplanung,*
DOI 10.1007/978-3-658-06839-4_5

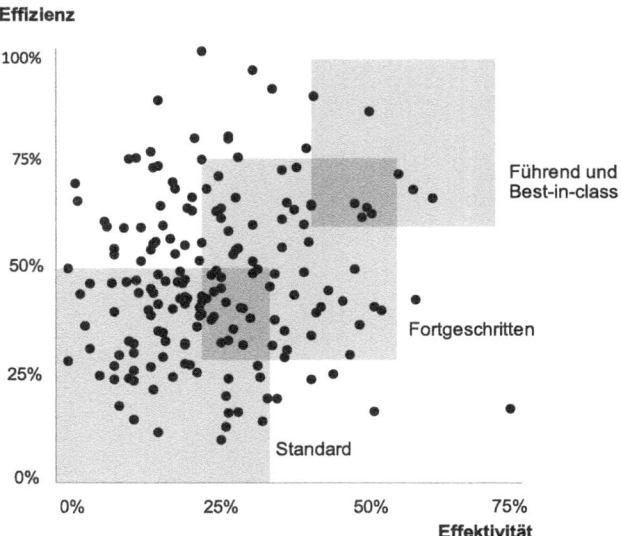

Abb. 5.1 Capgemini Wirkungsmatrix. 70 % der Unternehmen befinden sich im Standard-Segment und nur sehr wenige reizen alle Möglichkeiten der Planungsinstrumente aus. (Capgemini Consulting)

Welche Kriterien zur Bewertung des Reifegrads führen, zeigt folgende Zusammenfassung:

Szenario-Modellierung

In der Kategorie *Standard* erfolgt eine Szenario-Analyse manuell, basierend auf einem unternehmensweiten Planungsmodell. Sie dient primär der Unterstützung von Investitionsentscheidungen.

Fortgeschrittene Unternehmen dagegen berücksichtigen darüber hinaus bei der Szenario-Analyse externe Faktoren – und sie setzen sie bei Kapitalentscheidungen ein.

Von *führenden* Unternehmen wird die Analyse um Detailpläne mit konkreten Maßnahmen ergänzt.

Unternehmen der Stufe *„Best-in-Class"* schließlich verwenden weitgehend automatisierte und auf unternehmensweiten Annahmen basierende Szenario-Analysen zur Überprüfung der Wirksamkeit beschlossener Maßnahmen. Ergänzt werden diese um Detail- und Notfallpläne für bestimmte Szenarien und Risiken.

Verknüpfung der strategischen und operativen Planung

Der *Standard* ist dadurch gekennzeichnet, dass die strategische Planung Ziele, Szenarien und Initiativen beinhaltet. Dadurch ergibt der Planungsprozess eher qualitative Ergebnisse als quantitative Vorgaben. Ebenso typisch: Strategische und operative Planung sind getrennte Prozesse mit wenigen Verknüpfungen; sie werden von unterschiedlichen Abteilungen verantwortet.

Als *fortgeschritten* sind Unternehmen zu bezeichnen, wenn sie die finanziellen Auswirkungen verschiedener Szenarien auf zentrale Kennzahlen bewerten; gleichzeitig werden differenzierte strategische Vorgaben für operative Bereiche gemacht und der Fokus liegt auf finanziellen Kennzahlen. Kennzahlen werden definiert, um die Umsetzung von strategischen Initiativen zu überwachen; es gibt mehrfache Top-down- und Bottom-up-Abstimmungen.

Führende Unternehmen haben die Balanced Scorecard oder Vergleichbares als dynamisches Management-Instrument etabliert. Der Fokus liegt auf Geschäftstreibern statt auf finanziellen Kennzahlen. Als Input für strategische Planung wird die rollierende Prognose genutzt und es gibt klare strategische Vorgaben für die operative Planung; ebenso klar sind die Top-down-Zielvorgaben und Annahmen zur Vereinfachung der Bottom-up-Planung.

Best-in-class sind Unternehmen, die die Auswirkungen strategischer Initiativen quantifizieren und mit operativer Planung und Geschäftstreibern verknüpfen. Bei diesen Unternehmen sind Feedbackschleifen in der strategischen Planung fest etabliert, mit dem Ziel, diese immer wieder anzupassen und ein „Buy-in" der operativen Einheiten zu erreichen.

Definition von Zielen und Messung der Zielerreichung

Unternehmen der *Standard*-Kategorie leiten ihre Planungsziele aus dem Budget ab, wobei die ambitionierte Planung wichtiger ist als die Planungsgenauigkeit. Hier dominieren finanzielle und vergangenheitsorientierte Kennzahlen.

Bei *fortgeschrittenen* Unternehmen sind Boni und Prämien klar mit Zielen verknüpft. Hier findet sich ein ausgewogenes Zielportfolio finanzieller und nichtfinanzieller Vorgaben und Kennzahlen. Die politische Planung dominiert den Performance-Dialog.

Führende Unternehmen erweitern ihre Planung durch zusätzliche Ziele, z. B. Initiativen und Projekte. Externe Vergleichswerte und operative Messgrößen stellen erreichbare Ziele sicher (Fokus auf Geschäftstreiber statt auf rein finanzielle Kennzahlen). Es zeigt sich ein deutlicher Anteil an zukunftsorientierten Kennzahlen.

Best-in-class ist vor allem erkennbar durch Ziele für relative Leistung im Vergleich zu internen und externen Benchmarks (Devise: „beat the competition and beat the budget"). Nicht beeinflussbare Faktoren sind eliminiert („split luck from effort").

Finanzielle Planung

Bei Unternehmen der *Standard*-Kategorie liegt der Fokus auf dem operativen Umsatz in der GuV; die Finanzplanung basiert auf historischen Werten. Das Controlling verantwortet den Umsatzteil (und direkte Kosten der GuV-Planung), während die Buchhaltung die GuV ab operativem Gewinn und die Bilanz verantwortet. Die Cashflow-Planung erfolgt durch die Debitorenabteilung ohne Abstimmung mit der Bilanzplanung. Ist-Zahlen, Budgetierung und finanzielle Prognose zeigen einen weitgehend einheitlichen Detailgrad.

In *fortgeschrittenen* Unternehmen treibt das Controlling den vollständigen Planungsprozess. Zwischen und innerhalb von Bilanz-, GuV- und Cashflowplanung wird integriert; eine detaillierte Betrachtung wird nur für steuerungsrelevante Informationen von Budget, Prognose und Mittelfristplanung vorgenommen.

Unternehmen der Kategorie *führend* verknüpfen ihr allgemeines Planungsmodell und die Planungsprozesse mit verschiedenen operativen Teilplänen und der finanziellen Planung. Es bestehen klare Verantwortlichkeiten bei den Geschäftsbereichen und eine übergeordnete Koordination durch die Controllingabteilung.

Best-in-class-Unternehmen betonen zentrale Geschäftstreiber durch entsprechende Berücksichtigung im Planungsmodell. Die Verantwortung für das Planungsmodell und die jeweiligen Treiber liegt bei den operativen Geschäftsbereichen. Es erfolgt eine Szenario-Modellierung mit internen und externen Faktoren, basierend auf dem Planungsmodell. Die Planung wird als kontinuierlicher Prozess verstanden und mit der (rollierenden) Prognose verknüpft.

Verkaufsplanung

Unternehmen der *Standard*-Kategorie zeigen einen dezentralen bottom-up-getriebenen Planungsprozess, der durch hohen Aufwand gekennzeichnet ist. Kurzfristige Änderungen sind hier kaum einzubeziehen.

Fortgeschrittene Unternehmen vereinheitlichen den Prozess, basierend auf allgemeinen Annahmen. Es erfolgt eine kontinuierliche Anpassung mithilfe einer rollierenden Prognose.

Unternehmen der Stufe *führend* verfolgen gemeinsame Ziele, die auch Produkt-Management, Innovationen und Produktstarts umfassen. Sie praktizieren eine dedizierte Planung für einzelne Marktsegmente nach der Produkt-Markt-Kapazitäts-Matrix) und sie sorgen für kontinuierliche Anpassung mithilfe von Feedbackschleifen in der Kosten- und Beschaffungsplanung.

Best-in-class-Unternehmen nehmen eine Szenario-Modellierung mit internen und externen Parametern vor. Die Planung schließt zukunftsorientierte Elemente wie Sales-Funnel (auch in der Prognose einbezogen) sowie Marktpotenzialplanung und Analyse der Verkaufseffektivität mit ein.

Funktionale Planung (Produktion, Beschaffung, Support-Funktionen)

In der Kategorie *Standard* liegt der Fokus auf dem operativen Umsatz in der Gewinn- und Verlustrechnung. Die Bilanzplanung gründet sich auf historischen Werten. Das Controlling verantwortet den Umsatz (und direkte Kosten) bei der GuV-Planung, die Buchhaltung verantwortet die GuV ab dem operativen Gewinn und die Bilanz. Die Cashflow-Planung erfolgt durch die Debitorenabteilung, ohne Abstimmung mit der Bilanzplanung. Ein weiteres Merkmal ist der nahezu einheitliche Detailgrad bei Ist-Zahlen, Budgetierung und finanzieller Prognose.

Bei *fortgeschrittenen* Unternehmen treibt das Controlling den Planungsprozess. Zwischen und innerhalb von Bilanz-, GuV- und Cashflow-Planung wird integriert; detailliert betrachtet werden dagegen nur steuerungsrelevante Informationen von Budgetierung, Prognose und Mittelfristplanung.

Führende Unternehmen nutzen ein allgemeines Planungsmodell und Planungsprozesse, die verschiedene operative Teilpläne und finanzielle Planung miteinander verknüpfen.

Es bestehen klare Verantwortlichkeiten bei den Geschäftsbereichen und eine übergeordnete Koordination durch das Controlling.

Best-in-class-Unternehmen zeichnen sich vor allem durch die Betonung zentraler Geschäftstreiber und durch ihre Berücksichtigung im Planungsmodell aus. Hier liegt die Verantwortung für das Planungsmodell und die jeweiligen Treiber bei den operativen Geschäftsbereichen. Eine Szenario-Modellierung erfolgt mit internen und externen Faktoren und basiert auf dem Planungsmodell. Die Planung wird als kontinuierlicher Prozess verstanden und mit der (rollierenden) Prognose verknüpft.

Rollierende Prognose

Auf *Standard*-Level basiert die funktionale Planung auf historischen Werten, sie erfolgt in getrennten (funktionalen) Silos und auf eigenen Annahmen. Strategische Ziele sind nicht auf einzelne Funktionen heruntergebrochen und Support-Funktionen werden auf historischen Engpässen basierend geplant.

Fortgeschrittene Unternehmen verknüpfen die Produktions- und Beschaffungsplanung mit der Absatzplanung. Der Fokus liegt übergreifend auf den wichtigsten Kostentreibern und die Planung der Support-Funktionen bezieht das geplante Geschäftswachstum mit ein.

Bei *führenden* Unternehmen wird die Nachfrageplanung heruntergebrochen auf die einzelnen Produkte, als Ausgangspunkt für die funktionale Planung. Diese reflektiert durchgängig den gesamten Prozess vom Verkauf über die Produktion bis zur Beschaffung. Solche Unternehmen sorgen außerdem für eine regelmäßige Plananpassung und nutzen die rollierende Prognose mit Fokus auf A-Produkten, um die Kapazitätsauslastung jederzeit optimieren zu können.

Best-in-class-Unternehmen planen mit dem Fokus auf zentralen Geschäftstreibern und auf der Grundlage eines einheitlichen Planungsmodells. Die Produktions- und Supply-Chain-Planung basiert auf der Simulation von unterschiedlichen Kapazitätsauslastungen und Produktzuordnungen – mit besonderer Berücksichtigung der Effizienz unterschiedlicher Standorte. Für „Make or Buy"-Entscheidungen bei einer Produkteinführung sowie für das Risikomanagement und den Ausgleich von Nachfragespitzen existiert ein Rahmenwerk.

Ressourcen-Allokation

Auf der *Standard*-Stufe stehen Unternehmen, die Budgets jährlich verhandeln, basierend auf Bottom-up-Planungen mit einer großen Zahl von Abstimmungsschleifen.

Fortgeschrittene Unternehmen erstellen Top-down-Budgets, die auf ein Kalenderjahr fixiert sind und an denen sich die einzelnen Investitionsverpflichtungen (Bottom-up) orientieren.

Führende Unternehmen sorgen für eine flexible und kontinuierlich angepasste Verteilung von Ressourcen zwischen Standorten, Vertriebs- und Beschaffungskanälen sowie Marken. Investitionen in das Marketing erfolgen auf der Grundlage klarer Bewertungsregeln.

Auf der Stufe *Best-in-class* orientiert sich die Verteilung von Investitionsressourcen (Kapital und Umsatz) am Beitrag zur Wertschöpfung.

Planungsregeln, -koordination und -kommunikation

In Unternehmen der *Standard*-Gruppe gibt es ein Planungshandbuch für grundlegende Koordination und Qualitätssicherung. Das Berichtswesen ist auf einen Plan-Ist-Vergleich fokussiert.

In *fortgeschrittenen* Unternehmen stellt die Controlling-Abteilung die Regeln zur Koordination und Qualitätssicherung auf: Es besteht eine klare Zuordnung von Verantwortlichkeiten. Die Prognose wird einbezogen, um die Planung anzupassen.

Führende Unternehmen erarbeiten ein allgemeines Planungsrahmenwerk mit Annahmen zur zukünftigen Entwicklung. Der Planungsprozess wird anhand eines einheitlichen KPI-Sets kontrolliert; regelmäßig werden Abstimmungsmeetings durchgeführt. Das Management verantwortet die operative Planung; das umfangreiche Berichtswesen basiert auf konsolidierten und individuellen Beiträgen zur Planerreichung.

Die *Best-in-class*-Stufe ist unter anderem dadurch gekennzeichnet, dass die Planung von externen Ereignissen anstatt durch Stichtage ausgelöst wird. Es erfolgt eine kontinuierliche Anpassung des Planungsrahmenwerks an interne und externe Veränderungen und es gibt klare Regeln für die Abstimmung der Planung sowie für die Klärung von Streitigkeiten. Weitere Kennzeichen sind die unabhängige Koordination und Qualitätssicherung des Planungsprozesses, außerdem ein flexibles, szenariobasiertes Berichtswesen. Treiber werden als integraler Bestandteil des Reportings und Controllings der jeweiligen Abteilungen genutzt.

IT-Unterstützung

In *Standard*-Unternehmen wird der Planungsprozess durch verschiedene Tools unterstützt. Für verschiedene Prozesse und unterschiedliche Geschäftseinheiten gibt es jeweils eigene Tools. Neue Instrumente werden reaktiv eingeführt.

Fortgeschrittene Unternehmen haben ein übergreifendes Planungstool eingeführt, das auf einem High-Level-Planungsmodell und der Top-Down-Kaskadierung von Planungsvorgaben basiert. Darüber hinaus sind Workflow-Systeme für den Planungsprozess vorhanden. Der Einsatz von isolierten, alleinstehenden Planungslösungen ist deutlich reduziert.

Unternehmen der Stufe *führend* nutzen die Planungsfunktionen eines voll integrierten, unternehmensweiten Systems, wobei auch spezielle funktionsspezifische Planungstools integriert sind. Es ergibt sich eine hohe Automatisierung standardisierter Prozessschritte, vor allem werden Szenarien automatisch erstellt. Die Planungslösung unterstützt auch die abteilungs- und funktionsübergreifende Abstimmung und Zusammenarbeit.

Die Planungslösung von *Best-in-class*-Unternehmen unterstützt den vollständigen Planungszyklus. Horizontale Bereiche und vertikale Ebenen sind gleichermaßen verbunden. Dadurch ergibt sich eine unternehmensweit effiziente Zusammenarbeit sowie Abstimmungs- und Kommunikationsunterstützung. Ein komplexes Planungsmodell und

Tab. 5.1 Selbsteinschätzung vs. Capgemini-Einschätzung

Von 172 Unternehmen		
Liegen mit ihrer Einschätzung richtig	68	40%
Liegen mit ihrer Einschätzung falsch	104	60%
Von diesen 104		
Stufen sich besser ein	57	55%
Stufen sich schlechter ein	47	45%

die Szenario-Modellierung erfasst alle Ebenen der Planung. Systematisch werden die mit Hilfe von Business Analytics ermittelten Vorschlagzahlen als Grundlage für Planung und Prognose einbezogen. Die Planungslösung besteht aus miteinander verknüpften bzw. integrierten ‚Best-in-Class'-Tools für das jeweilige Planungsgebiet. Die Beschaffung von neuen Tools erfolgt vor dem Hintergrund der langfristigen IT-Strategie, die mit der Unternehmensstrategie abgestimmt ist.

Fazit

Der Abgleich mit den genannten Kriterien ermöglicht schon eine recht genaue Einordnung in eine der vier Reifegrad-Stufen. Ohne eine solche Orientierung wäre eine Selbsteinschätzung eher schwierig und unsicher, was Capgemini auch mit seiner Planungsstudie 2013 bestätigt hat (siehe Tab. 5.1). So hatten sich fast 40% der an der Studie beteiligten Unternehmen selbst als *fortgeschritten* bezeichnet. Die Überprüfung ergab dann, dass etwa die Hälfte davon nicht über eine Standard-Einordnung hinauskam.

▶   Neben der detailliert erläuterten Capgemini-Matrix gibt es noch eine Vielzahl weiterer Assessment-Möglichkeiten, die von anderen Beratungsunternehmen angeboten werden – zum Teil in Form kostenloser Online-Plattformen:

   HORWATH & PARTNERS bietet im Rahmen seines seit 2003 bestehenden „CFO-Panels" eine webbasierte und voll automatisierte Benchmarking-Plattform für ad-hoc Berichte.

   The Hackett Group präsentiert im Internet ein „Business Best Practices Intelligence Center" mit Benchmarking.

   Deloitte hat unter dem Titel „Plan. Budget. Forecast" eine interaktive Plattform mit integriertem Benchmark-Tool eingerichtet.

Teil II

Geschäftsspezifische Branchenschwerpunkte in der Planung, typische Schwachstellen und Trends

Die Bedeutung der „Treiber" für Planung und Erfolg

Der Erfolg eines Unternehmens wird durch eine Vielzahl von Faktoren bestimmt: Einflüsse, die von außen, aber auch aus dem Unternehmen selbst kommen können. Wenn sich Einflussfaktoren maßgeblich auf die Kosten- und Geschäftssituation auswirken, sprechen wir von „Geschäftstreibern" bzw. „Unternehmenstreibern".

In der Planung von erfolgreichen Unternehmen spielen diese Treiber, wie sich bei Studien immer wieder bestätigt, eine herausragende Rolle (siehe Abb. 6.1). Bei näherer Betrachtung werden wir schnell erkennen, dass es nicht darum geht, möglichst alle Treiber zu berücksichtigen, sondern vielmehr darum, die wichtigsten zu identifizieren und darauf den Fokus zu legen.

Zunächst unterscheiden wir zwischen internen Treibern, die durch ein Unternehmen beeinflussbar sind, und externen Treibern, die nicht oder kaum zu beeinflussen sind. Beispiel Rohstoffkosten: Sie lassen sich in der Regel ebenso wenig steuern wie etwa Marktrestriktionen, die z. B. durch politische Sanktionen entstehen. Anders hingegen die internen Treiber „Image" oder „Bekanntheitsgrad", die eine direkte Konsequenz von (Marketing-) Aktivitäten bzw. Managemententscheidungen darstellen.

Darüber hinaus ist zwischen branchenübergreifenden, branchenspezifischen (siehe Kap. 7) und unternehmensspezifischen Treibern zu differenzieren. Letztere stehen in einem engen Zusammenhang nicht nur mit der Geschäftstätigkeit eines Unternehmens, sondern auch mit seiner aktuellen und individuellen Situation, also auch mit seinen Zielsetzungen. Die unternehmensspezifischen Treiber sind es zumeist auch, die den Erfolg oder Misserfolg des jeweiligen Unternehmens in besonderem Maß bestimmen.

© Springer Fachmedien Wiesbaden 2015
I. Barkalov, *Effiziente Unternehmensplanung,*
DOI 10.1007/978-3-658-06839-4_6

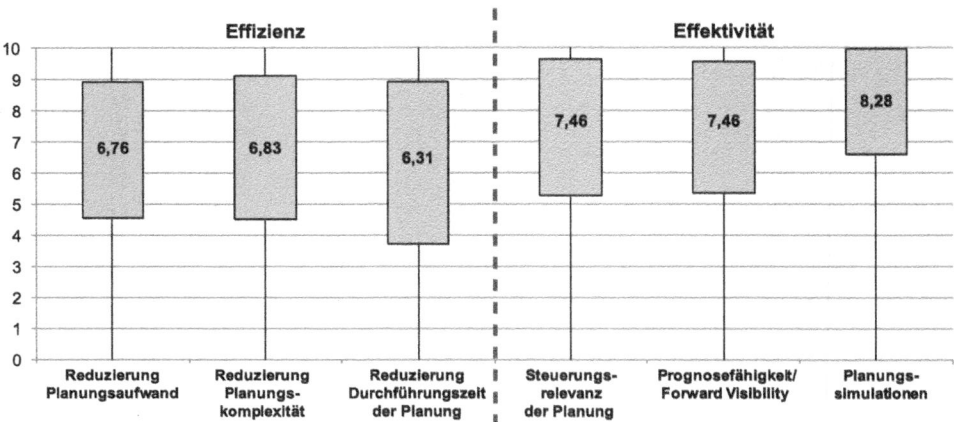

Abb. 6.1 Nutzen von Treibern. Am höchsten wird der Nutzen von Treibern für Planungssimulationen, Steuerungsrelevanz und Prognosefähigkeit eingeschätzt

---

Beispiel

Betrachten wir das Beispiel eines Pharmaunternehmens, das sich durch eine Krise kämpfen muss (siehe Abb. 6.2): Es ist – und bleibt – prinzipiell stark abhängig von Rohstoffen und Erfolgen in der Forschung, was auch bei anderen Unternehmen dieser Branche der Fall ist. Die individuelle Situation dagegen ist geprägt durch notwendige Restrukturierungsmaßnahmen; im Vordergrund steht der möglichst schnelle Abbau überflüssiger Kapazitäten.

Damit wird schnell klar, welche Treiber für die Überlebenschance dieses Unternehmens am wichtigsten sein werden:

1. Die Kürzung des Cash-Abflusses für Instandhaltung und Personal.
2. Der Cash-Zufluss durch den Verkauf überflüssig gewordener Anlagen.

Wie das Beispiel zeigt, kann sich ein Unternehmen schnell verzetteln, wenn es bei seiner Planung jeden denkbaren Einflussfaktor in Betracht zieht. Es muss sich vielmehr auf diejenigen Faktoren, sprich: Treiber, konzentrieren, die einen maßgeblichen Einfluss auf das erwartete Ergebnis ausüben.

Das Herausarbeiten dieser wesentlichen Treiber ist allerdings keine leichte Aufgabe, weil diese Treiber von den Führungskräften der verschiedenen Ebenen im Unternehmen oft ganz unterschiedlich gesehen werden. Und weil etwa ein Abteilungsleiter eine andere Entscheidungsreichweite hat als ein Geschäftsführer, müssen sich die Treiber zwangsläufig auch im Detailgrad unterscheiden. Sinnvoll kann daher ein Treiber-Baum sein, der, ausgehend von den Unternehmenszielen, die einzelnen Unternehmensbereiche berücksichtigt. In Kap. 9 wird dies bei der konkreten Identifizierung von Treibern näher beleuchtet.

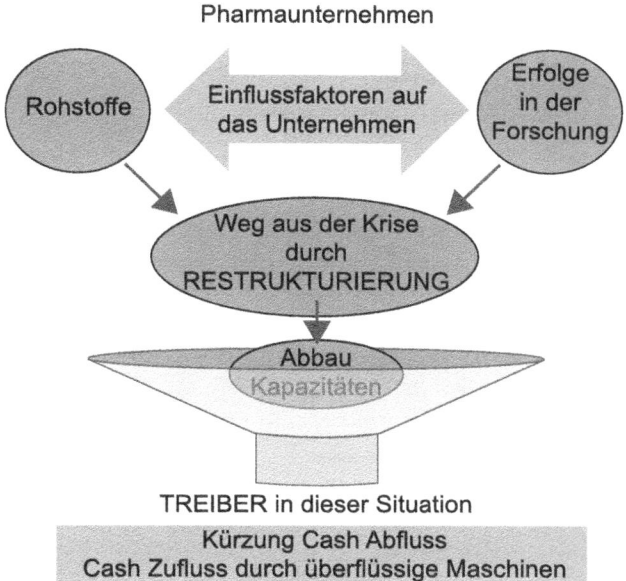

Abb. 6.2 Pharmaunternehmen

Bei der Betrachtung der Relevanz von Treibern ist nicht nur zwischen internen und externen Einflussfaktoren zu differenzieren; wichtig ist auch der Ursprung der Treiber, z. B. aus dem Umfeld (Politik, Gesellschaft, Wissenschaft etc.), aus der Branche (Exportmarkt, Rohstoffmarkt etc.) oder aus dem Netzwerk des Unternehmens (Marketing, Controlling, Produktion). Abbildung 6.3 macht dies im Einzelnen deutlich.

Die Praxis zeigt, dass sich die Unternehmen in der Planung oft sehr stark an den sogenannten Benchmarks orientieren und dadurch einen besonderen Schwerpunkt auf die Branchen-Treiber legen (siehe auch Kap. 7). Die Branchen-Treiber bilden zwar gut die Trends innerhalb der Branche ab, beantworten aber nicht die Frage, ob ein Unternehmen im Vergleich mit anderen Unternehmen besser abschneidet.

Die Branchen-Treiber sind wichtig für das Verständnis und für die Beobachtung, damit man wesentliche Trends nicht verschläft. Allein sind sie jedoch für die effektive Steuerung eines konkreten Unternehmens nicht ausreichend.

Auch wenn sich ein Unternehmen einem Benchmark unterziehen will, sind die Branchen-Treiber nur bedingt zu empfehlen, denn damit vergleicht man sich nur mit dem ‚Durchschnitt'. Ein solcher Benchmark kann schnell zu falschen Schlussfolgerungen führen.

Für einen sinnvollen Benchmark zur Planung empfiehlt sich eher ein Vergleich mit einem Best-in-Class-Unternehmen. Erläuterungen zu Best-in-Class-Unternehmen sind Kap. 5 zu entnehmen.

Entscheidend ist letztlich das Verständnis für eigene Erfolgstreiber. Folgt man unserem Beispiel des Pharmaunternehmens, so nutzt auch ein Vergleich mit einem Best-in-Class-

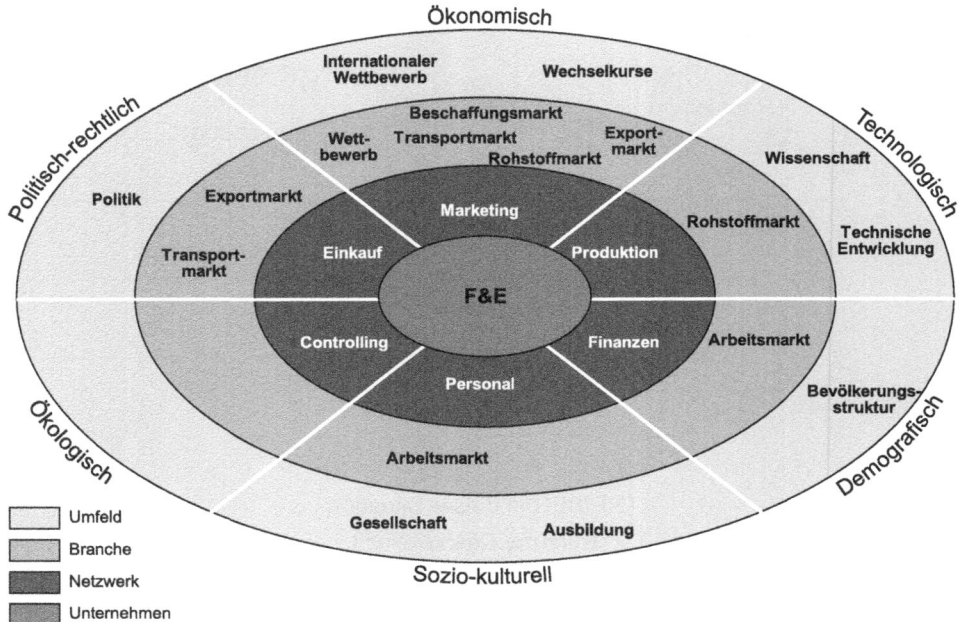

Abb. 6.3 Relevante Werttreiber

Unternehmen wenig, wenn letzteres immer noch Patentschutz auf ein Blockbuster-Medikament hat und dadurch mit voller Kapazitätsauslastung sein Geschäft betreibt.

In jedem Fall sind Branchen-Treiber für ein Unternehmen aber ein guter Anfang auf dem Weg zur Eingrenzung von wichtigen Einflussfaktoren.

Branchenspezifische Beispiele von Unternehmenstreibern

Im Rahmen einer Studie haben wir Unternehmen nach wichtigen Einflussfaktoren bzw. Treibern gefragt, die das Geschäft maßgeblich beeinflussen. Dabei wurden diese Unternehmen gebeten, ihre Angaben auf die acht wichtigsten Treiber zu begrenzen. Die Ergebnisse dieser Untersuchung wurden für acht Branchen auf die jeweils bedeutendsten Treiber aggregiert; eine Zusammenfassung zeigt Abb. 7.1.

Durch nahezu alle Branchen hindurch finden sich immer wieder gleiche Treiber: zum Beispiel der Absatzmarkt, die Personalkosten oder die politischen oder gesetzlichen Rahmenbedingungen. Darüber hinaus gibt es auch branchentypische, spezifische Treiber.

Wie die Übersicht zeigt, haben Personalkosten und Absatzmarkt bei vielen Branchen einen sehr hohen Stellenwert. Die Top-Treiber fallen dagegen unterschiedlich aus: In der Baubranche zum Beispiel wird an erster Stelle die Kapitalverfügbarkeit genannt, in der Chemie sind es Forderungsentwicklung und Liquidität, in der Versorgungsindustrie die CO_2-Preise. Relativ wenige Treiber sind für bestimmte Branchen so spezifisch, dass sie in anderen Bereichen irrelevant sind. Beispiele: die Patientenrekrutierung für klinische Studien in der Pharmaindustrie oder die staatliche Preisbeeinflussung bei der Versorgungsbranche.

Die in Kap. 2 erläuterten typischen Informationsbedürfnisse verschiedener Branchen geben einen weiteren Aufschluss über die branchenrelevanten Einflussfaktoren.

Die Untersuchung hat aber auch gezeigt, dass die Unternehmen sich relativ intensiv mit den externen Einflussfaktoren auseinandersetzen. Die unternehmensinternen Treiber bzw. Treiber, die mit einer konkreten aktuellen Unternehmenssituation bzw. -strategie zu tun haben, waren dagegen kaum zu finden. Es kann vermutet werden, dass sich zumindest die mit der Planung beschäftigten Verantwortlichen mit unternehmensspezifischen Erfolgsfaktoren nicht auseinandergesetzt haben bzw. dass sie diese nicht kennen.

Dies kann dazu führen, dass die Unternehmensplanung zwar die Unternehmensumgebung in die Planung einfließen lässt, jedoch nur einen begrenzten Beitrag zur Steuerung

© Springer Fachmedien Wiesbaden 2015
I. Barkalov, *Effiziente Unternehmensplanung*,
DOI 10.1007/978-3-658-06839-4_7

Automobil	Bau	Chemie	Dienstleistung
• Finanzierung / Investitionstätigkeit • Ölpreis / Rohstoffkosten • Personalkosten • Absatzmarkt • Image und Bekanntheit • Kundenzufriedenheit • Marktanteil • Subunternehmen • Kapazität und Auslastung • Neue Produkte und Technologien	• Kapitalverfügbarkeit • Logistik-, Material- und Rohstoffkosten • Absatzmarkt • Verfügbarkeit Subunternehmen • Kapazitätsauslastung • Verfügbarkeit Material • Neue Produkte und Technologien • Politische / Gesetzliche Rahmenbedingungen • Standort	• Förderungsentwicklung • Liquidität • Personal-, Prozess- und Rohstoffkosten • Absatzmarkt • Kunden-Liquidität • Bestandsentwicklung • Kapazitätsauslastung • Produktentwicklung • Produktivitätsgrad	• Rohstoff-, IT- und Personalkosten • Fremdkapitalkosten • Mietpreisentwicklung • Umsatz • Absatzmarkt • Entwicklung Lieferantenstruktur • Kapazitätsauslastung • Politische / Gesetzliche Rahmenbedingungen • Verfügbarkeit von Fachkräften
Industrie	**Lebensmittel**	**Pharma**	**Versorgung**
• Energie-, Rohstoff-, Import- und Personalkosten • Investitionstätigkeiten • Absatzmarkt / Marktpotenzial • Neue Produkte und Technologien • Politische / Gesetzliche Rahmenbedingungen • Produktionskapazität • Rationalisierung • Regulierungsdichte • Verfügbarkeit Fachkräfte	• Eigenkapital / Cashflow • Einkaufspreise Handelsware • Förderungsmanagement • Kostenstruktur • Absatzmarkt / Kundenstruktur • Bevölkerungswachstum • Markenbedeutung • Marketingaktivitäten • Lagerreichweite • Neue Produkte und Technologien	• Material-, Rohstoff- und Personalkosten • Absatzmarkt • Entwicklung Gesundheitsmarkt • Marktanteil • Marktmengenwachstum • Maßnahmen Wettbewerber • Erfolge in der klinischen Entwicklung • Kooperation • Patientenrekrutierung (klinische Studien)	• CO2-Preise • Energie-, Material- und Personalkosten • Investionstätigkeiten • Öffentliche Zuschüsse • Absatzmarkt • Einsatz von Marketinginstrumenten • Energienachfrage • Neue Produkte und Technologien • Staatliche Preisbeeinflussung

Abb. 7.1 Treiber nach Branche. (Capgemini Consulting)

von unternehmensspezifischen Treibern leistet. Die gute Nachricht dabei lautet, dass dennoch die Aussagekraft bzw. Effektivität der Planung gesteigert werden kann.

Was aber hat nun ein Unternehmen davon, wenn es seine spezifischen Treiber genau kennt? Auf diese Frage finden wir klare Antworten, wenn wir den praktischen Einsatz der Treiber für die Unternehmensplanung näher untersuchen. An den Anfang stellen wir die Hypothese, die durch die Studie Forward Visibility belegt worden ist:

▶   Unternehmen, die ihre Geschäftstreiber gut kennen und richtig einsetzen, senken ihren Planungsaufwand signifikant; gleichzeitig erreichen sie einen hohen Wirkungsgrad.

Stellenwert von Unternehmenstreibern in der Planung

Eine weitere Frage vorweg: Wie viele Treiber benötigt ein Unternehmen überhaupt für seine Planung? Die vorliegenden Studien haben ergeben, dass die durchschnittlich verwendete Zahl bei acht bis zwölf Treibern liegt, abhängig von der Planungsart (siehe Teil 3, Kap. 11). Bei der Betrachtung einzelner Unternehmen zeigen sich allerdings große Unterschiede. Manche Planer begnügen sich mit einem Treiber bis zu maximal drei Treibern; andere setzen bis zu 45 Treiber ein. Die Zahl ist – natürlich – abhängig von der Planungskomplexität, aber auch vom Reifegrad der Planung.

Unternehmensberater machen in diesem Zusammenhang immer wieder die Erfahrung, dass komplexe Planungsmodelle, die auf Treibern basieren, auf begrenzte Akzeptanz stoßen. Der Grund: Solche Modelle werden nur noch von den zuständigen Fachleuten im Controlling verstanden. Einfachere Modelle dagegen, die sich auf wenige zentrale – im Einklang mit der aktuellen Unternehmenssituation bzw. Strategie stehende – Treiber beschränken, werden bevorzugt, weil sie auch von Mitarbeitern zu durchschauen sind, die sich nicht ständig mit der Unternehmensplanung befassen.

Grundsätzlich helfen Treiber allen Verantwortlichen dabei, kritische Entwicklungen zu verstehen, relevante Hebel zu identifizieren und letztlich die Planung auf wirklich maßgebliche Faktoren zu fokussieren. Wo immer verschiedene Planungsarten zum Einsatz kommen, fungieren die Treiber als verbindende Elemente, die ein reibungsloses Zusammenspiel dieser Planungsarten ermöglichen. So lassen sich weitergehende Analysen oder Szenarien relativ einfach umsetzen bzw. integrieren.

Werden die wesentlichen Treiber als zentrale Planungsgrößen für ein Planungsmodell verwendet, so ergeben sich mehrere Vorteile:

- Es entstehen **einheitliche Rahmenbedingungen** für unterschiedliche Planungsarten.
- Über alle Ebenen des Unternehmens hinweg und quer durch alle Abteilungen werden **konkrete Annahmen und Prämissen**, die im gesamten Unternehmen gelten, kommuniziert.

© Springer Fachmedien Wiesbaden 2015
I. Barkalov, *Effiziente Unternehmensplanung,*
DOI 10.1007/978-3-658-06839-4_8

- Vorgaben und Ziele aus der strategischen Planung werden für alle Bereiche konkretisiert und detailliert dargestellt.

Die Folge ist, dass sich jederzeit weiterführende Planungsarten (siehe Definition unten sowie ausführlich im Kap. 3.12), Analysen und Szenarien umsetzen bzw. integrieren lassen. Und: Sowohl Effektivität – im Sinne der Steuerungsrelevanz – als auch Effizienz der Planung werden deutlich verbessert. Letzteres ist unter anderem an der Tatsache abzulesen, dass die Zahl der Abstimmungen bei treiberbasierten Planungsmodellen beträchtlich sinkt – und somit der Aufwand für die Planung insgesamt reduziert wird.

▶   Es gibt sieben verschiede Planungsarten, vier Standard-Arten und drei business-orientierte. Zu den Standard-Arten gehören die Strategische Planung, die Mittelfristplanung, die Jahresplanung und der finanzielle Forecast. Rollierender finanzieller Forecast, operativer Forecast und rollierender operative Forecast bilden die business-orientierten Planungsarten.

Die Menge der notwendigen Abstimmungsrunden ist einer der Hauptfaktoren für den gesamten Planungsaufwand. Ebenso von Bedeutung ist der Detailgrad der Planung. Die Autoren der Capgemini-Studien zur Unternehmensplanung haben dies am Beispiel einer finanziellen Prognose sehr deutlich gemacht: Wird diese Prognose ohne Einsatz von Treibern und mit einem Detailgrad von mehr als 40 % durchgeführt, so erfordert dies in der Abstimmung durchschnittlich vier Iterationen, die letztlich einen Planungsaufwand von durchschnittlich 30 Kalendertagen im Jahr ergeben.

Eine treiberbasierte Prognose auf der Basis eines Detailgrads unter 40 % dagegen senkt die Zahl der Iterationen auf durchschnittlich drei und den Planungsaufwand auf ca. 24 Kalendertage im Jahr. Dies entspricht einer Einsparung von 20 % (siehe Abb. 8.1). Die pragmatische Beschränkung auf einen möglichst niedrigen Detailgrad, kombiniert mit der strengen Fokussierung auf wesentliche Größen für zum Beispiel kritische Produktlinien, lässt zwar keine besonders präzisen Ergebnisse in allen Planungsbereichen erwarten, aber dies ist bei einer solchen Prognose auch gar nicht erforderlich. Ihr Zweck ist die Unterstützung der unterjährigen Unternehmenssteuerung, weshalb es auf **möglichst rasch** vorliegende Resultate in den erfolgskritischen Bereichen ankommt.

Dass der Einsatz von Treibern die Komplexität einer Planung und damit den gesamten Planungsaufwand verringert, haben viele Unternehmen schon erkannt. Vor dem Hintergrund der verschiedenen angewendeten Planungsarten werden weitere konkrete Vorteile geschätzt: Vor allem bei der Strategischen, der Mittelfrist- und der Jahresplanung bewerten Verantwortliche den Nutzen der Treiber als sehr hoch. Begründet wird dies damit, dass sich durch den Einsatz der Treiber die Organisation auf bestimmte Planungsziele besser fokussieren lässt und sich dadurch die Ziele besser erreichen lassen. Am höchsten wird ihr Nutzen für Planungssimulationen, Steigerung der Steuerungsrelevanz sowie Prognosefähigkeit eingeschätzt.

Wie lassen sich nun Effizienz und Effektivität in der Planung positiv beeinflussen? Abbildung 8.1 macht deutlich, dass die Planungsoptimierung ein hohes Maß an zusätz-

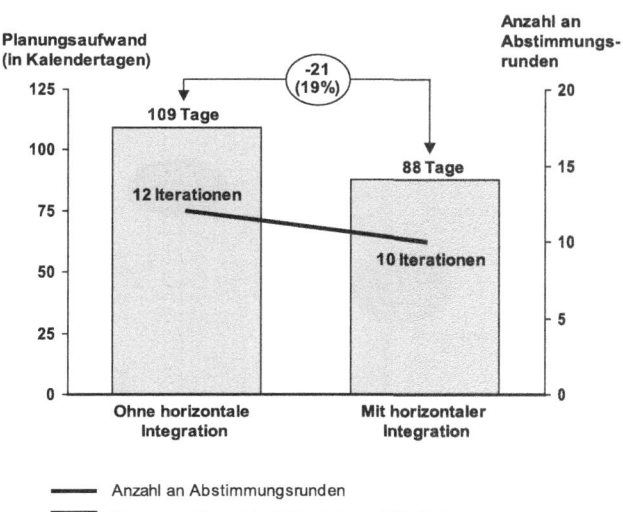

Abb. 8.1 Planungsaufwand mit horizontaler Integration. Durch horizontale Integration kann die Dauer der Budget- und Mittelfristplanung um bis zu 21 % gesenkt werden. (Capgemini Consulting)

lichen Ressourcen erfordert, wenn man sozusagen alle Register einer Effektivitätssteigerung zieht. Daraus ergibt sich der Schluss, dass ein Verbesserungseffekt kaum nachhaltig aufrechterhalten und finanziert werden kann.

Es geht also darum, die Treiber mit wirklich relevanten Hebeln zu verknüpfen und die Auswahl bei den Planungsoptimierungsmaßnahmen darauf einzugrenzen (siehe Abb. 8.2). Dabei ist ein Faktum zu bedenken und entsprechend zu berücksichtigen: Treiber sind selten statische Faktoren; vielmehr können sie sich durchaus schnell ändern, denken wir nur an die Veränderung von Technologien oder Kundenpräferenzen. Solche Veränderungen haben in den vergangenen Jahren massiv zugenommen – und das gilt sowohl für die branchenspezifischen als auch für die individuellen Treiber von Unternehmen.

Das Fazit lautet: Unternehmen müssen bei der Ausgestaltung ihrer Planung auf diese Erkenntnis mit der gebotenen Flexibilität reagieren, d. h. sie müssen Planungsinhalte wie auch Planungsprozesse so gestalten, dass eine – notfalls zügige – Anpassung an die Veränderung von Treibern möglich ist.

Wo diese Forderung nicht erfüllt wird, nutzen auch große SAP- oder andere Tool-Implementierungen, als Big-Bang-Projekte bekannt, nur wenig in Bezug auf Effektivität und Effizienz einer Unternehmensplanung. Diese Erfahrung müssen Unternehmen machen, die ihre Systeme durch ein aufwendiges Projekt ablösen, ohne dass komplexe Modelle und Tools auf die Dynamik ausgerichtet werden. Denn kaum dass die Software eingeführt und das Projekt abgeschlossen ist, haben sich zum Beispiel Marktbedingungen und auch Unternehmensziele wesentlich verändert.

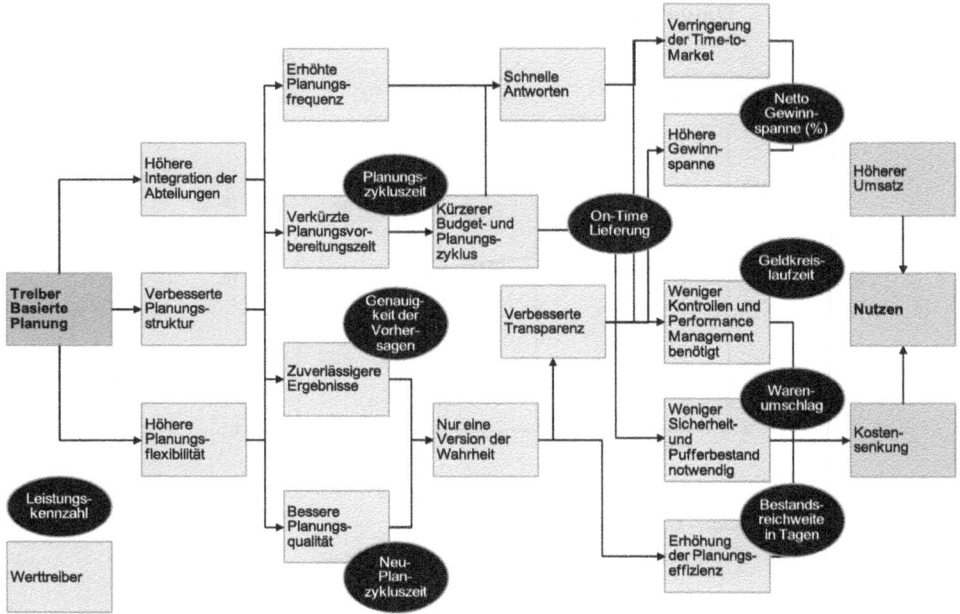

Abb. 8.2 Treiberbasierte Planung. (Capgemini Consulting)

Die flexible Ausrichtung einer Planung auf die maßgeblichen Treiber ist auch deshalb so wichtig, weil die Planung ganz unterschiedliche Aufgaben erfüllen muss, abhängig von der sich ändernden Geschäftssituation oder aufgrund neu auftauchender unternehmerischer Herausforderungen. Gerade letztere können sehr unterschiedlich sein und durch den Einfluss verschiedener Treiber sowohl zum Erfolg als auch zum Misserfolg führen. Die folgenden Fallbeispiele machen dies deutlicher.

Beispiel

Ein Unternehmen muss Wege aus seiner Existenzkrise finden. Die drei nachfolgend dargestellten Möglichkeiten sind jeweils mit spezifischen Treibern verknüpft.

1. Restrukturierung

Im Falle einer Restrukturierung bzw. eines Turnarounds geht es praktisch um zwei Dinge:

- Die Kosten des Unternehmens müssen in ein gesundes Verhältnis zu Umsätzen und Renditen gebracht werden – mindestens auf eine „schwarze Null".
- Die flüssigen Mittel (Cash) sind in ausreichender Menge sicherzustellen.

Wer Umsätze bzw. Preise in einem kleinen Restrukturierungszeitfenster signifikant steigern will, stößt schnell an seine Grenzen. Dieses Ziel ist nur sehr schwer oder gar nicht zu erreichen. Daher bleibt in der Regel nur der Weg über die Kostenreduktion:

Man versucht, die relevanten Kostenblöcke – mit sichtbarem Einfluss auf die Profitabilität und gleichzeitig möglichst geringem Einfluss auf die Wettbewerbssituation des Unternehmens – zu identifizieren und beim Kostenabbau darauf den Fokus zu setzen.

Darüber hinaus muss ein Unternehmen, das Verluste macht, immer noch ausreichende Barmittel zur Fortführung des Geschäfts besitzen. Eine ausreichende Finanzierung von Seiten der Aktionäre oder der Bank ist oft erschwert, weil bereits hohe Beträge bereitgestellt worden sind. Für das Überleben sind jetzt zwei Maßnahmen wichtig:

1. Der Cash-Flow muss akribisch geplant und kontrolliert werden.
2. Alle Ausgaben, die nicht für die Produktion relevant sind, sollten unverzüglich gestoppt bzw. aus der Planung herausgezogen werden.

Beide Maßnahmen können freilich nur für eine begrenzte Zeit durchgehalten werden.

Welche Schlussfolgerungen müssen wir dadurch in Bezug auf die spezifischen Treiber für ein Unternehmen im Turnaround-Programm ziehen? Es handelt sich im Wesentlichen um drei Kernfaktoren:

- **Kostenreduktion**: In der Planung wird sie durch Kostenblöcke zusammen mit den jeweiligen Reduktionszielen abgebildet.
- **Verfügbarer Cash**: In der Planung wird er durch „Amount of Cash" abgebildet, der für den Turnaround zur Verfügung steht, ggf. konkretisiert durch Cash-In-/Cash-out-Parameter.
- **Zeit**: Zum einen der Zeitrahmen, in dem der verfügbare Cash für die operative Tätigkeit ausreichen muss, zum anderen die Zeitabschnitte, in denen geplante Kostenreduktionen erreicht werden sollen.

Man kann davon ausgehen, dass zumindest in der Turnaround-Phase alle anderen Einflussfaktoren in den Hintergrund treten und für das Management entsprechend weniger interessant sind. Falls sich der Zeitpunkt für ein Restrukturierungsprogramm noch nicht konkret planen lässt, sollten zumindest die Forecasts an den oben genannten Treibern ausgerichtet werden.

2. Carve-Out

Beim Carve-Out wird ein Geschäftsbereich abgetrennt und von einem neuen Eigentümer als eigenständiges Unternehmen weitergeführt. In diesem speziellen Fall geht es darum, folgende Ziele zu erreichen:

- Wirtschaftliche Parameter des Carve-Out-Objektes müssen erreicht werden.
- Die Laufzeit der Entwicklung des Carve-Out-Objekts zu einem selbstständigen Unternehmen muss überschaubar sein.
- Die Carve-out-Kosten müssen in einem vernünftigen Verhältnis zum Verkaufspreis des betreffenden Geschäftsbereichs stehen.

Eine fallende Geschäftsperformance wirkt sich immer direkt auf den Veräußerungspreis aus. Oft passiert es, dass Management und Belegschaft durch das Ausmaß der

Veränderung, die alle Unternehmensebenen betrifft, den notwendigen Fokus auf Markt und Kundschaft aus dem Blick verlieren.

Es liegt im natürlichen Interesse jedes Unternehmens, den zu veräußernden Geschäftsbereich schnellstmöglich an einen Käufer zu übergeben, weil der erwartete Erlös bereits für andere Investitionen vorgesehen ist. Von der Laufzeit hängen auch die Transaktionskosten der Veräußerung ab, z. B. durch Auflösung von Synergien und ggf. zusätzliche Personalkosten. Auf Grund der Volatilität des Marktes könnte der potenzielle Investor bei langen Carve-out-Zeiten versuchen, den Kaufpreis neu zu verhandeln oder sogar den Deal platzen zu lassen.

Ob die Carve-Out-Kosten zu hoch oder zu niedrig sind, ist allerdings schwer zu beurteilen. Einige Unternehmen verfolgen deshalb die Strategie, die Kosten minimal zu halten und das Carve-Out als ,As-Is' durchzuführen. Dabei werden jedoch problematische Konsequenzen oft übersehen: zum Beispiel die Auswirkungen auf den Kaufpreis oder die Komplexität und die Kosten, die für unverhältnismäßige Setups im neuen Unternehmen entstehen können. Die wirtschaftliche Attraktivität wird dadurch unnötig reduziert.

Auf der anderen Seite können die Bemühungen um Optimierung und Perfektionierung auch übertrieben werden. Zeit und Kosten des Carve-Out-Projekts laufen dann völlig aus dem Ruder. Gleichzeitig bleibt der Effekt auf den Kaufpreis vielleicht aus, weil der Investor mit dem Erwerb ganz andere Ideen verfolgt: Er möchte das Unternehmen nach seinen Vorstellungen umbauen und ist deshalb keineswegs bereit, für die Anstrengungen der Verkäufer zu bezahlen.

Das Unternehmen muss also eine bewusste Abwägung zwischen Zielpreis, Kosten und Zeit finden. Dabei sollten Überlegungen hinsichtlich der angestrebten Investoren, der aktuellen Marktsituation und der Marktentwicklung die Hauptrolle spielen.

Wie also sehen für ein Unternehmen im Carve-Out-Prozess die Treiber aus? Folgende spezifische Treiber lassen sich definieren:

-   **Angestrebter Kaufpreis**, definiert durch festgelegte Wirtschaftsparameter wie Umsatz sowie Rendite (z. B. EBITDA). Dabei geht es oft lediglich um das Erreichen von Erwartungen, die bereits im Markt kommuniziert wurden – und nicht um ein zusätzliches Wachstum.
-   **Carve-Out-Kosten** im Verhältnis zum angepeilten Verkaufspreis. Sollte sich dieser während der Suche nach einem Investor als unrealistisch herausstellen, muss ggf. der Aufwand für den Carve-Out auf den Prüfstand.
-   **Laufzeit des Carve-Out-Programms,** und zwar im klaren Bewusstsein, dass diese Laufzeit den Kaufpreis wie auch die Transaktionskosten beeinflussen kann.

Auch hier lassen sich die Treiber individuell konkretisieren bzw. quantifizieren.

3. Merger

Ein erfolgreicher Merger ist im Allgemeinen durch folgende Merkmale gekennzeichnet:

- Angepeilte strategische Ziele werden realisiert, ebenso Synergien mit Auswirkung auf Umsatz, Kosten und Profitabilität.
- Der Aktienpreis entwickelt sich positiv.

Eine Integration braucht ihre Zeit. Je länger sie aber dauert, desto höher werden die Kosten. Und es wird immer schwieriger, die angedachten Synergien zu realisieren. Letztlich gelingt eine Integration auch nur dann, wenn die fähigsten Mitarbeiter engagiert an Bord bleiben.

Die Synergien müssen bei entsprechender Markt-Relevanz vorgezogen werden, wobei Synergien, die der Markt versteht und akzeptiert, zuerst ergriffen werden.

Das Erreichen dieser Ziele wird im Wesentlichen durch folgende Treiber beeinflusst:

- **Bestimmte Synergien, auf die der Fokus gelegt werden muss:** Die ersten Anzeichen des Erfolgs fallen oft zusammen mit der positiven Reaktion des Marktes und mit steigendem Wert des Unternehmens. Deshalb muss der Fokus in erster Linie auf die Kundschaft gerichtet werden. Das strategische Ziel des Mergers sollte auch in der Hektik der ersten Monate nicht aus dem Blick gelassen werden.
- **Mitarbeiter:** Die sogenannten Key Performer müssen gehalten werden. Gerade die besonders wichtigen und guten Mitarbeiter werden in den turbulenten Zeiten gern vom Wettbewerb angesprochen. Ob diese Mitarbeiter im Unternehmen gehalten werden können, hängt meist von einer klaren Kommunikation von Zielen und Vorgehensweisen ab; jedoch auch davon, ob die Leader aller am Merger beteiligten Organisationen hinter den Zielen stehen und am gleichen Strang ziehen.
- **Zeit:** Sie ist das ‚A und O‘ bei einer Post-Merger-Integration. Die Mitarbeiter, Kunden, Lieferanten, Finanzmärkte und andere Stakeholder gewähren einem Unternehmen oft eine gewisse „Schonfrist", bevor sie damit beginnen, erste Schlussfolgerungen über Erfolg oder Misserfolg des Mergers zu ziehen. Dies geschieht üblicherweise nach 100 Tagen. In dieser Zeit also müssen die Weichen gestellt sein und klare Konzepte vorliegen – für die organisatorische Ausrichtung, die Prozess- und Systemintegration, das Synergie-Tracking sowie für eine Neuausrichtung in Bezug auf Produkt und Kunden.

Sie sollten ein FBC-Programm (Faster, Better, Cheaper) implementieren nach dem Modell der NASA. Es gibt fünf wichtige Kriterien in diesem Vorhaben:

- „Do it wrong" – Je mehr Alternativen vorhanden sind, desto besser ist es und umso besser wird die finale Variante. Hier entscheidet die Masse.
- „Reject good ideas" – Fokussieren Sie sich auf das Primärziel Ihres Vorhabens.
- „Simplify and accelerate" – Gestalten Sie Ihre Arbeit deutlich und kurz.
- „Limit innovation" – Um weiterzukommen, vermeiden Sie Innovationsexzesse.
- „Failure is an option" – Wenn alles beim ersten Versuch klappen würde, würden Sie nie Ihre Grenzen erweitern.

Drei weitere Heuristiken, die NICHT helfen:

- „Faster, better, cheaper – pick two" – Die NASA hat mit ihrem FBC-Programm bewiesen, dass es sehr wohl funktioniert, alle drei Bereiche abzudecken.
- „You get what you pay for" – Viel Geld kann Qualität hervorbringen, allerdings kann das ein kleines Budget oft ebenso.
- „Take your time to do it right" – Schnelligkeit geht nicht immer mit schlechter Arbeit einher. Sie kann vielmehr ein Zeichen von Effizienz sein. Allerdings gilt auch hier, dass sich alles in einem bestimmten Rahmen bewegen muss, denn natürlich führt zu schnelles Arbeiten zu Fehlern.

Weitere Informationen finden sich in „F.I.R.E." von Dan Ward.

Die Beispiele machen deutlich, dass die Treiber keineswegs nur branchenspezifisch sind. Sie können sogar je nach Unternehmenssituation oder konkreter Zielsetzung im Unternehmen stark variieren. Gleichzeitig zeigt sich, dass solche Treiber durchaus quantifiziert werden können. Präzise definierte Treiber lassen sich oft sowohl qualitativ als auch quantitativ definieren und messen.

Allerdings darf man Treiber nicht mit den Zielen verwechseln. Im Fall der Restrukturierung ist die Zielsetzung zum Beispiel eine „schwarze Null" oder eine beliebige andere Profitabilitätsgröße innerhalb eines bestimmten Zeithorizontes. Die Treiber dagegen zeigen die zentralen Einflüsse, die über Erfolg oder Misserfolg des Turnaround-Programms entscheiden:

- Kostenblöcke, die eine „schwarze Null" überhaupt erst möglich machen.
- Barmittel, die das Überleben des Unternehmens während seines Umbaus sicherstellen.
- Die Zeit, die aufgrund von verfügbarem Cash dem Unternehmen für den Umbau zur Verfügung steht und somit die Geschwindigkeit des Umbaus maßgeblich bestimmt.

Auch wenn sich ein Unternehmen nicht einer derart massiven Herausforderung stellen muss, so sind doch immer wieder „kleinere" Herausforderungen zu bewältigen. Das Verständnis für die Treiber kann dafür sorgen, dass Entscheidungsträger wie auch alle weiteren Beteiligten den Fokus auf das „Wesentliche" legen. Die Effektivität bzw. die Aussagekraft einer Planung ist nur zusammen mit der Effektivität der Steuerung zu schaffen. Mit anderen Worten: Wenn Führungskräfte bei ihrer Planung den Fokus auf die entscheidenden Faktoren bzw. Treiber konzentrieren, steigern sie gleichzeitig die Effektivität der Steuerung.

Die Effizienz der Planung kann ebenso positiv beeinflusst werden, wenn Datenerhebung, Granularität und Genauigkeit der Planung in den anderen, weniger relevanten Bereichen signifikant reduziert werden. Dann können die Kosten und der gesamte Aufwand für Planungsprozesse deutlich gesenkt werden. So sollte jedes Unternehmen in der Lage sein, eine treiberbasierte Planung mindestens kostenneutral durchzuführen.

Wie nun lassen sich die relevanten spezifischen Treiber richtig identifizieren? Die genannten Beispiele deuten bereits eine Vorgehensweise an. Im folgenden Kap. 9 wird die Ableitung von Treibern genauer erläutert.

Wie identifiziert man die Kerntreiber aus der Menge der Einflussfaktoren?

Prof. Sonia Marciano von der New York University Stern Business School hat die Definition einer Strategie in ihrem Buch „Strategy Essentials" so zusammengefasst: „Der Strategie eines Unternehmens geht es hauptsächlich darum, das Unternehmen zu differenzieren und weg vom Preiswettbewerb zu bewegen. Die meisten Unternehmensstrategien bemühen sich um Reduktion von Kosten (Cost) und Steigerung von Zahlungsbereitschaft (WTP – willingness-to-pay)."

So ist es auch mit den Treibern. Zum einen nehmen sie ihren Anfang in der Unternehmensstrategie. Zum anderen kann man Treiber generell danach unterscheiden, ob sie die Kosten des Unternehmens beeinflussen oder die Attraktivität des Unternehmens steigern, z. B. indem sie die Bereitschaft der Kunden, für die Produkte des Unternehmens mehr Geld auszugeben, wachsen lassen.

Die ersten groben Anhaltspunkte zur Identifikation von Treibern kann und soll die Unternehmensstrategie liefern. Dabei können zum Beispiel die Ergebnisse einer Value Creation oder einer WTP-C genannten Analyse hilfreich sein.

Wie das vereinfachte Beispiel in Abb. 9.1 zeigt, kann solch eine Analyse erste wertvolle Erkenntnisse liefern. Man erkennt zum Beispiel schnell, dass im Kostenbereich (C) die Produktionskosten von Kaffeemaschinen keine bedeutende Rolle spielen. Der Kostenvorteil wird durch die kostengünstige Produktion von Kapseln sowie durch die sehr günstige Distribution erreicht. Man sieht auch, dass in diesem Beispiel die Treiber, die die Zahlungsbereitschaft (willingness-to-pay, WTP) von Kunden beeinflussen, eine höhere Bedeutung für den Unternehmenserfolg haben als die Kostentreiber. Das liegt daran, dass die Unternehmen mit höherem WTP zum Zeitpunkt der Analyse die Kostenvorteile des Wettbewerbs durch höhere Preise kompensieren können. Es heißt jedoch nicht, dass man auf die Kostentreiber verzichten könnte. Weil diese für die Branche einen gewissen Stellenwert haben, sollte man auch im Falle einer WTP-Überlegenheit die Kostentreiber in angemessenem Umfang in der Planung abbilden.

© Springer Fachmedien Wiesbaden 2015
I. Barkalov, *Effiziente Unternehmensplanung,*
DOI 10.1007/978-3-658-06839-4_9

	Coffee cups specific		Starbucks@Verisimo ecosystem			Starbucks@Keurin		Green Mountain@Keuring		
	Easier to imitate	Harder for to imitate	current	WTP	adjustment	WTP	adjustment	current	WTP	adjustment
Buyer Surplus		- Wait between plug-in to pour - Energy consumption level - Coffe taste as in the shop - Latte quality	- 15 sec - 1455 W/h - Swiss high pressure technology, brewed coffee, **espresso, latte** - Latte quality is milky and smooth, but tastes like a powder milk		- Energy consumption under 1.000 W/h - Latte tastes as fresh milk			- Under 1 Min - 1500 W/h - Brewed coffee		
	- Easy return and exchange policy - Recepts and suggestions on latte, caramel etc.		- Customers complains about complicate return and exchange procedure -Starbucks card		- Easy return guarantee - Starbucks beverage receipts forum online and in the shops					- **Green Mountan loyalty program**
		- Take and carry: cups available at every shop around the coner - Loyality program	- Starbucks **shops** are really **everywhere**				- Eliminate Espresso cupa (exclusive for Verisimo)	- High & even increasing variety of cups - Wide avalability		
Price		- Life-style piece - Composting cups	- Verissimo looks like the most of such machines. Customers complain the noisy operation - Only aluminium cups		- Appealing brewer design: Italian espresso style - Designed accessories - Introduce compostable cups			- Compostable cups - Reusable cups		- **Upgrade Green Mountain brand**
		- Superior latte taste -The latte extruction using high pressure mechanism and fresh milk tase		$ 199-399 / $1	- **Latte** beverages tasted **as in the shop** and even beyond	80C			$ 99-199, pos. Surpl.$50	
Producer Surplus		- Minimal inefficiency cost in capsule production - Distributiuon cost below 2%		Cost			- Licensing agreement and contact manufacuring		60C	- Use power in retail to reduce deistribution cost - Open distribution **channels** for independent K-Cup manufacturer and **charge for it**
									Cost	- **Licensing and contract manufact- uring for independent K-Cup supplier**
										- **Charge** supplier for **loyality** program

Abb. 9.1 Beeinflussung der Zahlungsbereitschaft durch Treiber. (Capgemini Consulting)

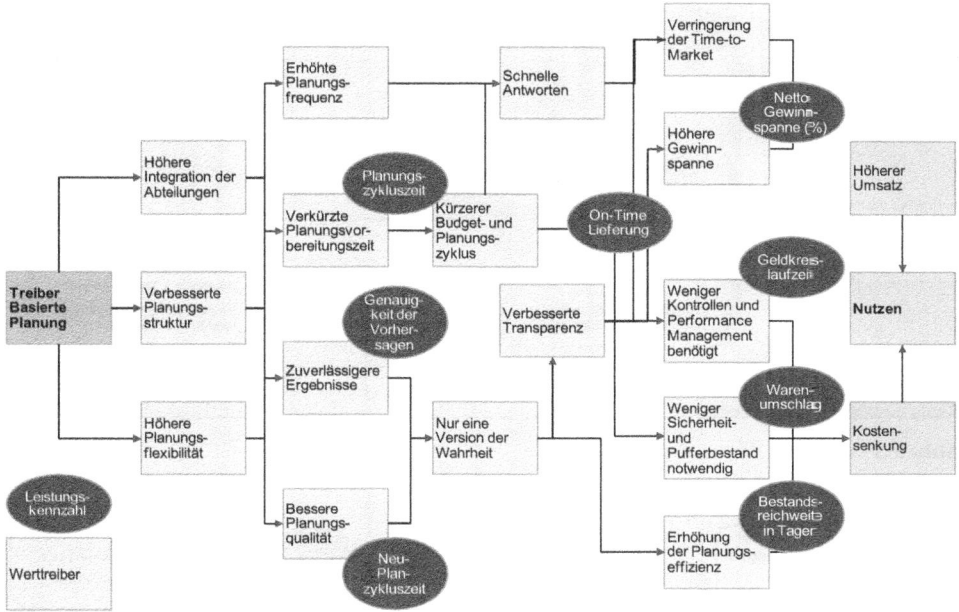

Abb. 9.2 Werttreiberanalyse

Zu erkennen ist auch, dass einige Treiber oder technische Parameter durchaus bei mehreren Wettbewerbern Eingang finden, andere jedoch, zum Beispiel der „Milchgeschmack", sind nur für ein einziges Unternehmen spezifisch.

Es zeigt sich also, dass so eine Analyse sinnvollerweise unter Berücksichtigung von Wettbewerbern durchzuführen ist. Dabei stößt man auf wichtige Branchen-Treiber, die ebenfalls überwacht werden sollten. Diverse Branchenanalysen runden solche Erkenntnisse ab.

▶   Want more? Weitere nützliche Informationen dazu finden sich in den Kap. 2 und
      3 des Buchs „Business Strategy Essentials" von Sonia Marciano.

Zur Verifizierung sowie Identifikation weiterer Kerntreiber können im Wesentlichen die drei nachstehenden Methoden herangezogen werden, deren Vor- und Nachteile näher betrachtet werden sollen.

1. **Werttreiberanalyse**: Bei dieser klassischen Methode unterscheiden wir zunächst zwischen der quantitativen und der qualitativen Analyse der Werttreiber (siehe Abb. 9.2). Im Mittelpunkt der qualitativen Betrachtung stehen im Allgemeinen die Chancen und Risiken der Geschäftätigkeit in den verschiedenen Unternehmensbereichen, während sich die quantitative Analyse vor allem mit der GuV und den Bilanzzahlen befasst.

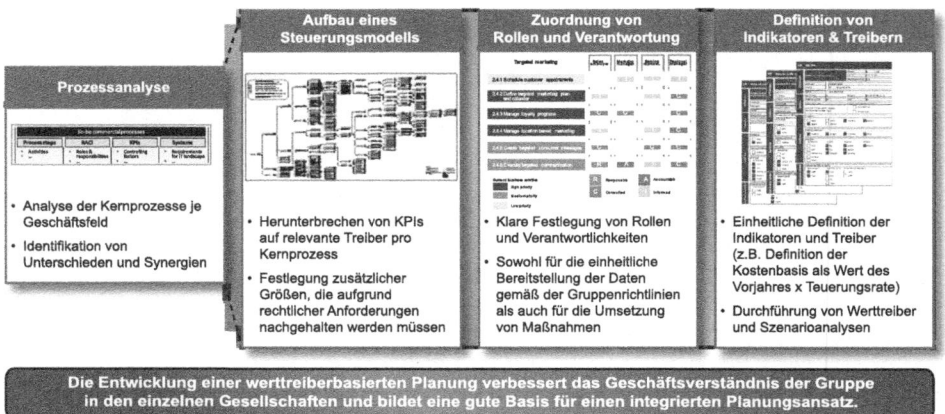

Abb. 9.3 Vorgehen Werttreiberanalyse

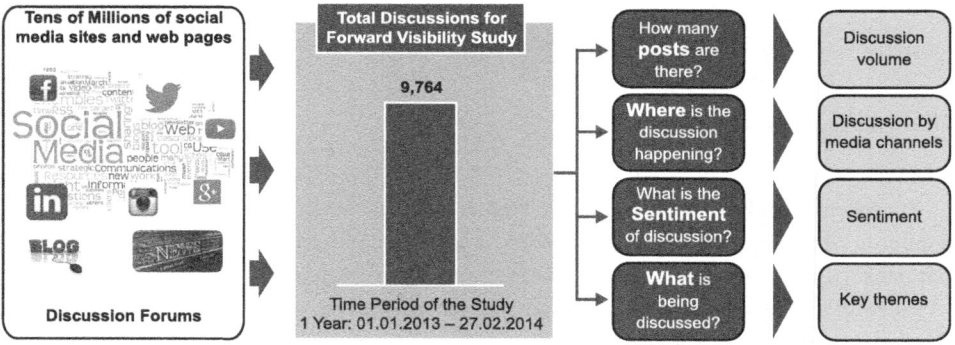

Abb. 9.4 Social-Media-Analyse. Die Social-Media-Seiten der jeweiligen Unternehmen werden begutachtet und die Daten ausgewertet. (Capgemini Consulting)

Vorteile dieser Methode liegen insbesondere im strukturierten und transparenten Vorgehen sowie in der logischen Verknüpfung zwischen den Unternehmensebenen (siehe Abb. 9.3). Größter Nachteil ist die Komplexität. Außerdem werden die Ergebnisse oft durch historische Werte und subjektive Wahrnehmung beeinflusst. Diese Methode ist jedoch gut geeignet, die identifizierten Treiber mit Kennzahlen zu verbinden sowie sie in den Planungsmeldedaten bzw. in der Bilanz und GuV zu verankern.

2. **Social Media Analytics Approach:** „„Share of Voice" ist eine der Social-Media-Analytics-Methoden'. Sie basiert auf der Analyse von Themen bzw. Faktoren, die im Unternehmen am meisten diskutiert werden bzw. die meiste Aufmerksamkeit im Unternehmen genießen (siehe Abb. 9.4).

Der Vorteil ist darin zu sehen, dass sich ein umfassendes Bild vom jeweiligen Unternehmen ergibt, wobei sich die Meinungen nach Expertengruppen, nach Rollen oder Ebenen

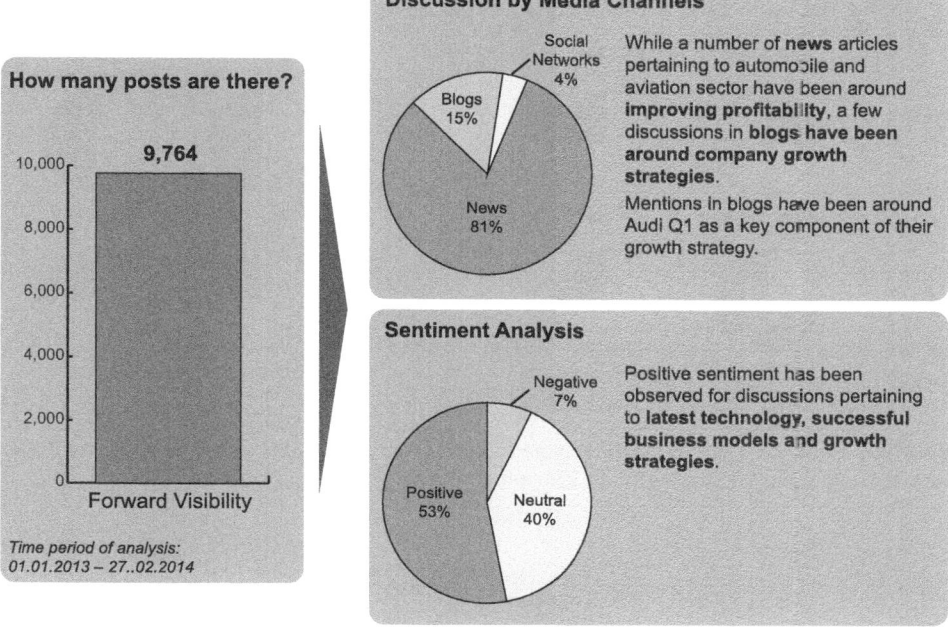

Abb. 9.5 Input Share of Voice – Beispiel. Die ausgewerteten Daten werden statistisch aufbereitet, um noch mehr Aussagekraft zu besitzen. (Capgemini Consulting)

strukturieren lassen (siehe Abb. 9.5). Das Bild lässt sich auch leicht auf die Branche sowie auf Kunden ausweiten und spiegelt damit die aktuellen Herausforderungen wider. Ein Nachteil ergibt sich aber dadurch, dass Interessengruppen das Bild stark verzerren können. Auch kann der Zugriff auf Quellen, insbesondere auf die Kommunikationswege wie E-Mail-Verkehr oder Meeting-Protokolle, erschwert sein, z. B. durch die Abwehrhaltung von Betriebsräten.

3. **Big Data Analytics Approach**: Bei diesem Vorgehen werden historische Daten in großem Umfang analysiert, zumeist vor dem Hintergrund historischer Marktdaten sowie zukünftiger Trends. Davon lassen sich dann die Kerneinflussfaktoren auf zukünftige Unternehmensziele ableiten (siehe Abb. 9.6).
   Der Vorteil: Die Methode verspricht eine gewisse Objektivität, da die Ergebnisse nicht von der Meinung einzelner Personen abhängig sind. Es handelt sich um ein „lernendes Modell", das auf einer statistischen Analyse von Big Data (Transaktionsdaten sowie Marktdaten der letzten 10 bis 15 Jahre) basiert.
   Weil die statistische Relevanz gewährleistet sein muss, ist die Methode für die Analyse von Einflussfaktoren mit wenig Datenbestand nicht geeignet. Gerade die Vorauswahl von Faktoren (Hypothesenbildung) könnte für komplexere Geschäftsmodelle kompliziert werden.

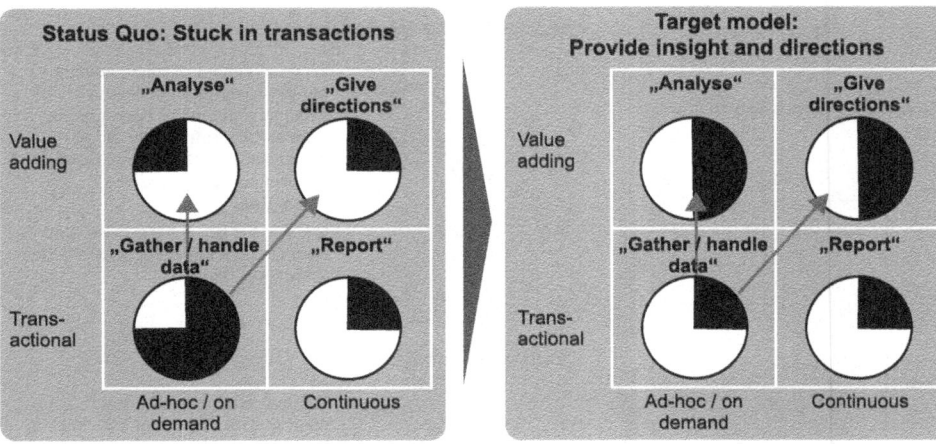

Abb. 9.6 Big-Data-Analyse. Mithilfe von Big Data werden Marktforschungen und Analysen betrieben und somit Wegweiser für die Zukunft ermittelt. (Capgemini Consulting)

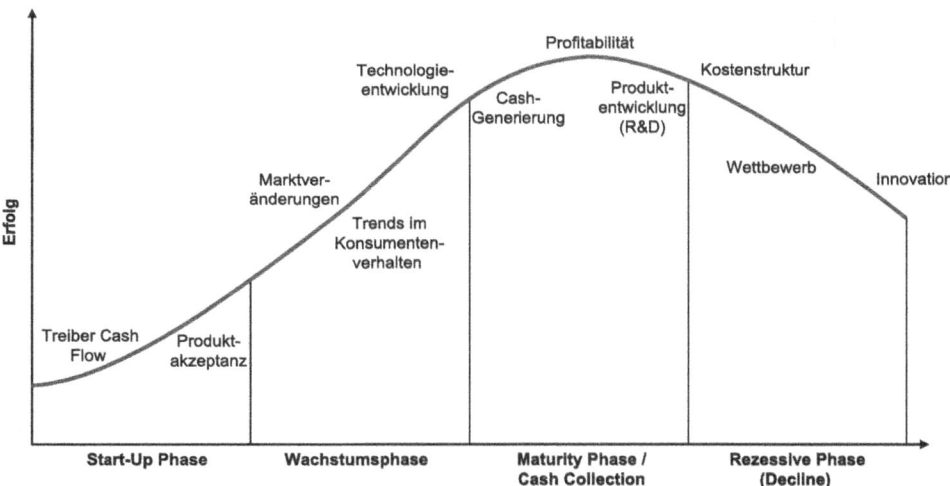

Abb. 9.7 Lebenszyklusmodell. Relevante Treiber in verschiedenen Unternehmenssituationen

Unabhängig davon, welches Vorgehen praktiziert wird: Es muss sichergestellt werden, dass die Treiber regelmäßig auf den Prüfstand gestellt werden. Die Frage, ob die Prüfung einmal im Jahr oder vierteljährlich oder gar monatlich vorgenommen werden soll, ist pauschal nicht zu beantworten. Die Antwort hängt unter anderem von der Branche, aber ganz besonders von der Unternehmensdynamik ab. Ein Unternehmen in der Start-Up-Phase wird einiges ausprobieren und daher seine Treiber häufiger überprüfen müssen als ein bereits etabliertes Unternehmen. Die Abstände einer Überprüfung hängen somit von der jeweiligen Phase ab, in der sich ein Unternehmen befindet.

Betrachten wir solche Phasen etwas genauer, dann kommen wir zu folgenden Aussagen (siehe auch Abb. 9.7):

Start-Up-Phase

Durch die spezielle Dynamik in Start-Up-Phasen kann es zu häufigen Treiber-Veränderungen kommen – nicht zuletzt durch die unterschiedlichsten Versuche, die Entwicklung günstig zu beeinflussen. Nicht selten haben solche Unternehmen Erfolg sogar mit Maßnahmen, die gar nicht im ursprünglichen Business Plan standen. Dabei müssen vor allem die Treiber Cash Flow und Produktakzeptanz im Fokus stehen. In Bezug auf die Frequenz der Treiber-Überprüfung lässt sich folgende Faustformel aufstellen: Je steiler die „Learning-Kurve" eines Unternehmens ist, desto häufiger sollten die Treiber überprüft werden.

Dabei muss beachtet werden, dass sich auch etablierte Unternehmen, die ein völlig neues Produkt auf den Markt bringen oder in einen ganz neuen Markt gehen, in einer Start-Up-Phase befinden, zumindest was die betroffenen Geschäftsbereiche anbelangt.

Wachstumsphase

Während der Wachstumsphase hat ein Unternehmen seinen Entwicklungspfad gefunden. Dabei muss es verstärkt auf Marktveränderungen, Trends im Konsumentenverhalten und auf die Technologieentwicklung achten – insgesamt also vor allem auf externe Einflussfaktoren. Das vorrangige Ziel liegt meist im Gewinn von Marktanteilen. Daher reicht eine Überprüfung von Treibern in den für die Branche üblichen Abständen in der Regel aus. Da die Branchen in ihrer Entwicklung unterschiedlich dynamisch sind, können solche Überprüfungsabstände am besten den Benchmarks aktueller Studien entnommen werden. In den meisten Fällen reicht jedoch eine halbjährliche Überprüfung aus. Da das Wachstum der Marktanteile ganz im Vordergrund steht, liegt der Fokus auf der Effektivität von Marketingausgaben.

Maturity-Phase/Cash Collection

Wenn sich ein Unternehmen mit seinem Produkt gut positioniert hat, sprich: wenn es kein signifikantes Wachstum mehr zeigt, sollte es sich verstärkt auf Cash-Generierung und Profitabilität konzentrieren. Marketingausgaben müssen hauptsächlich so eingesetzt werden, dass sie auf die Erhaltung von Marktanteilen zielen. Eine weitere Produktentwicklung (R&D) ist weniger sinnvoll und sollte nur für die Verlängerung des Produktlebenszyklus gepflegt werden – wenn dies wirtschaftlich sinnvoll erscheint. Jetzt ist die Zeit so zu nutzen, dass das Unternehmen möglichst viel Cash mit seinem Produkt verdient. Eine jährliche bis vierteljährliche Überprüfung von Treibern ist im Allgemeinen ausreichend.

Rezessive Phase (Decline)

Wie lange sich ein Produkt auf dem Markt behaupten kann, ist in dieser Phase oft von der Kostenstruktur abhängig. Wettbewerb und Innovation, sprich: neue Produkte, drücken jetzt immer mehr auf den Preis. Der Fokus liegt daher klar auf den Kostentreibern. Marketingausgaben z. B. sind zu vermeiden, sie empfehlen sich allenfalls sehr punktuell für Promotions. Wenn beim Eintritt in die Decline-Phase noch vierteljährliche Überprüfungen der Treiber genügen, sollten sie in der späteren Entwicklung sogar monatlich erfolgen. Sobald eine Produktion, die die Anforderungen des Marktes deckt, auf dem bisherigen

Kostenniveau nicht mehr möglich ist, hat das Unternehmen nur noch zwei Optionen: die Verlagerung in Länder mit niedrigeren Kosten oder die Schließung. Der Break-Even-Punkt darf nicht verpasst werden. Sollte dies geschehen, sehen die Konsequenzen für das Unternehmen meist bitter aus.

Abschließendes Fazit zum sinnvollen Einsatz von Unternehmenstreibern

10

Grundsätzlich müssen sich die Verantwortlichen immer bewusst sein, dass es schon innerhalb eines Unternehmens ganz unterschiedliche Inhalte, Schwerpunkte, ebenso unterschiedliche Prozesse und damit oft divergierende Fokusbereiche gibt.

Wäre es also eine geschickte Lösung, die Treiber grundsätzlich mit dem Unternehmenserfolg zu verknüpfen? Die Antwort heißt: Nein! Eine solche Verknüpfung ist vor allem deshalb problematisch, weil der Wertbeitrag eines Treibers aufgrund sehr individueller Geschäftsmodelle kaum isoliert quantifiziert werden kann.

Sinnvoller ist es dagegen, Key Performance Indicators (KPIs) zu definieren, die die Wirkung eines Treibers auf Top-Indikatoren wie etwa die Rendite quantitativ beschreiben. Bricht man solche KPIs dann auf die Geschäftsbereiche – oder auf die Wertschöpfungskette – herunter, kommt man zu einem System von Schlüsselindikatoren, das wirklich die Unternehmens- und Wertschöpfungsstruktur abbildet.

Mit einem solchen KPI-System, das auf die wesentlichen Unternehmenstreiber ausgerichtet ist, wird noch ein weiterer, sehr positiver Effekt erreicht: Kommt es bei den Treibern zu Veränderungen, so lassen sich diese auf recht einfache Weise überwachen, indem die Treiber sowohl in die Planung wie auch den Forecast, in Reporting- und Kontrollsysteme sowie in die Evaluierung von Szenarien einbezogen werden. Diese konsequente Integration der Treiber verbessert nicht nur die gesamte Unternehmensplanung, mit ihr gelingt es auch, die Auswirkungen veränderter Treiber auf den Gesamterfolg des Unternehmens präzise und kontinuierlich zu beobachten.

Die Bedeutung der wichtigsten Kennzahlen, nach denen Unternehmen gesteuert werden, veranschaulicht Abb. 10.1.

Die kontinuierliche Überwachung der KPIs ist der erste wichtige Schritt, mit dem ein Unternehmen seine Herausforderungen meistern kann. Zwei weitere Elemente müssen sich anschließen:

© Springer Fachmedien Wiesbaden 2015
I. Barkalov, *Effiziente Unternehmensplanung,*
DOI 10.1007/978-3-658-06839-4_10

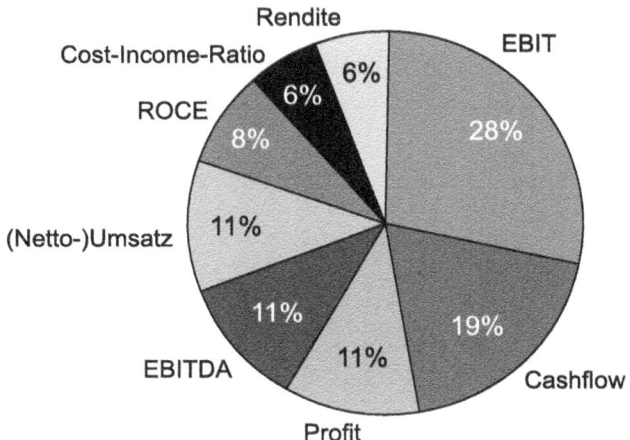

Abb. 10.1 Die wichtigsten Kennzahlen für die Steuerung eines Unternehmens

- Die Geschäftstreiber, also die unternehmensspezifischen Erfolgsfaktoren, Chancen und Risiken, sind immer wieder neu zu bewerten, und zwar möglichst zeitnah.
- Wichtige Entscheidungsfindungen müssen durch Szenarien-Evaluierung auf der Grundlage der Treiber unterstützt werden. Prinzipiell ist ein effektiver Entscheidungssupport nur durch miteinander verknüpfte Planungsinstrumente erreichbar. Wie diese im Einzelnen aussehen, untersuchen wir in den Kapiteln von Teil 3.

Zwischen den Reporting- und Planungsinstrumenten, das sei abschließend noch einmal betont, sollten die Unternehmenstreiber ein wesentliches Bindeglied darstellen; nur dann können die Instrumente der Planung ein erwünschtes umfassendes Bild des Unternehmens ergeben. Beim Ist-Reporting zum Beispiel, das eine detaillierte Sicht auf das Unternehmensgeschehen zu einem bestimmten Stichtag erlaubt, müssen die treiberbasierten KPIs in jeder Ist-Meldung verankert werden. Nur so wird die Integration in andere Überwachungs- und Planungsinstrumente erreicht. Üblich ist eine Berichterstattung zum Quartals- und zum Jahresende. Darüber hinaus empfiehlt sich eine monatliche Ist-Datenmeldung („Flash") mit reduziertem – auf wesentliche Treiber fokussierten – Informationsumfang, damit das Management schneller handlungsfähig ist.

Zur Sicherstellung der Kosten-Nutzen-Balance muss die Meldung nur wenige Kennzahlen enthalten, sie muss dafür aber deutlich früher als eine normale Meldung verfügbar sein. Sinnvoll ist eine Bereitstellung bis zum zweiten Arbeitstag des Folgemonats. Der Einsatz von Flashs ist auch im Fall einer fehlenden monatlichen Berichterstattung sehr empfehlenswert.

Teil III
Ganzheitlicher Planungsprozess in der Praxis

Drei Design-Kriterien

11

In diesem Teil des Buches wird vom „ganzheitlichen" Planungsprozess die Rede sein, wobei sich der Bogen von der Strategischen Planung bis hin zu den funktionalen Planungsarten spannt. Was aber heißt hier „ganzheitlich"?

Der Begriff stützt sich auf drei Design-Kriterien: Soll ein Planungsprozess ganzheitlich ausgerichtet bzw. optimiert werden, dann muss er

- **integriert,**
- **abgestimmt und**
- **fokussiert**

sein. Die vorherigen Kapitel haben aufgezeigt, wie man die wesentlichen Elemente des Unternehmenserfolgs identifizieren kann. In diesem Teil dagegen werden wir diskutieren, wie man zur Integration dieser wesentlichen Faktoren in die Planungsprozesse gelangt und wie man durch abgestimmtes Vorgehen zu den notwendigen Ergebnissen und Entscheidungen kommt. Gleichzeitig muss der Fokus in jeder Phase darauf gerichtet sein, dass die Planung die Unternehmenssteuerung effektiv und effizient unterstützt – sprich: wirtschaftlich gestaltet ist.

Es kann davon ausgegangen werden, dass die Ausgestaltung der genannten drei Design-Kriterien die Effektivität der Planung im Unternehmenssteuerungsprozess maßgeblich bestimmen wird. Obwohl es nur drei Elemente sind, muss aber auch berücksichtigt werden, dass es gewisse Schwerpunkte geben kann und dass eine Balance zwischen den dreien gehalten wird. Für das Gleichgewicht ist insbesondere die Fokussierung mit verantwortlich, denn: Würde man zum Beispiel wirklich alle bekannten Treiber miteinander verknüpfen, ginge dies klar zu Lasten der Effizienz.

Wie überführen wir diese Erkenntnisse in eine funktionierende Praxis? Was ist wirklich wichtig im integrierten, abgestimmten und fokussierten Planungsprozess? Antworten auf diese Fragen geben die folgenden Kapitel.

© Springer Fachmedien Wiesbaden 2015
I. Barkalov, *Effiziente Unternehmensplanung*,
DOI 10.1007/978-3-658-06839-4_11

Die Planungsarten – Bedeutung, Verbreitung und Trends

12

Betrachten wir zunächst die Planungsarten, die in den Unternehmen angewendet werden. Dabei unterscheiden wir im Wesentlichen zwischen vier Standard-Arten und drei sogenannten business-orientierten Planungsarten.

Zum **Standard** zählen wir

*   Strategische Planung,
*   Mittelfristplanung,
*   Jahresplanung/Budget,
*   Finanzieller Forecast/Prognose.

Diese Planungsarten sind in vielen Unternehmen etabliert und gehören somit zum Standard. Auch wenn sie sich prinzipiell mit dem Geschäft eines Unternehmens auseinandersetzen: Sie folgen einer vorgegebenen Routine und lassen deshalb Flexibilität und Anpassungsfähigkeit vermissen, die man braucht, um das Wesentliche am Geschäft abbilden zu können. Damit entfernen sich diese Planungsarten von den berechtigten Interessen der Stakeholder, und oft gehören sie nicht zu den naheliegenden Instrumenten einer effektiven Unternehmenssteuerung.

Unter **business-orientierten Planungsarten** verstehen wir

*   den rollierenden finanziellen Forecast,
*   den operativen Forecast (Prognose),
*   den rollierenden operativen Forecast.

Zu letzterem rechnen wir auch die Szenario-Planung hinzu, die weiter unten erläutert wird.

© Springer Fachmedien Wiesbaden 2015
I. Barkalov, *Effiziente Unternehmensplanung,*
DOI 10.1007/978-3-658-06839-4_12

Die business-orientierten Planungsarten sind schlank und folgen meist den aktuellen Initiativen und Programmen; sie haben den Zweck, diese zu überwachen und zu steuern. Oft unterscheiden sie sich von Unternehmenssparte zu Unternehmenssparte, und der Inhalt kann einen zeitlich begrenzten Horizont zeigen, weil auch die Unternehmensinitiativen und –programme zeitlich begrenzt sind.

Genau dies trägt aber dazu bei, dass die business-orientierten Planungsarten schlank bleiben. Mit dem Auslaufen einer Unternehmensinitiative – und damit einer Planungsart – werden keine historischen Bestände an zu sammelnden Informationen aufgebaut. Letzteres ist eine Eigenschaft der Standardplanungsarten, die dadurch schwerfällig, unübersichtlich und letztlich „geschäftsfremd" werden.

In den meisten Unternehmen wird eine Kombination verschiedener Planungsarten angewendet.

▶ **Die Standard-Planungsarten**
Strategische Planung
Sie ist eine zentrale Aufgabe des Managements und bezieht sich meist auf einen Zeitraum von fünf oder mehr Jahren. Sie geht auf Analyse, Entwicklung, Implementierung und Kontrolle strategischer Aspekte für die gesamte Wertschöpfungskette ein. Dazu zählen die angestrebte Marktpositionierung, die Definition und Identifikation langfristiger Geschäftsziele, ebenso der Ausbau wettbewerbsrelevanter Ressourcen. Darüber hinaus gehören Struktur- und System-Entscheidungen (IT) dazu. Die Strategische Planung sollte zu einem Tool werden, die Unternehmensstrategie zu kommunizieren und in Handlungen einzelner Stakeholder zu verankern. Sie ist außerdem die ‚Geburtsstunde' sowie ‚Erziehung' bzw. eine Grundlage einer Anpassung und Modifikation von business-orientierten Planungsarten.

Mittelfristplanung
Im Rahmen einer Mittelfristplanung wird die strategische Planung mittelfristig in den Geschäftsbetrieb des jeweiligen Unternehmens übernommen. Teilweise dient diese Form der Planung auch der Strategiekommunikation und -reflexion im gesamten Unternehmen. Bisweilen jedoch erfolgen Strategische Planung und Mittelfristplanung oft auch völlig losgelöst von anderen Planungsarten.

Jahresplanung/Budget
Die Jahresplanung (Budgetierung) dient vorwiegend einer detaillierteren Planung von Kosten und Erlösen, von Cashflow und Working Capital sowie den darauf basierenden Zielvereinbarungen für das kommende Geschäftsjahr. Im Allgemeinen erfolgt dies zusammen mit einem Budget für das Geschäftsjahr, wobei eine GuV und eine Bilanz erstellt werden.

Finanzieller Forecast/Prognose

(Bilanz, GuV – nur „Year-End Likely")

Der finanzielle Forecast ist ein Instrument zur Kontrolle der geplanten Jahres- und Budgetziele sowie zur Dokumentation von Abweichungen. Er wird normalerweise vierteljährlich durchgeführt. Der Umfang der Information richtet sich daher nach dem Umfang des Budgets bzw. einer Ist-Berichterstattung. Diese Planungsart hat sich in den letzten Jahren sehr stark an den externen Informationsanforderungen orientiert. Dabei werden Kapitalgeber und potenzielle Investoren über die Geschäftslage informiert.

Die business-orientierten Planungsarten

Rollierender finanzieller Forecast

Der rollierende finanzielle Forecast betrachtet immer eine fixe Zeitspanne, ist losgelöst vom Geschäftsjahr bzw. der Jahresplanung und wird oft mit einem reduzierten Umfang häufiger durchgeführt – monatlich oder vierteljährlich. Somit verringern sich Unsicherheiten, die durch den Übergang von einem Jahresbudget zum nächsten entstehen können.

Operativer Forecast/Prognose

Hier geht es um die Betrachtung der Geschäftssituation über die GuV hinaus, also unter Einbeziehung etwa von Marktanteil, Preisentwicklung, Auftragslage sowie kurzfristiger Maßnahmen wie z. B. der Umsetzung von strategischen Initiativen oder Programmen. Unter operativer Prognose verstehen wir eine Planung, die vor allem auf die aktuellen unternehmerischen Herausforderungen abstellt und weniger die gesamte Gewinn- und Verlustrechnung im Blick hat. Sie ist deutlich kurzfristiger angelegt (z. B. Jahresfrist oder die Dauer der strategischen Initiative) und hat einen stärkeren Fokus auf kurzfristige Maßnahmen.

Rollierender operativer Forecast

Er betrachtet immer eine fixe Zeitspanne, ist losgelöst vom Geschäftsjahr oder der Jahresplanung und wird häufiger durchgeführt – monatlich oder vierteljährlich. Somit werden Unsicherheiten minimiert, die durch den Übergang von einem Jahr zum nächsten entstehen können. Er schafft Transparenz und dämmt die Zahlenpolitik einzelner Stakeholder ein. Auf die Maßnahmen, die durch einen rollierenden Forecast überwacht werden sollen, wird die Aufmerksamkeit verstärkt und kontinuierlich gelenkt.

Szenario-Analyse/Szenario-Planung

Abbildung bzw. Einschätzung der zukünftigen Entwicklung eines Unternehmens anhand von Szenarien. Dabei werden auch extrem optimistische und pessimistische Szenarien entwickelt und gegeneinander abgewogen. Da möglichst alle Risiken einzubeziehen sind, kann die Szenario-Planung auch wertvolle Beiträge zum Risikomanagement eines Unternehmens liefern.

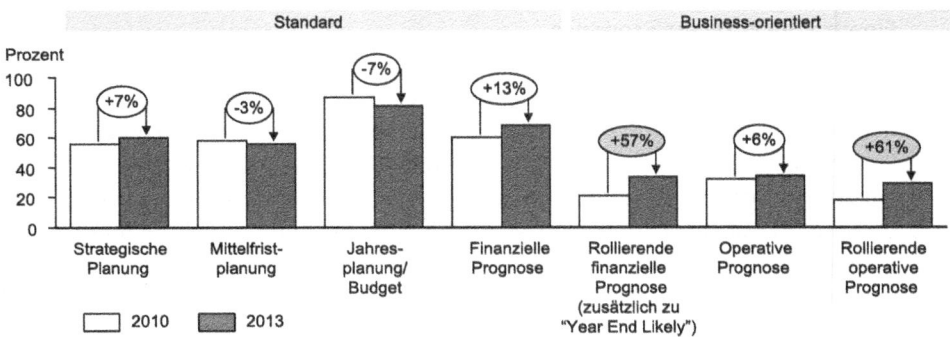

Abb. 12.1 Verwendung verschiedener Planungsarten. (Capgemini Consulting)

Noch vor wenigen Jahren hat eine deutliche Mehrheit der Unternehmen ausschließlich Planungsarten der Standard-Kategorie genutzt. Business-orientierte Planungsarten dagegen fanden sich noch 2010 bei höchstens 30 %, wobei die rollierende Planung nur bei jedem fünften Unternehmen verwendet wurde.

Dieses Bild hat sich in den Folgejahren ein wenig geändert: Nach den Ergebnissen der Capgemini-Studie zur Unternehmensplanung ging die Anwendung der Standard-Planungsarten zum Teil leicht zurück, während die business-orientierten Arten in vielen Unternehmen deutlich mehr Resonanz fanden. Vor allem die Verwendung der rollierenden finanziellen Prognose und die der rollierenden operativen Prognose stiegen um rund 60 % an, wie Abb. 12.1 zeigt.

Ein Blick auf die Größenordnung der beobachteten Unternehmen macht deutlich, dass prinzipiell alle Planungsarten überall in ähnlicher Verteilung angewendet werden; lediglich bei den ganz großen Unternehmen (> 2 Mrd. Umsatz) ist eine etwas stärkere Verwendung von business-orientierten Planungsarten festzustellen. Abbildung 12.2 verdeutlicht den Trend.

Größere Unterschiede bei den verwendeten Instrumenten können wir dagegen sehen, wenn wir einzelne Branchen beleuchten (siehe Abb. 12.3). Hier erkennen wir zum Beispiel bei den Life Sciences eine klare Präferenz für die rollierende operative Prognose, während diese im Public Sector nur von einer Minderheit angewendet wird. Das belegt, dass Unternehmen mit viel Dynamik zu business-orientierten Planungsarten tendieren. Die Volatilität des Geschäftes im Life Science-Sektor hat über die letzte Dekade signifikant zugenommen – viele Patente laufen aus und Unternehmen müssen vieles ausprobieren und verändern, während der Öffentliche Sektor immer noch stabil geblieben ist. Bemerkenswert ist auch, dass manche Branchen – vor allem Finance und Life Sciences – die finanzielle Prognose zu bis zu 100 % nutzen, während dies nur zwei von drei Unternehmen der Automobilbranche tun (siehe Abb. 12.4).

Der Grund ist klar: Wenn der Cashflow über den gesamten Lebenszyklus eines Produkts oder auch einer Anlage hinweg verfolgt und prognostiziert werden muss, hat die finanzielle Prognose einen besonders hohen Stellenwert, denn nicht nur die Budgets, sondern auch sämtliche Investitions- oder Finanzierungsentscheidungen hängen davon ab.

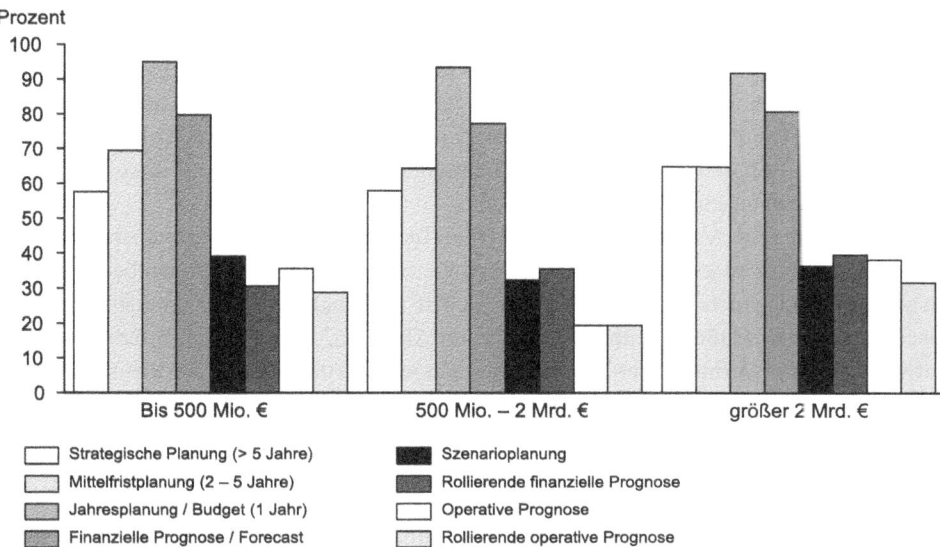

Abb. 12.2 Planungsarten im Verhältnis zum Jahresumsatz. (Capgemini Consulting)

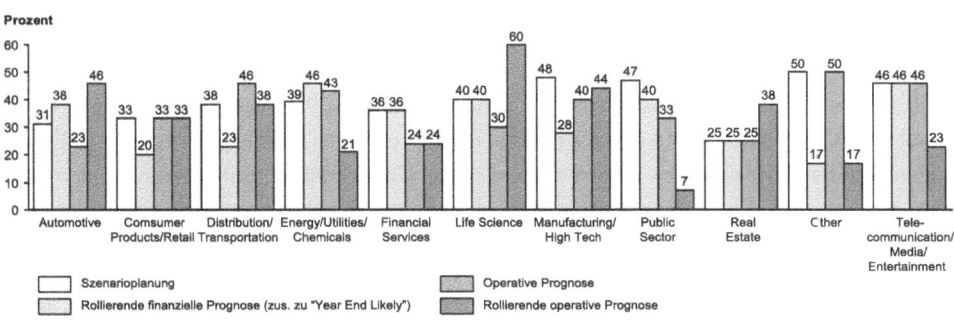

Abb. 12.3 Business-orientierte Planungsarten. Wie sie in einzelnen Branchen verwendet werden. (Capgemini Consulting – Forward Visibility Studie (2. Auflage) (2013))

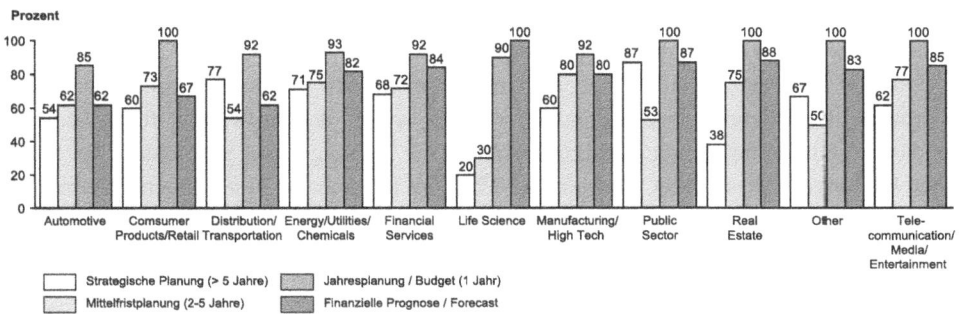

Abb. 12.4 Weitere Planungsmethoden nach Branchen. (Capgemini Consulting)

Bei der Betrachtung der Planungsarten nach Branchen ist auch die Szenario-Planung mit einbezogen. Sie wird vor allem dort am stärksten genutzt, wo eine stark zyklische Nachfrage nach Produkten und Dienstleistungen mit hohen Investitionskosten verknüpft ist. Dies betrifft unter anderem Finanzdienstleister, aber auch High-Tech-Konzerne, wobei sich erstere im Rahmen gesetzlicher Verpflichtungen (Basel I bis III) mit ihren Risiken in besonderem Maß auseinandersetzen müssen.

Fast jeder zweite Manufacturing- und High-Tech-Konzern arbeitet intensiv mit Szenario-Analysen, weil es darum geht, die Erträge unter gegebenen Rahmenbedingungen zu steigern und gleichzeitig die Kosten im Griff zu behalten. Dabei münden die Analyseergebnisse in Maßnahmenpläne, mit denen Aktionen, Entscheidungspfade und Verantwortlichkeiten definiert werden. So kann man im Ernstfall schnell auf kritische Situationen reagieren.

In der Automobilindustrie werden Szenario-Analysen vor allem in der Absatz-, Investitions- und GuV-Planung eingesetzt. Gleichzeitig können über Szenarien auch die Risiken von schwankenden Rohstoffpreisen besser erkannt und gegebenenfalls abgemildert werden. Dagegen sind Szenario-Analysen in der Immobilienbranche relativ komplex, weshalb sie dort nur von jedem vierten Unternehmen genutzt werden. Hier sind auch kurzfristig auftretende Schwankungen und Risiken von geringerer Bedeutung als langfristige Trends, die es rechtzeitig zu erkennen gilt.

Auch in der Konsumgüterindustrie und im Einzelhandel gestalten sich Szenario-Analysen sehr komplex, weil unter anderem die Abverkaufsmuster vieler Produkte berücksichtigt werden müssen und weil eine Vielzahl von weiteren Einflüssen hinzukommt, etwa Modetrends und Maßnahmen des Wettbewerbs, gesetzliche Regelungen oder Inflationsängste bei den Konsumenten – eben alles, was das Kaufverhalten mitbestimmt. Trotzdem wird die Szenario-Planung von mehr als jedem dritten Unternehmen der Konsumgüterindustrie genutzt.

Insgesamt sehen wir über alle Branchen hinweg eine deutlich gewachsene Wertschätzung der business-orientierten Planungsarten. Und dies ist durchaus nachvollziehbar, denn immer mehr Unternehmen erkennen, dass ein „intelligenter" Planungsprozess Instrumente erfordert, die kurzfristige Bewertungen möglich machen, was gerade in Zeiten dynamischer Marktveränderungen und wachsender Unsicherheiten von Bedeutung ist.

Allerdings: Mit dem verstärkt business-orientierten Vorgehen steigt bei den meisten Unternehmen auch der Planungsaufwand erheblich.

Obwohl die Verantwortlichen vieler Unternehmen nach eigenem Bekunden das Ziel verfolgen, die Effizienz der Planung zu verbessern, sprich: den Aufwand dafür zu senken, ist das Gegenteil eingetreten: Nahezu überall ist die Planungsdauer gewachsen, bei manchen Planungsarten um nicht weniger als 30 %. Dies ist nach den von Capgemini ermittelten Statistiken bei der Jahresplanung und der finanziellen Prognose der Fall – also bei den am häufigsten verwendeten Planungsarten (siehe Abb. 12.5).

Geschuldet ist dies vor allem der Zahl der Abstimmungsschleifen, die in den vergangenen Jahren signifikant angestiegen ist. Der zweite bedeutende Faktor ist der – oft zu große – Detailgrad bei den Planungen.

Abb. 12.5 Durchschnittliche Zahl der Abstimmungsschleifen. Vergleich der Jahre 2010 und 2013. (Capgemini Consulting)

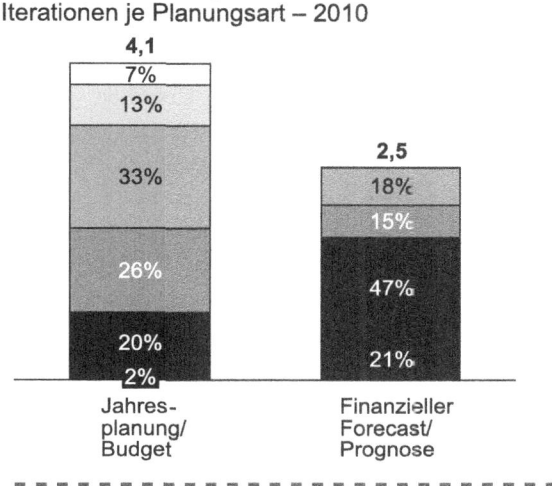

Anzahl Abstimmungsschleifen / Iterationen je Planungsart – 2010

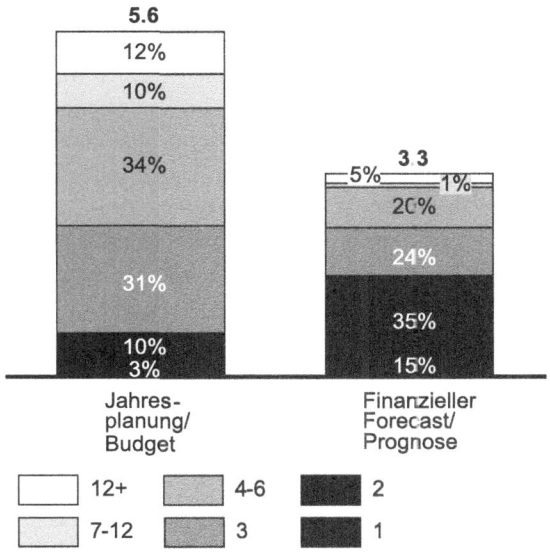

Anzahl Abstimmungsschleifen / Iterationen je Planungsart – 2013

Im Zeitraum von nur drei Jahren – zwischen 2010 und 2013 – haben viele große Unternehmen die Erfahrung machen müssen, dass die durchschnittliche Zahl der Abstimmungsschleifen bei der Jahresplanung von 4,1 auf 5,6 und bei der finanziellen Prognose von 2,5 auf 3,3 gewachsen ist. Das sind jeweils rund 30 % an Mehraufwand.

Abhängig von der Branche wenden Unternehmen für die Planungen insgesamt zwischen 129 (Life Sciences) und 210 Arbeitstage (Konsumgüterindustrie/Handel) auf. Dies ist ein internationaler Durchschnitt; in einzelnen Ländern ergeben sich starke Unterschiede. Am längsten geplant wird nach den Erhebungen von Capgemini in den Vereinigten Staaten. Dort beträgt der durchschnittliche Gesamtaufwand für alle Planungsarten 226 Tage. Forscht man nach den Ursachen, dann entdeckt man unter anderem eine besonders aufwendige Jahres- und Mittelfristplanung.

Aufgrund regulatorischer Anforderungen und wegen der schlechten Erfahrungen in den überstandenen Krisen legen gerade US-amerikanische Unternehmen in der Planung viel Wert auf einen sehr hohen Detailgrad. So will man gegenüber den Investoren möglichst plausible Planzahlen vorlegen und alle Fragen exakt beantworten können, um das Vertrauen der Anleger zu gewinnen. Hinzu kommt die in den USA besonders strenge persönliche Haftung im Rahmen der Corporate Governance-Richtlinien.

Dass business-orientierte Planungsarten in den USA – und ebenso in Großbritannien – stark genutzt werden, lässt sich unter anderem auf die dort sehr stark ausgeprägte Marktorientierung zurückführen. In Großbritannien scheint man jedoch sehr effizient zu arbeiten, denn die durchschnittliche Planungsdauer beträgt insgesamt nur 127 h. Deutschland und Schweden liegen etwas darüber, die Niederländer planen im europäischen Vergleich am längsten, nämlich 212 Tage. Abbildung 12.6 fasst die Analyse zusammen.

Der höhere Planungsaufwand, wie er in den USA, in Großbritannien, aber auch in Frankreich zu finden ist, hat seinen Ursprung oft in der jeweiligen Unternehmensstruktur und -kultur. Wo Unternehmen stärker hierarchisch aufgebaut sind, ergeben sich klar abgegrenzte Verantwortungsbereiche – mit Vorteilen und Risiken. Einerseits zeichnen sich solche Organisationen durch ein hohes Verantwortungsbewusstsein bei den Führungskräften aus, andererseits können dadurch auch leicht Daten- und Informationssilos entstehen, was in der Regel die Planungseffizienz beeinträchtigt.

Anders die Situation in Schweden: Dort finden wir eher flache Hierarchien, und auf die Einbindung aller Ebenen in den Planungsprozess wird gesteigerter Wert gelegt. Das Ergebnis sind relativ schnelle und effiziente Planungsprozesse.

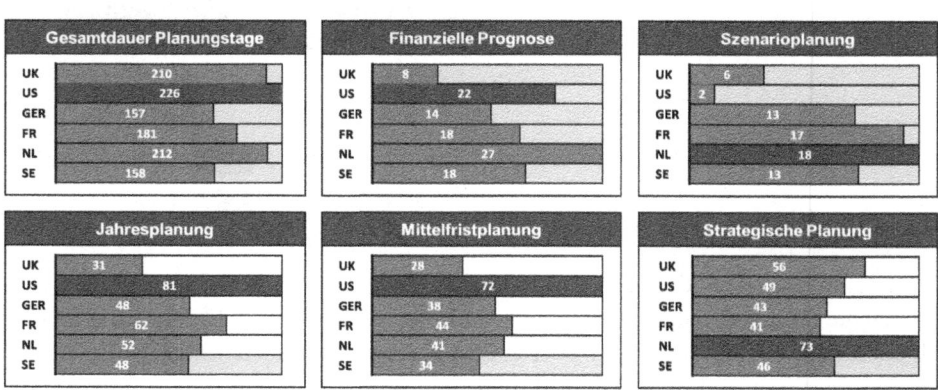

Abb. 12.6 Planungsaufwand je Planungsart in verschiedenen Ländern. (Capgemini Consulting)

Wie aber lässt sich eine solche Effizienz ganz unabhängig von der Organisationsform erreichen? Zur Beantwortung dieser Frage schauen wir auf die Planungsprozesse bei Unternehmen, die sich als beispielgebend erwiesen haben. Was machen sie anders und besser als die Unternehmen der Standardkategorie?

Ein Leitfaden zur Situationsanalyse 13

Unternehmen, die erfolgreich planen, starten ihr methodisches Vorgehen mit einer präzisen Situationsanalyse. Von ihrem Ergebnis hängt das Zielbild ab, das für die effiziente Unternehmensplanung unabdingbar ist.

Was ist unser Target? Worauf wollen wir hinaus? Weil sich ein Zielbild nicht aus der Luft greifen lässt, müssen diese Fragen klar beantwortet werden. Nur der ehrliche Blick auf die aktuelle Situation kann sichtbar machen, wo es Verbesserungsbedarf gibt. Oder anders ausgedrückt: Wer einen Marathonlauf gewinnen will, muss erst einmal die Strecke kennen, die er zurückzulegen hat. Würde man sich willkürlich eine beliebige 42.195 km lange Strecke aussuchen, käme man wohl nie durch das eigentliche Ziel.

Zu einer ersten Standortbestimmung empfiehlt es sich, die bereits in Kap. 5 ausführlich erläuterte und in Abb. 13.1 zusammengefasste Wirkungsgrad-Matrix zu Rate zu ziehen. Damit wird es möglich, ein Unternehmen in eine der vier Kategorien – Standard, Fortgeschritten, Führend oder Best-in-Class – einzustufen. Anhand dieser Matrix kann das Verhältnis zwischen Effizienz und Effektivität beurteilt werden – und schnell wird deutlich, wo es Defizite und Verbesserungsbedarf gibt.

Nehmen wir an, ein Unternehmen befindet sich im Sektor „Fortgeschritten" – mit etwa 60 % Effizienz, aber nur 35 % Effektivität. An diesem Zahlenbeispiel ist recht genau das Zielbild für die weitere Planung abzulesen: Die Effektivität müsste auf etwa 65 % gesteigert werden, um – bei gleichbleibender Effizienz – zu der Gruppe „Führend" bzw. „Best-in-Class" aufzuschließen.

Eine weitere, präzisere Methode zur Einordnung des Unternehmens ist die Maturity Matrix (siehe Abb. 13.2).

In der Maturity- bzw. Reifegrad-Matrix kann der Planungsreifegrad differenziert nach der Anwendung der verschiedenen Planungsarten festgestellt werden. In Kap. 5 haben wir die allgemeinen Kriterien der Matrix ausführlich erläutert; Abb. 13.2 fasst einige Anhaltspunkte kurz zusammen.

© Springer Fachmedien Wiesbaden 2015
I. Barkalov, *Effiziente Unternehmensplanung,*
DOI 10.1007/978-3-658-06839-4_13

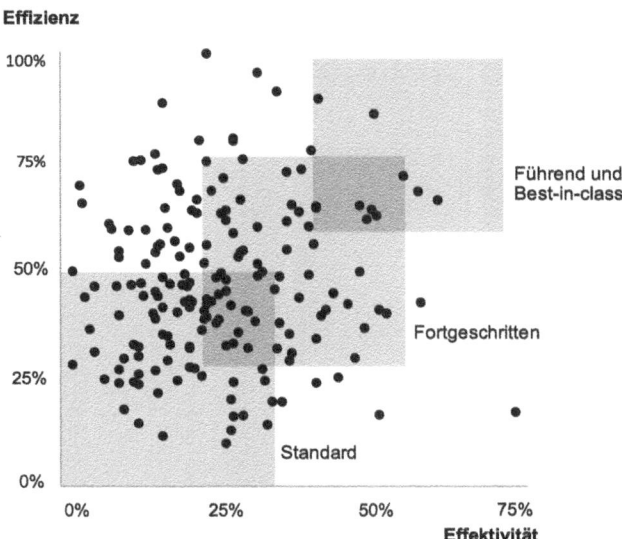

Abb. 13.1 Wirkungsgrad-Matrix. Wo steht ein Unternehmen in Bezug auf Effizienz und Effektivität? (Capgemini Consulting)

Dimension	Standard	Fortgeschritten	Führend	Best-in-class
Szenario-modellierung	Grundlegende, manuell erstellte Szenarien zur Unterstützung von Investitionsentscheidungen.	Szenarienanalysen für die Planung und Business-Case-Berechnungen bei Kapitalentscheidungen.	Szenarioanalysen basierend auf Trend-analysen zur Unterstützung bei Kapitalsinvestitions- und zuwachsentscheidungen.	Weitgehend automatisierte und auf unternehmensweiten Annahmen basierende Szenarioanalysen als Kernbestandteil sämtlicher Planungs- und Entscheidungs-prozesse. Analysen ergänzt um Detail- und Normalpläne für besmöglichste Szenarien und Risiken.
Verknüpfung strategischer und operativer Planung	Strategische Planung umfasst Ziele, Szenarien und Initiativen. Der Planungsprozess bringt an er qualitative Ergebnisse als quantitative Vorgaben. Strategische und operative Planung sind getrennte Prozesse mit beschränkten Verknüpfungen und unterschiedlichen Verantwortlichkeiten.	Bewertung von finanziellen Auswirkungen verschiedener Szenarien auf zentrale Kleine-Strategische. Bereiche der strategischen Planung sind herangezogen um Initiativen zu bewerten. Verknüpfung und Balancierung von Top-Down- und Bottom-Up-Planung.	*[durch Wasserzeichen verdeckt]*	Auswirkungen strategischer Initiativen sind quantifiziert und mit operativer Planung verknüpft, und mit ihr buchhalterisch im Einklang. Die Planung sind klar, der sich diese analysieren und bezy her die operativen Einheiten zu ermitteln.
Finanzielle Planung	Ziele aus Budget sing stellst. Ansätze nicht Planung verknüpft. Planungsprozess mit vor finanziellen und nicht-finanziellen vergangenheitsorientierten Kennzahlen.	*[durch Wasserzeichen verdeckt]*	*[durch Wasserzeichen verdeckt]*	Ziele für relative Leistung im Vergleich zu internen und externen Benchmarks ("best-in-competition and beat the budget"). Nicht beeinflussbare Faktoren eliminiert ("split lucki from effort").
Funktionale Planung (Produktion, Beschaffung, Support-Funktionen)	Fokus auf sinnreiche Umsatz-, GesAnn- und Vertei-rechnung, Bilanzierung basierend auf historischen Werten, Controlling vereinheitet Kosten) der GuV-Planung. Buchhaltung vereinheitelt als GuV sowie operatives Gewinn und die Bilanz. Cash flow planung durch Deckorenbilanz ohne Abstimmung mit der Bilanzplanung. Ist-Zahlen, Budgetierung und finanzielle Prognose mit nahezu einheitlichem Detailgrad.	Controlling bezieht den vollständigen Planungs-prozess. In agestan zwischen und innerhalb von Bilanz-, GuV- und Cashflowplanung. Detaillierte Betrachtung nur für steuerung relevante Informationen von Budget, Prognose und Mittelfrist-planung.	Allgemeiner Plan ungsmodell und Plan muss prozesse verknüpfen verschiedene operative Teilpläne und finanzielle Planung. Klare Verantwortlichkeiten bei Geschäftsbereichen und übergeordnete Koordination durch die Controllingabteilung.	Belohnung von über Geschäftsgrenzen durch Berücksichtigung im Planungs-modell. Verantwortung für Planungsgebald und jeweilige (nötiger Geschäftsbereichen. Szenario-modellierung ist internes und externes Faktoren basierend auf dem Planungsmodell. Planung wird als kontinuierlicher Prozess verstanden und bildet der (rollierenden) Prognose verknüpft.

Abb. 13.2 Maturity Matrix. (Capgemini Consulting)

Neben der Ist-Einstufung in die vier Reifegrad-Kategorien hat die Reifegrad-Matrix einen weiteren nützlichen Aspekt: Sobald ein Unternehmen seinen „Standort" und damit auch das Zielbild ermittelt hat, kann es auch die Soll-Kriterien für verschiedene „Wunsch-segmente" ablesen. Auf relativ einfache Weise erhält ein Unternehmen beim Abgleich mit der Matrix eine „To-Do-Liste", mit deren Erfüllung es in die nächsthöhere oder sogar höchste Kategorie gelangen kann.

Zum besseren Verständnis schauen wir uns das Beispiel des „fortgeschrittenen" Unternehmens an, das den Sprung in die „Best-in-Class"-Kategorie schaffen möchte.

Beispiel

Das Unternehmen XY, in Abb. 13.3 mit einem Pfeil markiert, bringt es in der Wirkungsgrad-Matrix auf etwa 65 % Effizienz, aber nur 35 % Effektivität. Mit einer Verdoppelung der Effektivität bei unveränderter Effizienz würde sich das Unternehmen einen Platz in der Kategorie „Führend"/„Best-in-Class" sichern.

Der genannte Wirkungsgrad zeigt einen **Durchschnitt** bei der Bewertung aller Planungskriterien. Genauer analysiert, ist das Unternehmen XY zumindest in Sachen Ressourcenallokation schon „spitze", aber in anderen Bereichen nur „Fortgeschritten" (Szenario-Modellierung, Finanzplanung etc.) oder sogar „Standard" (funktionale Planung). Abbildung 13.4 macht diese Positionen deutlich und zeigt darüber hinaus auch den Vergleich mit dem **Branchendurchschnitt.**

Was kann das Unternehmen XY nun tun, um effektiver zu planen? Es gibt mehrere Möglichkeiten, die sich bei genauer Betrachtung der Reifegrad-Kriterien (siehe Kap. 5) auftun:

1. Es ergänzt seine ohnehin schon fortgeschrittenen Szenario-Analysen um Detailpläne mit genauen Maßnahmen.
2. Es optimiert die Verknüpfung der strategischen und operativen Planung, z. B. durch Einbeziehung der rollierenden Prognose.
3. Bei der finanziellen Planung betont es zentrale Geschäftstreiber durch Berücksichtigung im Planungsmodell. Dieses – wie auch die Treiber – wird von den operativen Geschäftsbereichen verantwortet. Insgesamt wird die Planung als kontinuierlicher Prozess gepflegt und mit der (rollierenden) Prognose verknüpft.
4. Bei der funktionalen Planung besteht der vielleicht größte Handlungsbedarf. Dazu gehört unter anderem, dass das Controlling nicht nur den Umsatz bei der GuV-Planung verantwortet (Standard), sondern die übergeordnete Koordination aller Planungsprozesse übernimmt, bei denen die verschiedenen operativen Teilpläne und die finanzielle Planung miteinander verknüpft werden (Best-in-Class).

Das Beispiel zeigt, dass die „Lokalisierung" eines Unternehmens relativ einfach und schnell zu finden ist. Danach beginnt die meist aufwendige und langwierige Arbeit, den angepeilten Reifegrad Schritt für Schritt zu erreichen.

Der Blick auf den Branchen-Benchmark hilft oft dabei, die Schwachstellen bzw. das Optimierungspotenzial genauer zu identifizieren. Auch wird es leichter, die Schwerpunkte für eine Optimierung festzulegen. Allerdings ist der Vergleich mit dem Branchendurchschnitt nicht immer ausreichend. Praktische Empfehlungen dazu liefert Kap. 14.1.

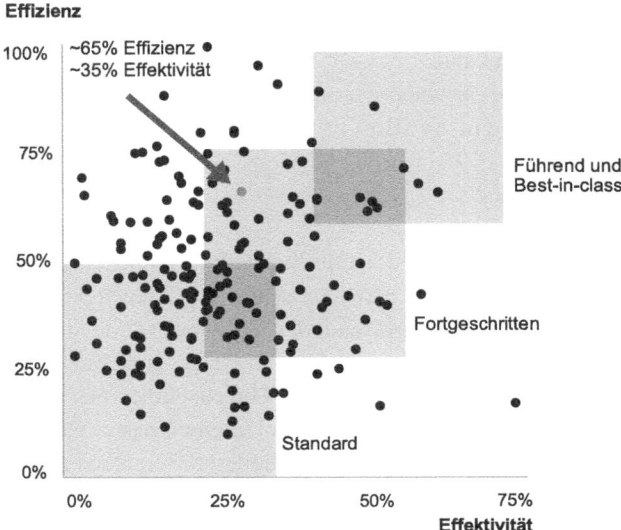

Abb. 13.3 Zwischen Effizienz und Effektivität: Unternehmen in der Wirkungsgrad-Matrix

Kategorie	Standard	Fortgeschritten	Führend	Best-in-class
Szenariomodellierung				
Verknüpfung strategischer und operativer Planung				
Finanzielle Planung				
Funktionale Planung (Produktion, Beschaffung, Support-Funktionen)				
Rollierende Prognose				
Ressourcenallokation				
Planungsregeln, -koordination und -kommunikation				

● Life Science   ◐ Best-in-class Unternehmen   ● Unternehmen XY   ╱ keine Antwort

Abb. 13.4 Benchmark-Beispiel: Unternehmen sind oft in unterschiedlichen Kategorien positioniert

Praktische Empfehlungen zur Effizienz- und Effektivitätssteigerung

14

Ob ein Unternehmen mit seiner Planung zur Standardkategorie oder zu den „fortgeschrittenen" zählt, ob es „führend" oder sogar „Best-in-Class" ist, lässt sich ziemlich genau am Wirkungsgrad der Unternehmensplanung ablesen. Und dieser wiederum ergibt sich aus dem Verhältnis, sprich: Gleichgewicht, zwischen effizienter und effektiver Planung. Wie geht man vor, um dieses Verhältnis zu verbessern? Was ist bei den einzelnen Schritten zu berücksichtigen? Darauf geben die folgenden Abschnitte klare Antworten und praktische Empfehlungen. Abbildung 14.1 zeigt an einem Beispiel die Veränderungen, die sich bei der Betrachtung der Wirkungsgradmatrix 2013 gegenüber der Matrix 2010 ergeben haben.

14.1 Ausgangslage bestimmen

Vor jeder Überlegung zu möglichen Effizienz- und Effektivitätssteigerungen im eigenen Unternehmen muss erst einmal die Ausgangslage bestimmt werden. Wo stehen wir mit unseren Planungsprozessen? Wie ist der aktuelle Stand in den einzelnen Planungsbereichen?

Auf diese Fragen kann die in den Kap. 5 und 13 ausführlich erläuterte „Maturity Matrix", die Zuordnung der Reifegradstufen in Sachen Planung, zu einem strukturierten Leitfaden werden.

Von Standard bis zur „Best-in-Class"-Kategorie finden sich für viele Unternehmens- bzw. Planungsbereiche die wichtigsten Anhaltspunkte für eine Bewertung. Darauf aufbauend kann ein Unternehmen exakte Kriterien für eine Verbesserung des Reifegrads entwickeln.

Mit Hilfe eines Benchmarking-Fragebogens (siehe Abb. 14.2) und der Nutzung eines Benchmarking-Tools (z. B. Capgemini) kann die notwendige Analyse deutlich erleichtert werden.

© Springer Fachmedien Wiesbaden 2015
I. Barkalov, *Effiziente Unternehmensplanung,*
DOI 10.1007/978-3-658-06839-4_14

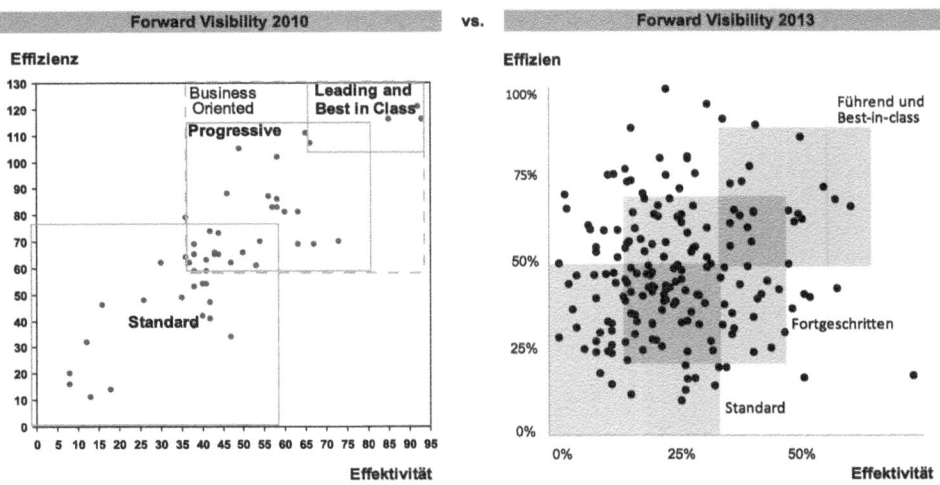

Abb. 14.1 Wirkungsgradmatrix. Wirkungsgradmatrix 2010 vs. Wirkungsgradmatrix 2013. (Capgemini Consulting)

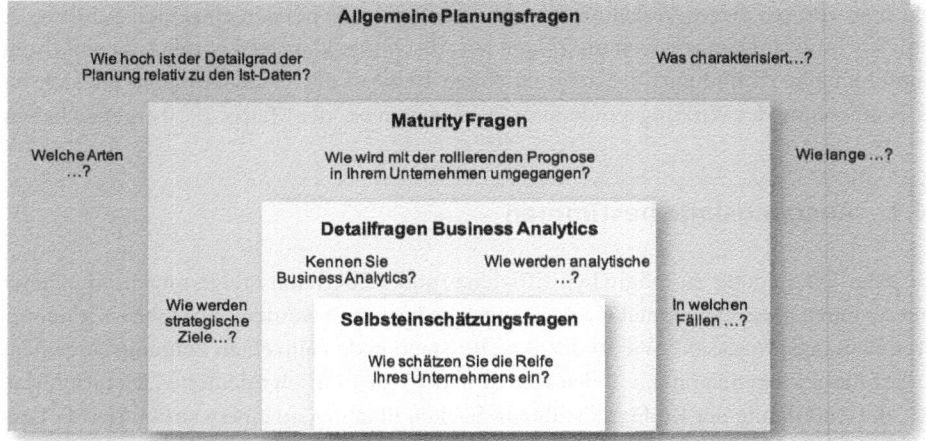

Abb. 14.2 Fragebogen. Beispiel für einen Benchmarking-Fragebogen, mit dem die Feststellung der Planungsreife unterstützt werden kann. (Capgemini Consulting)

▶   Das Capgemini-Benchmarking-Tool findet man unter www.de.capgemini-consulting.com/forward-visibility-benchmark.

Aber Vorsicht! Ein Vergleich mit dem Branchenbenchmark allein reicht keineswegs aus. Manchmal ist er sogar irreführend. Solche Benchmarks zeigen in der Regel nur den Durchschnitt der Branche und lassen spezifische Aspekte, z. B. das Erfolgsgeheimnis eines konkreten Unternehmens, völlig unter den Tisch fallen. Daher empfiehlt sich ein weiterer

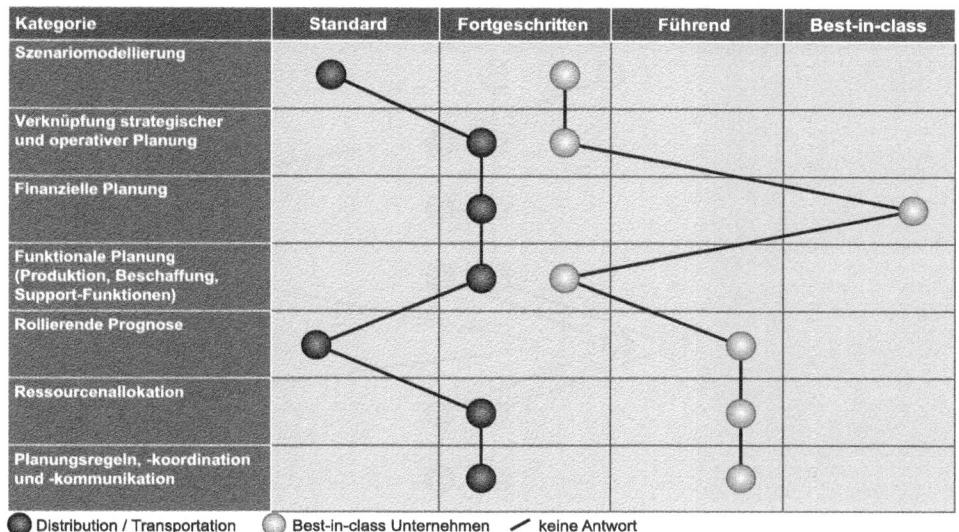

Abb. 14.3 Best-in-Class Benchmark. Vergleich eines Unternehmens mit Branchenbenchmark und mit einem Best-in-Class-Unternehmen. (Capgemini Consulting)

Vergleich mit einem Best-in-Class-Unternehmen bzw. einem Unternehmersbenchmark. Beides hilft zuverlässiger dabei, die eigene aktuelle Reife in Bezug auf die Planung und im Vergleich mit der Branche oder den Besten dieser Branche zu erkennen.

Abbildung 14.3 zeigt ein weiteres Beispiel für den Abgleich zum Branchenbenchmark und zu einem Unternehmen der Best-in-Class-Kategorie.

Für Unternehmen mit komplexen Geschäftsmodellen kann ein Abgleich mit mehreren relevanten Branchen zusätzliche Anhaltspunkte geben, wie in Abb. 14.4. zu sehen ist.

Grundsätzlich sollte man das Benchmarking nicht überbewerten und übertreiben. Unternehmen geben dem Vergleich mit anderen nicht selten ein allzu starkes Gewicht. Nicht alles, was die anderen tun, ist für das eigene Gelingen von Bedeutung. Der Erfolg hängt oft von ganz anderen Faktoren ab.

Zur individuellen Anpassung der Unternehmensplanung gibt es die verschiedensten Ansätze. Deshalb noch eine prinzipielle Einschränkung: Man kann nicht alles perfekt machen. Selbst wenn eine Optimierung der Planung vordergründig gelingt, kann das Ergebnis unbefriedigend sein – weil es zu teuer oder zu langsam, zu unflexibel oder zu komplex geworden ist. Ein Unternehmen muss also den Fokus auf seine für den Erfolg zentralen Planungsbereiche legen. Das sind die Bereiche, die maßgeblich dazu beitragen, die Treiber des Unternehmens besser zu verstehen und zu steuern. In diesen Bereichen muss das Unternehmen dann auch die Kategorie „Best-in-Class" oder zumindest „Führend" anpeilen. Für alle anderen Bereiche sollte eine niedrigere Planungsreife genügen, die „good enough" ist.

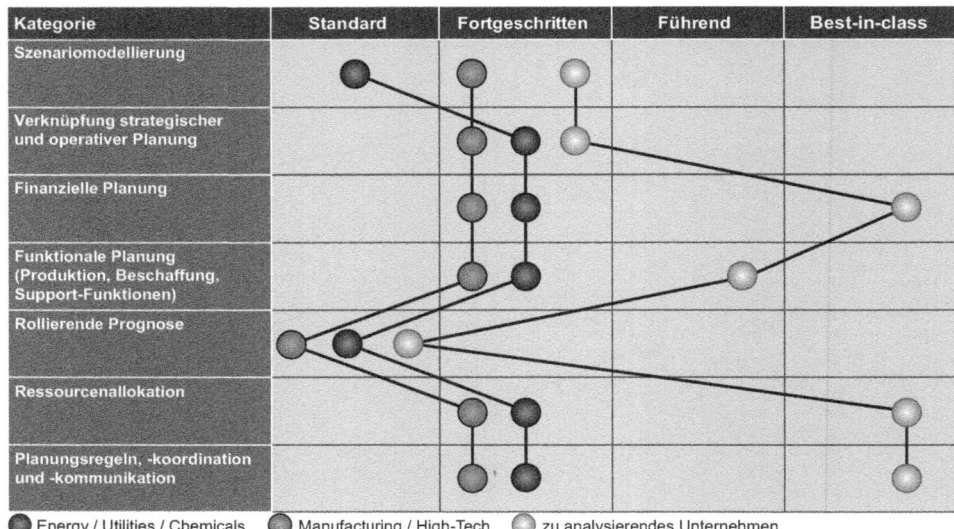

Abb. 14.4 Benchmark eines Unternehmens, welches in zwei Branchen eingeteilt werden kann. Das Unternehmen wird als Best in Class gehandelt, kann aber in zwei Branchen eingeteilt werden. (Capgemini Consulting)

14.2 Realistische Optimierungsansätze finden

Für die weitere Betrachtung der nötigen und möglichen Optimierungsschritte empfiehlt es sich, für die relevanten Planungsbereiche ein Zielbild festzulegen. Durch die „Standortbestimmung" anhand der Maturity Matrix muss klar geworden sein, wo es im Einzelnen etwas zu verbessern gibt. Nun stellt sich die Frage nach dem „Wie".

Schon bei der Verbesserung einer Planung werden oft die unterschiedlichsten Stakeholder im Unternehmen einer Transformation unterzogen. Das stößt zumeist auf Widerstand oder zumindest auf Vorbehalte. Aus diesem Grund gelingt es nur selten, den Sprung von der Standard- auf die Best-in-Class-Stufe zu schaffen. Daher empfiehlt es sich, den Optimierungsplan in einzelne Schritte mit realistisch machbaren Ergebnissen aufzuteilen.

Je nach der Größe des Unternehmens und dem Abstand zwischen „As Is" zu „To Be" sollte man der Organisation ausreichend Zeit geben, sich auf das Neue einzustellen. Wer die Planungsziele im Hauruck-Verfahren erreichen will, fährt das Ganze nicht selten an die Wand. Wie groß das Risiko ist, hat eine Untersuchung zu ERP-Einführungen gezeigt: Kaum ein „Big Bang"-Projekt hat bisher zu signifikanten Verbesserungen im Unternehmen geführt. Ganz im Gegenteil: Oft enden solche Projekte mit dem Verlust der Flexibilität, während der Aufwand für die Wartung der neuen Lösung geradezu explodiert.

▶ Was zu tun ist

1. **Die angestrebte Optimierung nach Effizienz- und Effektivitäts-steigerungsmaßnahmen clustern.** Dieser Schritt kann helfen, sich besser auf die gesamte Unternehmenssituation auszurichten. Ein Unternehmen im Turnaround (Restrukturierung) zum Beispiel wird seinen Schwerpunkt auf die Effizienzsteigerungsmaßnahen legen, verbunden mit wenigen ausgewählten, sehr spitzigen Aktivitäten zur Verbesserung der Effektivität.

2. **Die von der Maturity Matrix abgeleiteten Maßnahmen detaillieren.** Erwartete Ergebnisse, Auswirkung auf Verbesserung in Effizienz oder Effektivität beschreiben; den Aufwand (Ressourcen und Umsetzungszeit) abschätzen.

3. **Die Maßnahmen priorisieren.** Ich empfehle, den Beitrag einer konkreten Maßnahme zum gesamten unternehmerischen Ziel in die Priorisierung einzubeziehen. Dabei sollte eine typische Transformation Map entstehen. Je nach der Zielsetzung kann eine solche Map Effizienz- und/oder Effektivitätssteigerungsziele sowie die Zeit auf den Achsen tragen. Alternativ könnten die gesamtunternehmerischen Entwicklungsmeilensteine sowie die Zeit eingetragen werden, wobei die Planungsverbesserungsmaßnahmen je nach Beitrag zum Erreichen solcher Meilensteine einzuordnen sind. Abbildung 14.5 zeigt die Beispiele von solchen Transformation Maps.

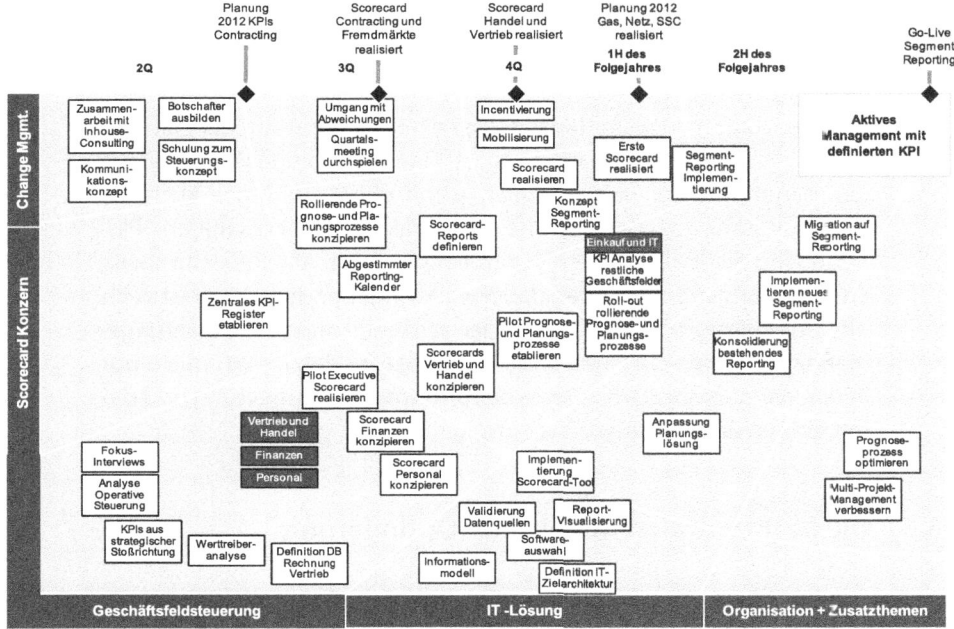

Abb. 14.5 Transformation Map. Beispiel für eine Transformation Map. (Capgemini Consulting)

4. **Benefit Tracking**: Wie bei jedem Transformationsprojekt zu empfehlen, sollte die Wirkung von Maßnahmen später auch sorgfältig
überprüft werden. Oft wird in der Hektik der Umsetzung außer Acht
gelassen, was man mit der Maßnahme eigentlich erreichen wollte. Da
kann das Effizienzsteigerungsprojekt schnell zum Verlust der Flexibilität und sogar zu Mehrkosten führen.

Was man NICHT tun sollte

- Man sollte nicht denken, dass am Anfang ausgearbeitete Maßnahmen
  auch am Ende unverändert bleiben. Der Vorteil von eher spezifischen
  und im Ergebnis überschaubaren Maßnahmen liegt auch darin, dass
  man sie im Laufe der Zeit an Veränderungen der gesamten Unterneh-
  menszielsetzung auf einfache Weise anpassen kann.
- Man sollte nicht alle Probleme einem ‚schlechten' Planungstool zu-
  rechnen. Neue Technologien und Tools schaffen neue Möglichkeiten,
  allerdings gilt auch hier, dass zu einem Tool immer auch ein Prozess
  gehört. Oft liegen die Probleme primär in schlechter Organisation, un-
  scharfen Zielen und mangelnder Fokussierung.
- Man sollte kein Tool schaffen wollen, das den kompletten Planungs-
  umfang abdeckt. Grundsätzlich haben Tools spezifische Stärken und
  Schwächen, die man in einer kombinierten Planungs-IT-Landschaft
  geschickt nutzen sollte. Es gibt nach heutigem Stand aber noch kein
  Tool, das ein Unternehmen vollständig abbilden kann und gleichzeitig
  flexibel genug ist, um die Dynamik eines Marktes ausreichend nachzu-
  vollziehen. Eine derart angestrebte Integration scheitert meist an der
  fehlenden Flexibilität und bei wachsender Komplexität an schlechten
  Reaktionszeiten.
- Vor allem darf man nicht denken, dass eine Verbesserung der Planung
  so einfach „nebenbei" zu erledigen ist. Eine nachhaltige Verbesserung
  der Planung ist nur dann möglich, wenn die Maßnahmen auch die
  Steuerungsansätze der betroffenen Bereiche berücksichtigen. Planung wird nicht allein durch Controller gemacht. Alle Bereiche sowie
  Entscheidungsträger werden dabei stark eingebunden. Daher ist auch
  die Einbindung solcher Stakeholder in die Planungsverbesserungsmaßnahmen eine entscheidende Grundlage für den Erfolg – nicht nur
  in der Planung, sondern auch in der Unternehmenssteuerung und damit für den unternehmerischen Erfolg.

14.3   Die fünf zentralen Hebel einer Optimierung

Beispielgebende Firmen der Kategorie „Führend" oder „Best-in-Class" zeigen uns vor
allem an fünf Aspekten der Planungspraxis, wie sie zu dem erwünschten Gleichgewicht
zwischen Effizienz und Effektivität gelangen. Diese lauten:

- **Vertikale Integration**: Die Strategische Planung wird mit den operativen Teilplänen verknüpft, wobei Top-Down-Zielvorgaben über Geschäftstreiber für die operativen Ebenen konkretisiert werden.
- **Horizontale Integration**: Operative und finanzielle Teilpläne werden in einem Planungsmodell verknüpft, das an Geschäftstreibern ausgerichtet ist.
- **Einsatz der rollierenden finanziellen Prognose**: Der erhöhte Aufwand für diese Planungsart wird durch einen pragmatisch verringerten Detailgrad wirksam kompensiert.
- **Planung mit Szenarien**: Erfolgreiche Unternehmen nutzen die Szenario-Analyse zur Definition von Hebeln und Handlungsfeldern; werden Maßnahmen auf dieser Grundlage ergriffen, wird ihre Wirksamkeit auch konsequent überwacht.
- **Business Analytics in der Planung**: Nicht nur zur Analyse, sondern vor allem zur Prognostizierung und Optimierung von Geschäftstreibern. Diesem speziellen Thema widmen wir ein ganzes Kapitel (siehe 3.15).

Den Einsatz eines umfassenden Planungs- und Leistungsmanagement-Modells zeigt Abb. 14.6.

Die **vertikale Integration** ist eine wesentliche Voraussetzung für die fast überall notwendige Reduzierung der Abstimmungsschleifen. Deren Ursprung liegt im allgemein üblichen Bottom-up-Ansatz, der Unternehmensplanungen begleitet. Entwickelt hat er sich nachvollziehbar aus der Erfahrung, dass Marktdynamik und Veränderung von Kundenverhalten am besten und schnellsten auf den „unteren Ebenen" erkannt werden. Der große

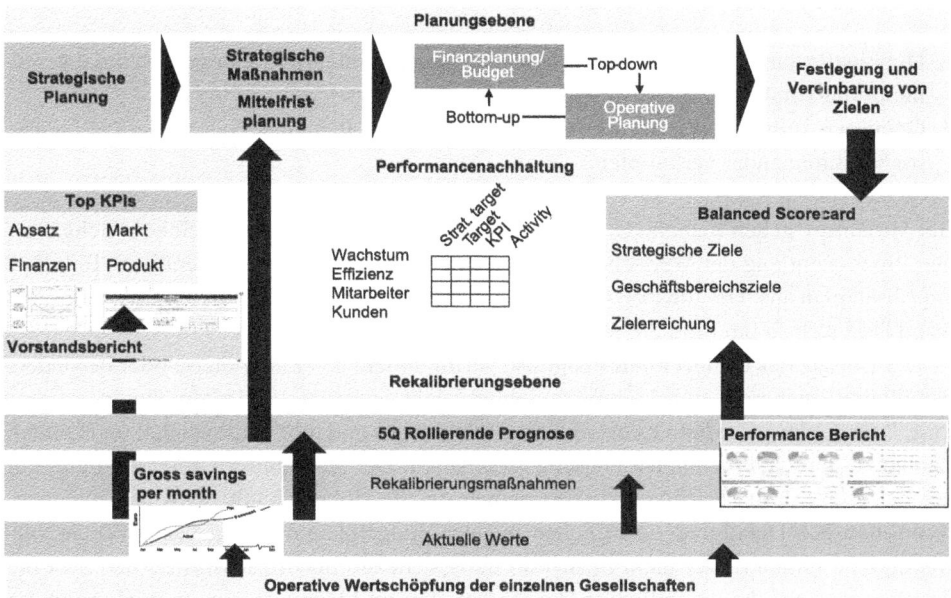

Abb. 14.6 Beispiel für ein Planungs- und Leistungsmanagement-Modell. (Capgemini Consulting)

Nachteil des Bottom-up-Ansatzes ist aber der damit verbundene enorme Zeitaufwand für Abstimmungen und Planungen – ein Aufwand, den sich Unternehmen, die schnell auf wirtschaftliche Veränderungen reagieren müssen, heute nicht mehr leisten können.

Der konträre Top-down-Ansatz ist keine vollständig überzeugende Alternative. Weil das eher strategisch denkende Top-Management in aller Regel wenig am Tagesgeschäft beteiligt ist, sind unrealistische Zielvorgaben vorprogrammiert. Außerdem: Ein reiner Top-Down-Prozess wird oft von den funktionalen Bereichen kritisch gesehen, worunter die Produktivität schnell leidet. Wie also sieht eine vernünftige Alternative aus?

Top-Down-Zielvorgaben lassen sich auf die operativen Ebenen herunterbrechen und über die jeweils relevanten operativen Treiber mit deren (Teil-)Planung verknüpfen. Möglich wird dies durch ein auf allen Ebenen des Unternehmens integriertes Steuerungs- und Planungsmodell.

Die Erfahrung fortgeschrittener Unternehmen bestätigt, dass sich allein schon auf diese Weise der gesamte Planungsaufwand beispielsweise für die Budget- und Mittelfristplanung deutlich senken lässt.

Die **horizontale Integration** kann noch stärker zur Planungsverkürzung beitragen: Gemeint ist damit die Verknüpfung und Abstimmung der Teilpläne funktionaler Bereiche. In vielen Unternehmen sorgen erhebliche Redundanzen dafür, dass Planungsprozesse zu lange dauern oder ineffizient sind, weil z. B. Abhängigkeiten nicht erkannt und aufeinander abgestimmt werden.

Bei der horizontalen Integration gibt es verschiedene Varianten. Beispiele: Innerhalb eines funktionalen Bereichs lassen sich die operativen Teilpläne miteinander verknüpfen, z. B. die Absatzplanung mit der Produktions- und Beschaffungsplanung.

1. Die Finanzplanung und die Ergebnisplanung werden integriert, hier geht es um die Verknüpfung von GuV-, Bilanz- und Cashflow-Planung.
2. Operative Teilpläne lassen sich in einem integrierten Planungsmodell über Geschäftstreiber miteinander verknüpfen.

Bei Variante 1 gehen manche Unternehmen noch weiter: Sie schaffen einen durchgängigen Prozess entlang der Wertschöpfungskette und richten sämtliche operativen Teilpläne am Absatzplan aus. Die Einsparungen mit dieser Praxis sind signifikant: Der Planungsaufwand lässt sich so um rund 20 % senken.

Der Einsatz der **rollierenden Prognose** verfolgt nicht das Ziel, präzise oder besonders detaillierte Ergebnisse zu bekommen; vielmehr geht es darum, das Unternehmen auf zentrale Treiber bzw. relevante Kennzahlen zu fokussieren und möglichst schnell und zeitnah Zahlen für die Unternehmenssteuerung zu erhalten. Der Aufwand für solche Prognosen, der vor allem durch häufige Aktualisierungen in die Höhe schießt, wird überschaubar, wenn man den Detailgrad – verglichen mit der Budgetplanung – auf das wirklich Notwendige beschränkt. Wer nicht mehr im Fokus stehende Inhalte aussortiert und sich bei der Prognose auf die wesentlichen Geschäftstreiber und Dimensionen, zum Beispiel die Produktlinien, konzentriert, erreicht die angestrebte Effizienz.

In Bezug auf die **Szenario-Planung** ist der Denkansatz ähnlich: Es kommt weniger auf das Ergebnis an als auf den Planungsprozess. Der Weg ist hier das Ziel. Der wahre Wert von Szenario-Analysen im Rahmen der Unternehmensplanung liegt in der intensiven Beschäftigung mit Auswirkungen bestimmter Situationen und mit den Handlungsmöglichkeiten. Die Frage lautet vor allem: Welche Alternativen haben wir? Wer als Antwort darauf einen vorbeugenden Maßnahmenkatalog definiert, ist für eine schnell notwendig werdende Gegensteuerung gerüstet, und wer die Wirksamkeit der Maßnahmen dann auch noch adäquat überwacht, darf sich zu den Unternehmen der Kategorie „Best-in-Class" zählen (Abb. 14.7).

Die Szenario-Analyse wird heute zwar schon von etwa jedem dritten Unternehmen in der Planung eingesetzt (Quelle: Barkalov et al. 2013), aber die wenigsten erreichen damit einen ganzheitlichen, szenariobasierten Planungsprozess. Natürlich verursacht die Beschäftigung mit Szenarien erst einmal einen gewissen Mehraufwand, vor dem Verantwortliche zurückschrecken. Doch empfiehlt es sich an dieser Stelle, sich den umfangreichen Nutzen der Szenario-Analyse bewusst zu machen. Die wichtigsten Argumente:

*   Die Analyse der verschiedensten Szenarien führt zu einem besseren Verständnis der wirtschaftlichen Zusammenhänge und der Geschäftstreiber.
*   Gezielt eingesetzte Szenario-Analysen können Aussagekraft und Qualität der Unternehmensplanung deutlich verbessern.
*   Die Diskussion möglicher Entwicklungen und potenzieller Handlungsfelder verbessert die Anpassungs- und Veränderungsfähigkeit der gesamten Organisation.
*   Gleichzeitig wird der gesamte Planungsaufwand durch fokussierte Szenario-Analysen in Grenzen gehalten.

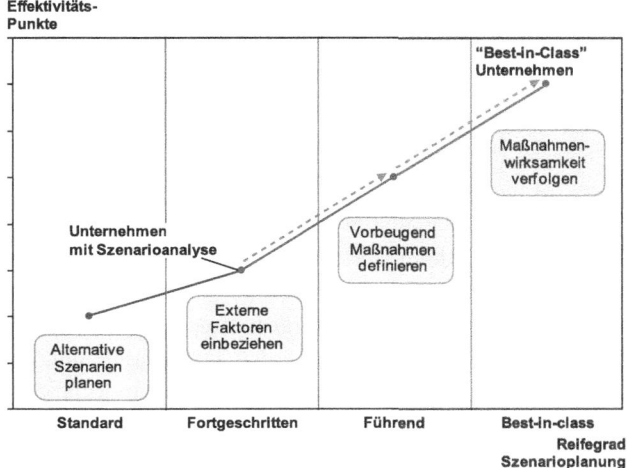

Abb. 14.7 Reifegrad von Unternehmen, welche die Szenario-Analyse einsetzen. (Capgemini Consulting)

Allerdings: Wenn Szenario-Planung in ein integriertes Planungsmodell eingebunden wird, sollten Planungsannahmen und -prämissen kritisch überprüft werden. Der Grund: Dieser Szenario-Planung werden oft die gleichen Prämissen und Annahmen zugrundegelegt wie allen anderen relevanten Teilplänen. Weil Szenarien aber weiter in die Zukunft schauen als die übrige Planung und weil sie auch die Auswirkung von Annahmeänderungen untersuchen, stellen sich wichtige Fragen. Zum Beispiel: Gelten diese Annahmen auch noch in einigen Jahren? Wachsen die Märkte weiter oder droht ihnen eine Rezession?

Ähnliches gilt für die entsprechenden Geschäftstreiber. Wird ihre Bedeutung zu- oder abnehmen? Welche Treiber spielen vielleicht in einigen Jahren gar keine Rolle mehr? Könnten neue hinzukommen, und wenn ja, welche?

Fazit: Wer die Potenziale der Szenario-Analyse voll ausschöpfen will, darf diese Szenarien nicht nur berechnen, er muss die Ergebnisse auch interpretieren und daraus Maßnahmen für die Zukunft ableiten.

14.4 Weitere Empfehlungen zu den einzelnen Planungsinstrumenten

14.4.1 Strategische Planung

Weil die **Strategische Planung** langfristig die Ziele setzt, müssen deren wesentliche Einflussfaktoren, sprich: die Treiber, sowohl innerhalb als auch außerhalb des Unternehmens identifiziert werden. Im Zusammenhang mit solchen Treibern lassen sich untergeordnete Ziele konkretisieren und managen. Dieses Management macht es möglich, Risiken zu vermeiden und, wenn nötig, Chancen zu ergreifen.

Grundsätzlich werden zu diesem Zweck alle wesentlichen Ziele und „Unterziele" für die einzelnen Unternehmensbereiche, für Produkte oder Regionen etc. detailliert und als Vorgaben – z. B. für die Jahresplanung – im Planungsmodell verankert. Die Grundlage für die Bewertung und für den Ausblick auf die Unternehmenstreiber bilden sowohl aktuelle Ist-Daten als auch der – ggf. rollierende – Forecast. Externe Erfolgschancen und Risiken werden darüber hinaus in den Planungsprämissen und -annahmen beschrieben und als Rahmenbedingungen für nachfolgende Planungsstufen vorgegeben.

Das Aufsetzen eines Strategieplanungsprozesses ist dann als gelungen anzunehmen, wenn die Strategieplanung zu einem Bestandteil oder sogar „Abfallprodukt" der Unternehmensstrategieentwicklung geworden ist. Konkret: So wie die Strategieentwicklung bzw. -anpassung nicht nur einmalig im Jahr vorgenommen wird, muss auch die Strategieplanung als kontinuierlicher Prozess gesehen werden. Dabei kommuniziert sie übergeordnete Ziele und liefert somit je nach Strategieveränderung neue Rahmenbedingungen für andere Planungsarten.

14.4.2   Mittelfristplanung

Der Prozess der **Mittelfristplanung** sollte dann dazu genutzt werden, die auf drei bis fünf Jahre ausgelegte Strategie im gesamten Unternehmen zu kommunizieren und zu reflektieren, wobei die Informationsstruktur dieser Mittelfristplanung an den vorhandenen Ist- und Planstrukturen ausgerichtet wird. Allerdings kann und sollte der Umfang in Tiefe (z. B. Region, Bereiche oder Einheiten) und Breite (Kosten- oder Umsatzarten) vor allem in den nicht treibenden Bereichen gegenüber dem Ist- und Jahresplan deutlich reduziert werden.

In Unternehmen mit viel Dynamik verliert diese Planungsart an Bedeutung. Die Unternehmen sollten daher eine direkte Verbindung der Strategie bzw. Strategischen Planung mit anderen Planungsarten suchen. In jedem Fall sollte es dabei eine direkte Verknüpfung von Strategie und strategischen Initiativen bzw. Programmen mit business-orientierten Planungsarten geben. Andernfalls besteht die Gefahr, dass letztere die Inhalte von Standardplanungsarten nur duplizieren.

14.4.3   Jahresplanung

Die **Jahresplanung (Budgetierung)** muss die Frage beantworten, wie man die Vorgaben der Strategie im betreffenden Jahr möglichst exakt erfüllen will. Weil auch die Zielvereinbarung des Managements unterschiedlicher Level häufig aus der Jahresplanung abgeleitet wird, ist es sinnvoll, wenn die Jahresplanung in einem etwas detaillierteren Umfang auf die Planung von Kosten und Erlösen, Cashflow, Working Capital etc. eingeht. Dabei sollte der Aufwand für Abstimmungen dem nötigen Aufwand für Zielvereinbarung und Steuerung gerecht werden.

Für eine angemessene Fokussierung schließlich sollten die wesentlichen Einflussfaktoren als Planungsannahmen berücksichtigt werden. Die treiberbasierten Ziele bilden praktisch die Top-KPIs und ergeben somit den Rahmen für die Planung von einzelnen Unternehmensbereichen, Produktgruppen oder Produkten, Regionen etc. Ein Detailgrad wie im Ist-Reporting treibt den Aufwand allerdings signifikant nach oben. Ob dies zur Aussagekraft der Planung beiträgt, bleibt höchst fraglich. Empfohlen werden kann zum Ausgleich eine detailliertere Planung in den Fokusbereichen.

14.4.4   Finanzieller Forecast

Der **finanzielle Forecast** („Year-End Likely") ist ein Instrument zur Kontrolle der geplanten Jahresziele und der Dokumentation von Abweichungen. Daher sollte sich der Umfang seiner Informationen in Breite und Tiefe weitgehend nach dem Umfang des Budgets bzw. der Jahresplanung richten. Ebenfalls in der Prognose festzuhalten sind eventuell eingeleitete Nachkalibrierungsmaßnahmen sowie zu erwartende Effekte; dies muss vor allem im Hinblick auf die beeinflussten Treiber dokumentiert werden. Die treiberbasierten KPIs, die in der Ist-Berichterstattung verankert sind, zeigen potenziell Auswirkungen auf Maßnahmen, die zum Gesamterfolg des Unternehmens beitragen sollen. Sie verhelfen darüber hinaus zu einer einfacheren und nachhaltigeren Kontrolle von Nachkalibrierungsmaßnahmen.

14.4.5   Rollierender Forecast

Der **rollierende Forecast** muss gezielt auf entscheidende Indikatoren eingehen, wenn Unternehmen kontinuierlich fokussierte Aufmerksamkeit und Nachkalibrierung erreichen wollen. Ziel ist es, den Überwachungshorizont so zu erweitern, dass die wichtigsten Indikatoren kontinuierlich und langfristig überwacht werden. Nur so lassen sich, wenn nötig, Gegenmaßnahmen sinnvoll und schnell ableiten. Darüber hinaus empfiehlt sich eine Anknüpfung des Forecasts an die Budgetierung, denn aufgrund der längerfristigen Bewertung kann auch dies zur Reduzierung des Planungsaufwandes beitragen.

Bleibt noch die Frage, wie man mit operativen Fokus-Themen – zeitlich begrenzte Vorfälle und Herausforderungen – umgehen sollte, die die regulären Planungsarten leicht überladen können. Dazu zählen Themen wie der Auftragseingang oder Sondermaßnahmen zur Kosteneindämmung und zur Reorganisation. Bei einem kurz- oder mittelfristigen Planungshorizont – und wenn sie eine eigene Logik in Bezug auf Informationsstruktur und Detailgrad haben – sollten sie gesondert überwacht werden. Möglich ist dies durch Einsatz eines **operativen (rollierenden) Forecasts**, der dafür sorgt, dass aktuelle Entwicklungen und Herausforderungen im Blick bleiben und sich systematisch in die Planung integrieren lassen – ohne dass die Planung immer komplexer wird.

14.5   Fazit

Ein Unternehmen, das seinen Herausforderungen erfolgreich begegnen will, muss sicherstellen, dass seine Instrumente für die Unternehmensplanung, besser ausgedrückt: für eine funktionierende „Forward Visibility", drei Hauptanforderungen erfüllen:

- eine **kontinuierliche Überwachung,**
- eine **kurzfristige Bewertung** von wesentlichen unternehmensspezifischen Erfolgsfaktoren und -chancen, Risiken und Kosten anhand der Treiber,
- eine **Unterstützung der Entscheidungsfindung** durch **Szenarien-Evaluierung.**

Dabei muss den Verantwortlichen klar sein, dass die Elemente der Forward Visibility nur gemeinsam zu einem effektiven Entscheidungssupport beitragen; sie müssen daher miteinander verknüpft sein. Ein ganzheitliches Performance Management und ein Planungsmodell können die Integration diverser Steuerungs- und Planungsinstrumente wirksam unterstützen

Unternehmenstreiber sollten ein wesentliches Bindeglied zwischen den Berichterstattungs- sowie Planungsinstrumenten bilden. Diese Instrumente schaffen eine Basis für die Bewertung der Unternehmungslage und für die Evaluierung möglicher Geschäftsentwicklungsszenarien. Sie erlauben ein integriertes und gesamtheitliches Bild des Unternehmens. Dazu müssen die konkreten Ausprägungen der Treiber systematisch mithilfe der genannten Instrumente beobachtet und in die Planung einbezogen werden. Über das KPI-System zeigen sich somit auch die Auswirkungen auf die gesamte Unternehmensperformance.

Business Analytics in der Planung

Über Business Analytics – das muss vorangestellt werden – kursieren sehr unterschiedliche Darstellungen. Die einen wecken riesige Erwartungen, andere sorgen mindestens für Skepsis. Bevor wir der Frage nachgehen, was Business Analytics für die Unternehmensplanung leisten kann, sollten wir uns darüber im Klaren sein, was es *nicht* kann:

- Business Analytics kann keine Zukunft vorhersagen. Das ist ein Mythos.
- Mit Business Analytics kann auch kein Supermodell aufgebaut werden, das alle Einflussfaktoren für ein Unternehmen erfasst und daraus ein performantes Planungsmodell generiert. Abgesehen von der Technik: Ein so komplexes Modell würden nur wenige durchschauen – und die überwiegende Mehrheit im Unternehmen würde deshalb auch nicht daran glauben.

Der Einsatz von Business Analytics findet im internationalen Vergleich recht unterschiedliche Resonanz. Abbildung 15.1 macht dies anhand verschiedener Länder deutlich.

15.1 Bewährte Einsatzmöglichkeiten

Was aber *kann* Business Analytics?

In Kap. 9 (beim Thema „Identifikation der Kerntreiber") haben wir bereits eine bewährte Einsatzmöglichkeit genannt: Im Rahmen des Big Data Analytics Approach lassen sich historische Daten zur Ableitung von Einflussfaktoren auf die Zukunft nutzen. Mit dieser Methode werden Treiber nicht nur identifiziert, man lernt auch, sie besser zu verstehen. Und mehr noch: Die Analytics-Techniken können sogar im Planungsprozess selbst eingesetzt werden.

© Springer Fachmedien Wiesbaden 2015

I. Barkalov, *Effiziente Unternehmensplanung*,

DOI 10.1007/978-3-658-06839-4_15

Abb. 15.1 Popularität von
Business Analytics. Die Popularität von Business Analytics
ist im internationalen Vergleich sehr unterschiedlich.
Während sie in den USA oder
in Großbritannien, auch in den
Niederlanden, viel Zustimmung
findet, gibt es in Deutschland
eher Skepsis. (Capgemini
Consulting)

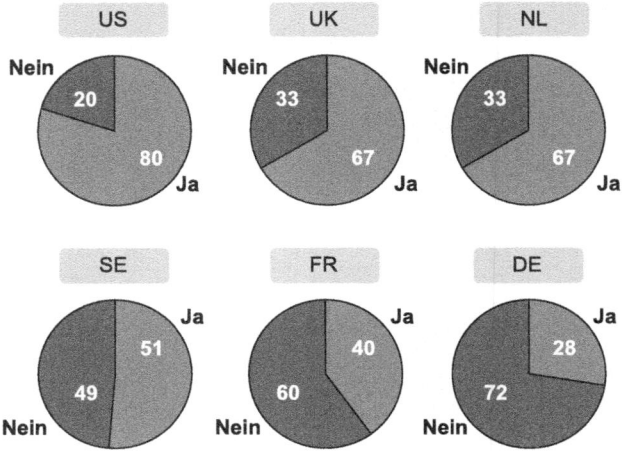

Business Analytics macht es möglich, die Wahrscheinlichkeit bestimmter Ausprägungen von Einflussfaktoren sowie die daraus resultierenden Zielgrößen abzuschätzen. Dabei
spielen sogenannte ‚Big Data' eine große Rolle. Je größer die verfügbare Menge relevanter Daten ist, desto relevanter sind auch die zu ermittelnden statistischen Daten – und desto
genauer ist die Einschätzung von Wahrscheinlichkeiten.

Mit Business Analytics wird es möglich, anhand diverser statistischer Methoden Korrelationen von Einflussfaktoren und Zielgrößen festzustellen. Aus den Ergebnissen lassen
sich die wesentlichen Treiber – interne und externe – für das jeweilige Unternehmen ableiten. Basierend auf den Treibern wiederum können die Variablen für verwendete Planungsmodelle definiert werden.

Da dieses Verfahren mit sehr großen Datenvolumina bzw. mit langen Zeitreihen arbeitet, ist eine zuverlässige Analyse mit hoher Genauigkeit erzielbar. Konkret: Ein Modell,
das auf einer Zeitreihe von zehn Jahren aufbaut, liefert sicher substantiellere Ergebnisse
als ein System, das Daten aus zwölf Monaten analysiert, nämlich ein breiteres Spektrum
an möglichen Einflussfaktoren und daraus resultierenden Zielgrößen.

So ist unter anderem bei der Betrachtung von zehn Jahren die Wahrscheinlichkeit größer, dass eine ähnliche Kombination von Einflussfaktoren schon einmal vorgekommen
ist, woraus sich im Hinblick auf Umsatz, Profitabilität oder Working Capital plausible
Schlüsse ziehen lassen.

Im Planungsprozess selbst kann Business Analytics dafür eingesetzt werden, die Ge-
schäftstreiber zu definieren oder zu verifizieren; gleichzeitig hilft Business Analytics beim
Aufbau und bei der Optimierung eines Planungsmodells. So lassen sich beispielsweise
Vorschlagswerte für zu planende Positionen ermitteln, und zwar nicht, wie sonst üblich,
auf der Basis eines Vormonats oder Vorjahres, sondern vor dem Hintergrund einer für zehn
Jahre durchgeführten Analyse – mit allen relevanten Faktoren wie externe Trends (z. B.
Marktentwicklungen) und interne Treiber (z. B. Forschung und Entwicklung).

Auch die Erfahrung mit schon etablierten Einsatzgebieten von Business Analytics –
etwa Customer Value Analytics – lässt erwarten, dass Planungsmodelle auf der Grundlage

von Business Analytics bessere Vorschlagswerte oder Prognosen liefern als herkömmliche Modelle. Dabei darf man jedoch nicht vergessen, dass ein Vorschlagswert oder eine quantitative Prognose noch keine Vorhersage der Zukunft darstellt. Selbst eine 95-prozentige Wahrscheinlichkeit bedeutet nicht, dass ein Ereignis tatsächlich eintritt oder dass eine Zielgröße (z. B. Umsatz) auch realisiert wird.

Trotzdem ist so ein Business-Analytics-Modell außerordentlich hilfreich, wenn es Unternehmen darum geht, möglichst schnell eine Ausgangsbasis bzw. ein sogenanntes Base-Szenario für die Planung zu entwickeln. Dabei müssen mögliche optimistische wie auch pessimistische Szenarien einbezogen und mit Blick auf die ebenso mögliche Entwicklung von Business-Treibern objektiv analysiert werden. Der Einsatz der Business-Analytics-Techniken stellt auf jeden Fall sicher, dass ein Unternehmen seine – vor allem personellen – Ressourcen bei der Analyse schont und dafür mehr Kapazität für die noch wichtigere Szenarien-Bewertung und darauf folgende Maßnahmen investieren kann.

Für komplexe Planungsszenarien können Business Analytics bzw. Big-Data-Analysen ebenfalls eine überzeugende Unterstützung liefern. Beispiel für eine solche Aufgabenstellung: Wie ändert sich die Profitabilität eines Unternehmens, wenn acht Business-Treiber doch eine andere Entwicklung zeigen als angenommen? Ohne Business Analytics wird so eine Anforderung kaum zu meistern sein. Die Aufgabe scheitert in der Regel an der Modell-Komplexität, an der Menge der Daten oder an der mangelnden Performance der vorhandenen IT. Natürlich gab es Szenario-Analysen in der Planung und Unternehmenssteuerung schon in der Vergangenheit; aber in vielen Unternehmen stoßen solche Analysen schnell an Ressourcen-Grenzen – oder die Ergebnisse sind allzu subjektiv.

Mit Business Analytics gibt es für Planungsszenarien in der Praxis kaum Grenzen. Die Szenarien können auf den verschiedensten Prognosen und Annahmen aufbauen und die sich ergebenden Zielgrößen haben immer eine hohe Wahrscheinlichkeit. Daraus lässt sich schließen, dass mit Business Analytics nahezu jede Validierung, Verifizierung oder Entscheidungsfindung und somit auch ein gesamter Planungsprozess entscheidend beschleunigt wird.

15.2   Rechenleistung und Datenmenge ausreichend?

Wer dies als „zu revolutionär" empfindet und eine Realisierung grundsätzlich bezweifelt, sollte wissen: Der Stand der IT-Entwicklung – im Jahr 2015 – lässt es ohne Weiteres zu, dass die entsprechenden Datenmengen auf für Unternehmen verfügbaren Rechnern verarbeitet werden. Und wie bereits angedeutet: Business Analytics hat in anderen Bereichen, sogar B2C (Business-to-Consumer), mit Themen wie Customer Value Analytics seine Fähigkeit bewiesen, bessere Modelle bzw. Analysen zu gestalten. Die dort eingesetzten Modelle zur Analyse von Kundenverhalten bzw. Auswirkungen von Kundenpräferenzen auf Kaufentscheidungen – durchaus ähnlich zu Geschäftstreibern in der Planung – haben deutlich bessere Entscheidungsoptionen gebracht, als mit konventionellen Modellen möglich war.

Das nächste Einsatzgebiet von Business Analytics, da sind Experten sicher, wird auf B2B (Business-to-Business) bzw. auf die Analyse von Unternehmensperformance ausgerichtet sein. Dabei werden bereits entwickelte Analysen für das Markt- bzw. Kundenverhalten wesentliche Eingangsgrößen für die Planung darstellen.

Ein oft zu hörendes Gegenargument lautet: Viele Unternehmen hätten die in der Tat erforderlichen Datenmengen für Business Analytics in der Planung gar nicht zur Verfügung. Diese Aussage ist schnell zu entkräften: Für alle großen Unternehmen, die vor 10 oder 15 Jahren ein ERP-System eingeführt haben, sollten die notwendigen „Big Data" überhaupt kein Problem sein. Es darf vermutet werden, dass diese Unternehmen mit ihren sicher vorhandenen „Datenschätzen" bisher einfach nichts gemacht haben.

Nahezu jeder Mensch steht in Verbindung mit Big Data. Einer der Gründe: unsere Smartphones. Allein in Amerika telefonieren Menschen 2,3 Trillionen min und schreiben 2,27 Trillionen SMS. Dazu kommen die Apps: 25 Mrd. Downloads, allein von Apple, welche eine weitere riesige Datenmenge generieren.

Facebook und Twitter sind vollkommen in den Alltag eingebunden. Facebook-User verbringen durchschnittlich 10,2 Mrd. min täglich auf der Plattform. Twitter fügte 2012 200 Mio. neue User weltweit hinzu.

Ein weiteres Big-Data-Phänomen ist Cloud Computing mit einer Größe von 1,1 Billionen Services. Alle Daten und Informationen werden in die Cloud geladen, damit die Nutzer von jedem beliebigen Ort aus darauf zugreifen können.

Die Analyse dieser Daten kann helfen, das Konsumentenverhalten zu visualisieren und zu verstehen, aber vor allem kann diese Datenmenge dazu benutzt werden, Produkte zu bewerten: Was sagen die Daten über die Produkte und die Trends auf den Märkten aus? Wie kann man diese Erkenntnisse in der Vorhersage bzw. im Forecast zur Unternehmensentwicklung berücksichtigen?

Weitere Informationen zu diesem Thema liefert das Buch „Data Crush" von Christopher Surdak.

15.3   Drei Vorgehensweisen

Es gibt im Wesentlichen drei analytische Vorgehensweisen mit Business Analytics, die im Weiteren näher beschrieben werden:

- Planung unter Unschärfe,
- Prognosen,
- Einflussanalyse.

15.3.1   Planung unter Unschärfe

Beginnen wir mit der Planung unter Unschärfe. Da ein Unternehmen, wie im Vorfeld erklärt, nicht die Zukunft vorhersagen kann, versucht es, so gut es geht, sich auf die Zukunft

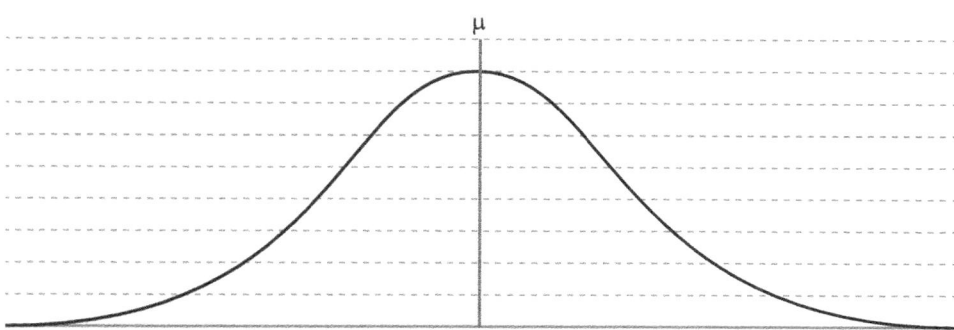

Abb. 15.2 Gaussche Glockenkurve

vorzubereiten. Hierfür werden Wahrscheinlichkeiten eingebunden. Einfaches Beispiel: „Mit 40 %iger Wahrscheinlichkeit werde ich XXX Produkte absetzen."

Hat man die jeweiligen Ausprägungen einmal mit Wahrscheinlichkeiten unterlegt, kann die Planung unter Verwendung der Standard-Normalverteilung (siehe Abb. 15.2) durchgeführt werden.

Aus der Abbildung lassen sich dann die Wahrscheinlichkeiten für den jeweiligen Absatz ermitteln. Hier können auch Konfidenzintervalle (Erwartungsbereiche, z. B.: mit 95 %iger Wahrscheinlichkeit werde ich zwischen XXX und YYY Produkte absetzen) bestimmt werden.

Als weiteres Analysetool bietet sich die Monte-Carlo-Simulation (http://de.wikipedia. org/wiki/Monte-Carlo-Simulation) an, die Zufallsexperimente wiederholt und damit die Basis darstellt. Dadurch lassen sich sehr komplexe Prozesse, die nicht sofort analysiert werden können, nachbilden, damit eine größere Aussagekraft erreicht wird. Die Monte-Carlo-Simulation greift auch auf die erwähnte Glockenkurve zurück, denn sie gibt die Verteilungseigenschaften von Zufallsvariablen wieder.

Ein simples Beispiel für solch eine Simulation ist die Aufgabe, herauszufinden, welcher Regentropfen mit welchem anderen kollidiert. Auch hier hat jeder Regentropfen andere Wahrscheinlichkeiten, und somit ist jeder Regentropfen anders; demnach kann man nur durch eine sehr komplexe und aufwendige Iteration von verschiedenen Zufallsexperimenten sagen, dass die Tropfen mit einer bestimmten Wahrscheinlichkeit kollidieren oder nicht.

Eine weitere Analysemethode zur Planung unter Unschärfe ist die Sensitivitätsanalyse (http://de.wikipedia.org/wiki/Sensitivit%C3%A4tsanalyse). Hier wird ein Modell entworfen, welches eine Aussage über die Änderung des Outputs gibt, sobald die Eingangsparameter geändert werden. Man kann demnach sehen, welchen Einfluss ein bestimmter Parameter auf das Gesamtkonzept hat. Ein Beispiel für ein Sensitivitätsdiagramm zeigt Abb. 15.3.

Nehmen wir als Beispiel das Zusammenspiel der Parameter Human Resources, Workload, Working Hours und Wetterlage beim Umsatz: Ändert man einen Parameter um eine bestimmte Einheit, ändert sich der Output. Hier würde z. B. die Wetterlage den geringsten Einfluss auf den Umsatz haben, alle anderen Faktoren allerdings einen erheblichen.

Abb. 15.3 Sensitivitätsdiagramm

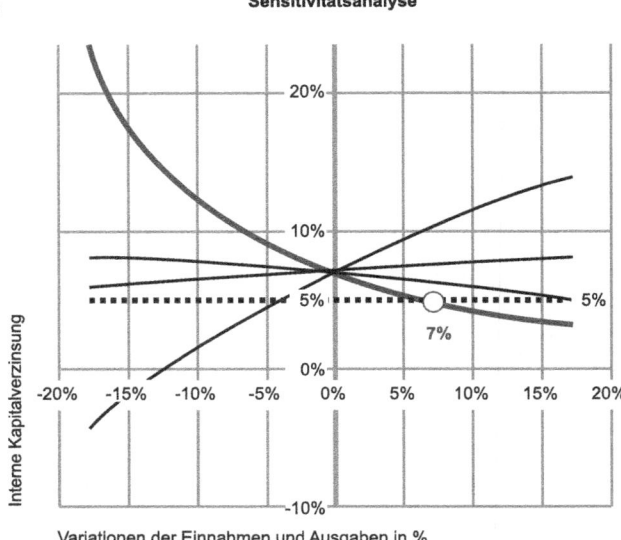

Durch die Änderung der Wahrscheinlichkeiten und Änderung des Outputs können verschiedene Szenarien modelliert werden. Dadurch lassen sich verschiedene Stadien für die Zukunft „vorhersagen".

▶   Oracle Crystal Ball gilt als das Standard Tool zur Programmierung der Business-Analytics-Analyse am Computer (http://www.oracle.com/us/products/middleware/bus-int/crystalball/workforce-planning-analytics-433527.pdf).

15.3.2   Prognosen

Der zweite große Punkt in der Business-Analytics-Planung sind die Prognosen. Hier wird versucht, anhand von historischen Daten einen Trend zu erkennen, um so einen Blick in die Zukunft zu werfen.

Die Zeitreihenanalyse (http://de.wikipedia.org/wiki/Zeitreihenanalyse) beschäftigt sich mit diskreten Daten, welche in zeitlich begrenzten Abständen auftreten. Es wird versucht, anhand dieser historischen Daten einen Trend (saisonal, langfristig, kurzfristig etc.) zu entdecken und so dem Unternehmen „einen Blick in die Zukunft" zu ermöglichen und eine Antwort auf die Frage zu finden, wie die Planung im optimalen Fall aussehen muss.

Eine weitere Möglichkeit für Prognosen ist die Box-Jenkins-Methode (http://de.wikipedia.org/wiki/Box-Jenkins-Methode). Diese Methode deckt sich im Prinzip mit der Zeitreihenanalyse, nur dass in diesem Modell zufällige Schockereignisse (z. B. Börsencrashs) mit Langzeitwirkungen (z. B. Unsicherheit) eingebunden werden. So will man der möglichen Realität noch näher kommen. Ein weiteres Merkmal ist das Gesetz der Sparsamkeit,

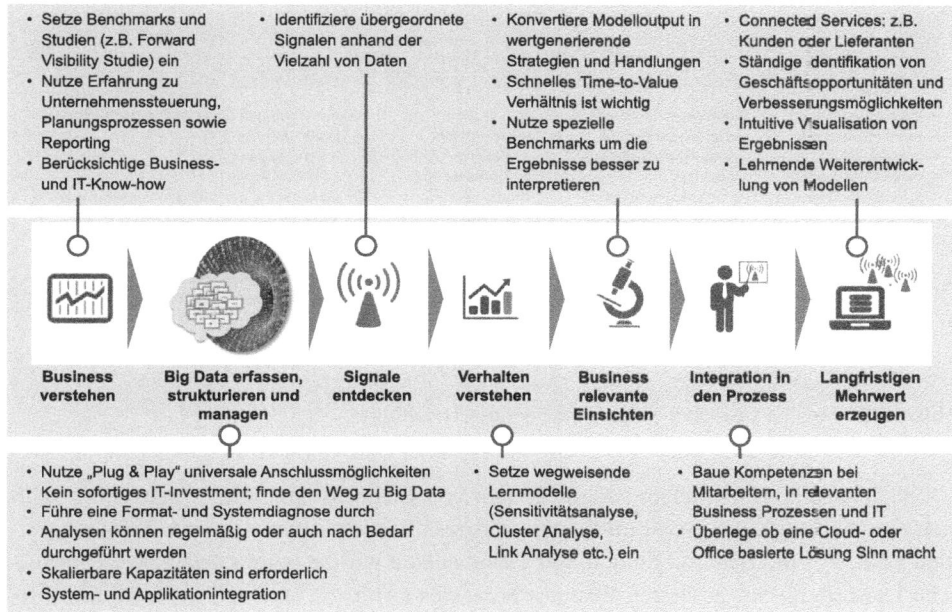

Abb. 15.4 Wrap Up Business Analytics. (Capgemini Consulting)

welches sich darin ausdrückt, dass bei der Box-Jenkins-Methode eine möglichst geringe Zahl an Parametern benutzt wird.

Ein konkretes Beispiel für die Benutzung von Prognosen ist der Absatzmarkt für Gebrauchtwagen. Hier kann man Trends erkennen und somit auch Vorhersagen treffen, ob die Nachfrage gleich bleiben, sinken oder steigen wird.

▶ Das Standard Tool für Prognosen ist SAS Forecast Server (http://www.sas.com/en_us/software/analytics/forecastserver.html).

15.3.3 Einflussanalysen

Die dritte Methode der Business-Analytics-Planung stellen die Einflussanalysen dar. Hier werden mittels multivariater Statistik die Einflussfaktoren auf Ist- oder Planzahlen bestimmt bzw. validiert.

Die bekannteste Vorgehensweise ist die Faktoranalyse. Hier werden große Mengen an empirischen Ausprägungen in verschiedenen Gruppen zusammengeführt, um so den Umfang zu reduzieren; allerdings sind die Daten innerhalb der Gruppe homogen.

Das zweite Verfahren ist die Varianzanalyse. Diese hat zum Ziel, die Varianz der Zielvariablen anhand eines oder mehrerer Input-Faktoren zu erklären.

Abbildung 15.4 zeigt, noch einmal zusammengefasst, die Vorgehensweisen in der Planung mit Business Analytics. Sie macht den „roten Faden" deutlich – zwischen Erhebung und Auswertung der Daten, Aussagekraft und schließlich Steuerung.

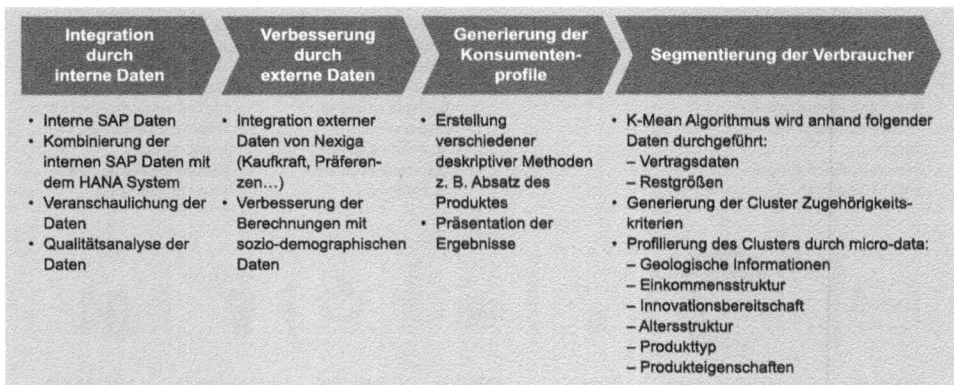

Abb. 15.5 Vorgang Customer Value. (Capgemini Consulting)

Nachdem die prinzipiellen Möglichkeiten von Business Analytics erklärt sind, stellt sich nun die Frage, wo genau im Planungsprozess Business Analytics zum Einsatz kommen kann. Für die Beantwortung dieser Frage nutzen wir die bereits erläuterte schematische Darstellung des gesamten Planungsprozesses (Abb. 12.7). Dabei werden die Business-Analytics-Hebel im Planungsprozess skizziert (siehe Abb. 15.5).

15.4   Customer Value Analytics und andere Beispiele

In der Strategischen Planung zum Beispiel können „Customer Value Analytics" eingesetzt werden, um die Wertigkeit einzelner Kunden- oder Produktgruppen zu verifizieren. Darauf basierend lassen sich über die subjektive Einschätzung hinaus objektiv begründbare Entscheidungen zu den für das Unternehmen wichtigen Kunden und Produkten treffen. Wie eine zielführende Einbettung von Business Analytics im Unternehmen erfolgen könnte, wird anhand eines Fallbeispiels am Ende des Kapitels näher erläutert.

Unter Customer Value Analytics versteht man ein statistisches Modell, mit dem Unternehmen darstellen können, bei welchen Kundengruppen noch Potenzial zur Ankurbelung des Absatzes vorhanden ist.

Es gibt verschiedene Vorgehensweisen. Die analytische Vorgehensweise verbindet vor allem interne und externe Daten, welche zu Verbraucherprofilen gebündelt werden. Diese Profile werden nach und nach segmentiert, um den Absatzmarkt in eine übersichtliche Zahl von Gruppen einzuteilen. Abbildung 15.5 erläutert diesen Vorgang.

Durch die Benutzung von Makrodaten (unternehmensextern) und Mikrodaten (unternehmensintern) lassen sich die Gruppen noch präziser einteilen.

Die Segmentierung erfolgt durch Annäherung mit Hilfe der Iteration mit dem K-Means-Algorithmus. Ziel ist es, n Observationen in k Clustern mit der größten Zugehörigkeit einzubringen. Zu Beginn werden Cluster zufällig erstellt und den vorhandenen Daten gegenübergestellt. Anschließend werden die vorhandenen Punkte den nächsten Clustern

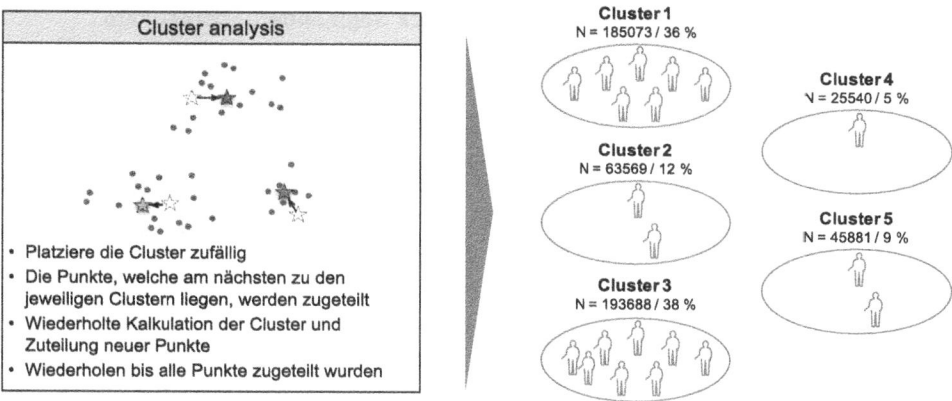

Abb. 15.6 Cluster-Einteilung. (Capgemini Consulting)

zugeordnet. Dieses Vorgehen wird so lange wiederholt, bis alle Punkte zu einem Cluster konvergieren. Natürlich gibt es dadurch aussagekräftigere Punkte (welche sich direkt an einem Clusterpunkt befinden) und aussageärmere Punkte (welche in der letzten Iterationsrunde zugeordnet werden). Ziel dieses Vorgehens ist es, eine möglichst hohe Homogenität in den Clustern, aber eine möglichst hohe Heterogenität zwischen den Clustern zu schaffen.

▷ Der K-Means-Algorithmus teilt verschiedene Punkte aus einer Punktewolke in Cluster ein. Die Einteilung erfolgt je nach Abweichung vom Mittelwert der Punktewolke.
   Durch dieses Einteilen entstehen k Cluster (Gruppen).
   Dieser Vorgang kann beliebig oft wiederholt werden, um die Punktewolke in immer kleinere Cluster zu unterteilen.

▷ Mit n Observationen in k Clustern wird verdeutlicht, dass es eine Vielzahl (k) Cluster gibt, die innerhalb dieses Clusters (dieser Gruppe) verschiedene weitere Ausprägungen zeigen.
   Falls es neben den Clustern Customer Relation, Marketing und Accounting noch den Cluster Finance gibt, ist $k=4$. Innerhalb dieser Cluster gibt es n Ausprägungen. Im Cluster Finance wird es unter anderem den Umsatz, den Gewinn und die Abschreibungen geben. Hier wäre $n=3$.

Sobald man verschiedene Cluster gebildet hat (Abb. 15.6 zeigt fünf verschiedene Cluster-Gruppen), kann man damit seinen kompletten Kundenstamm in Gruppen einteilen und den jeweiligen Gruppen Werte zuordnen (siehe Abb. 15.7). Hier wurde der Absatzmarkt prozentual in verschiedene Segmente eingeteilt (Premium, Standard, hohes Risiko). Dadurch kann ein Unternehmen genau beurteilen, in welchem Bereich der Absatz stattfindet. Falls ein Unternehmen hauptsächlich im Segment „hohes Risiko" Absätze hat, weiß es, wo Verbesserungsmöglichkeiten liegen.

Abb. 15.7 Aufteilung Absatzmarkt. (Capgemini Consulting)

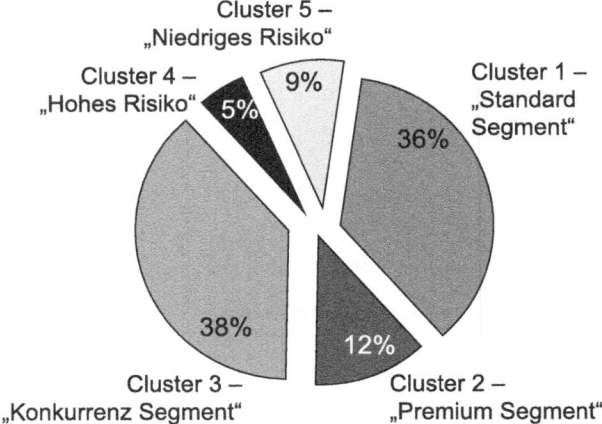

Überblick Segmentierungsresultate

Cluster 5 –
„Niedriges Risiko"

Cluster 4 –　9%
„Hohes Risiko"　5%

Cluster 1 –
„Standard
Segment"　36%

38%　12%

Cluster 3 –
„Konkurrenz Segment"

Cluster 2 –
„Premium Segment"

Abb. 15.8 Aktiver Kunde
oder Verlust des Kunden? –
Probability Score. (Capgemini
Consulting)

Probability Score

- **P = Wahrscheinlichkeit, dass die Verbraucher
  sich von dem Produkt abwenden**
  P ~~0: Verbraucher bleibt Kunde
  P ~~1: Verbraucher wird sich abwenden

Quote des Abwendens　$\dfrac{p}{1-p}$

- **Erhebung der Wahrscheinlichkeit:**
  – Entscheidungsbäume
  – Neuronale Netzwerke
  – **Logistische Regression**

$$ln\left(\frac{p}{(1-p)}\right) = Z = c + \sum_{i=1}^{n} a_i \mu_l$$

　　Nachdem man ein eindeutiges Bild der Konsumenten gewonnen und sie in verschiedene Cluster eingeordnet hat, besteht die Möglichkeit, für jedes Cluster bzw. jede Kunden-
gruppe die Wahrscheinlichkeit zu berechnen, dass sie sich von einem Produkt abwenden
und es nicht mehr kaufen. Mit Hilfe logistischer Regression kann diese Wahrscheinlichkeit genauer bewertet werden (siehe Abb. 15.8, 15.9, und 15.10).

　　Ist diese Prozedur vollständig abgewickelt, hat das Unternehmen die folgenden Ergebnisse:

- eine vollständige Übersicht über die Verbraucher,
- eine Einteilung der Konsumenten in Gruppen,
- Kenntnis der wichtigen Gruppen (Premium Segment, Standard, hohes Ausfallrisiko),
- wie hoch die Wahrscheinlichkeit ist, dass der Kunde loyal bleibt.

Abb. 15.9 Aktiver Kunde oder
Verlust des Kunden? – Darstel-
lung Value/Time. (Capgemini
Consulting)

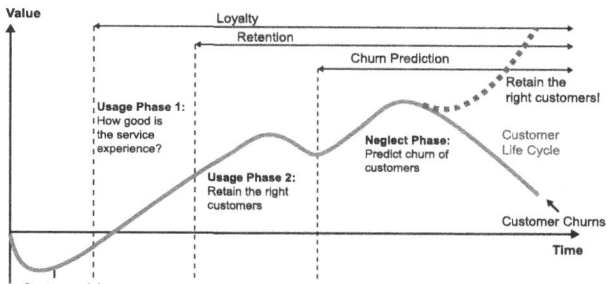

Abb. 15.10 Aktiver Kunde oder
Verlust des Kunden? – Darstellung Count/Churn

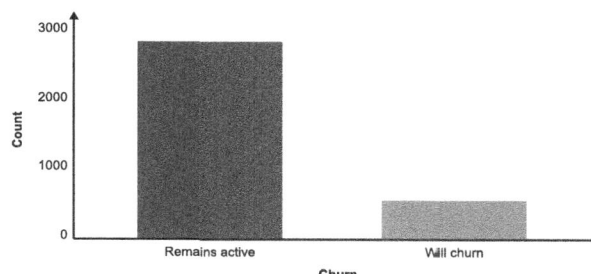

Durch diese Angaben kann eine entsprechende Unternehmensplanung ins Leben gerufen
werden, die den kritischen Punkten entgegenwirkt.

Beim Aufsetzen eines zentralen Planungsmodells bzw. bei der Integration von einzelnen Planungsbereichen werden mit Business Analytics die relevanten Treiber ermittelt
(Abb. 15.11). Von diesen hängt es entscheidend ab, ob das Modell performant und aussa-
gekräftig ist und ob die Integration zwischen den Planungsbereichen einen Mehrwert liefert. Dabei kann der Einsatz der oben beschriebenen Korrelations- und Prognosemodelle
sinnvoll sein.

Bei der Analyse von Szenarien ist es besonders wichtig, die Empfindlichkeit von Ergebnissen zu verstehen, vor allem in Bezug auf die Veränderung von Einflussfaktoren,
Einflussparametern und Treibern. Dabei kann die sogenannte Sensitivitätsanalyse behilf-
lich sein.

Die Auswirkungen von kurzfristigen Trends bzw. kurzfristigen Marktveränderungen
können anhand der Real-Time-Evaluation von (Marketing-)Kampagnen analysiert werden.

Abbildung 15.12 verbindet beispielhaft die Planungsbereiche mit den analytischen Hebeln und analytischen Methoden.

Wenn ein Unternehmen Big Data und Business Analytics anwendet, kann es auch auf
die Integrierte Business Planung zurückgreifen (siehe Abb. 15.13). Hier wird deutlich,
wie die jeweiligen Bereiche zusammenarbeiten und wie Big Data und Business Analytics
zusammenarbeiten, um letztendlich den optimalen Output für das Unternehmen und seine
Planung zu generieren.

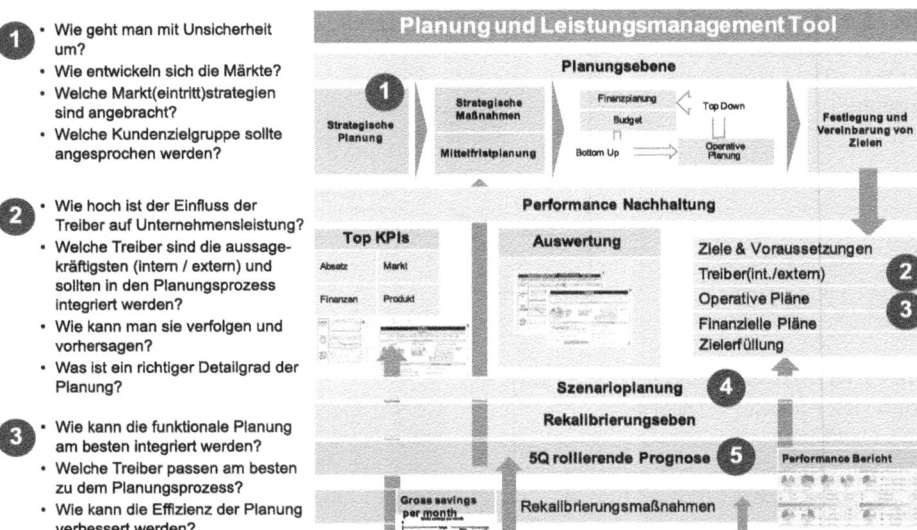

1
- Wie geht man mit Unsicherheit um?
- Wie entwickeln sich die Märkte?
- Welche Markt(eintritt)strategien sind angebracht?
- Welche Kundenzielgruppe sollte angesprochen werden?

2
- Wie hoch ist der Einfluss der Treiber auf Unternehmensleistung?
- Welche Treiber sind die aussagekräftigsten (intern / extern) und sollten in den Planungsprozess integriert werden?
- Wie kann man sie verfolgen und vorhersagen?
- Was ist ein richtiger Detailgrad der Planung?

3
- Wie kann die funktionale Planung am besten integriert werden?
- Welche Treiber passen am besten zu dem Planungsprozess?
- Wie kann die Effizienz der Planung verbessert werden?

4
- Welche Szanrien sollten simuliert werden?
- Welche davon versprechen die höchste Profitabilität?
- Wodurch werden die Ergebnisse am meisten beeinflusst?

5
- Wie können kurzzeitige externe Trends in die Forecasts einbezogen werden?
- Wie können kurzfristige Trends zur Optimierung Unternehmensleistung eingesetzt werden?

Abb. 15.11 Erweitertes Planungstool mit Business Analytics. (Capgemini Consulting)

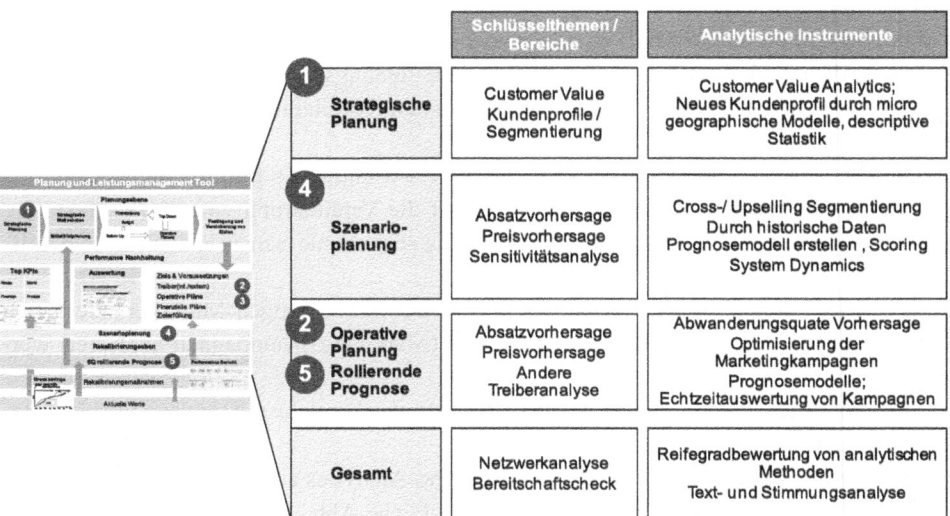

		Schlüsselthemen / Bereiche	Analytische Instrumente
1	**Strategische Planung**	Customer Value Kundenprofile / Segmentierung	Customer Value Analytics; Neues Kundenprofil durch micro geographische Modelle, descriptive Statistik
4	**Szenario-planung**	Absatzvorhersage Preisvorhersage Sensitivitätsanalyse	Cross-/ Upselling Segmentierung Durch historische Daten Prognosemodell erstellen , Scoring System Dynamics
2 **5**	**Operative Planung** **Rollierende Prognose**	Absatzvorhersage Preisvorhersage Andere Treiberanalyse	Abwanderungsquate Vorhersage Optimisierung der Marketingkampagnen Prognosemodelle; Echtzeitauswertung von Kampagnen
	Gesamt	Netzwerkanalyse Bereitschaftscheck	Reifegradbewertung von analytischen Methoden Text- und Stimmungsanalyse

Abb. 15.12 Erklärung der Erweiterung. (Capgemini Consulting)

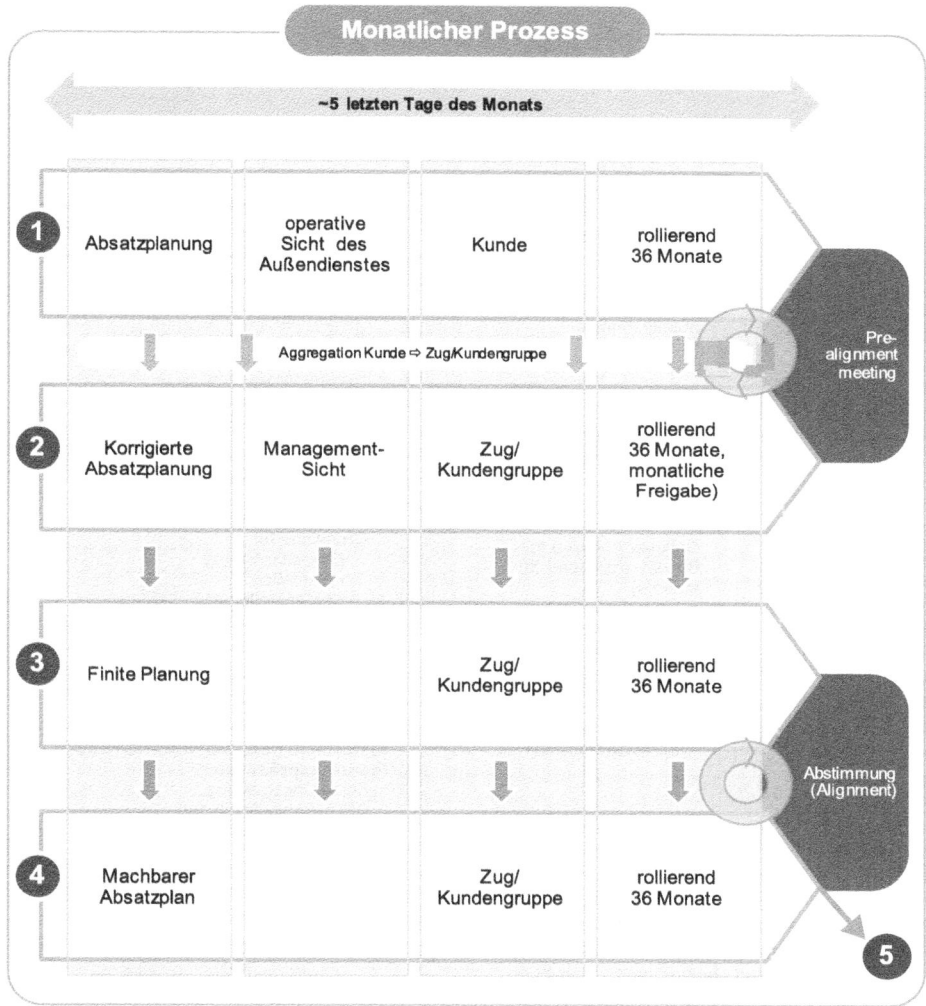

Abb. 15.13 Integrierte Business Planung (IBP) – Monatlicher Prozess. (Capgemini Consulting)

Dabei liegt der entscheidende Nutzen in der Zusammenführung von Integrierter Business Planung und Business Analytics. Eine performante Integration vor operativen Planungsarten lässt sich im monatlichen Prozess durch den Fokus auf die entscheidenden Treiber sowie die automatische Ermittlung von Vorschlagswerten beträchtlich beschleunigen. Die Treiber werden mit Hilfe der Korrelationsmodelle ermittelt, die Vorschlagswerte durch die Zeitreihen-Marktsensitivitätsanalyse. Abbildung 15.14 skizziert schematisch den Prozess.

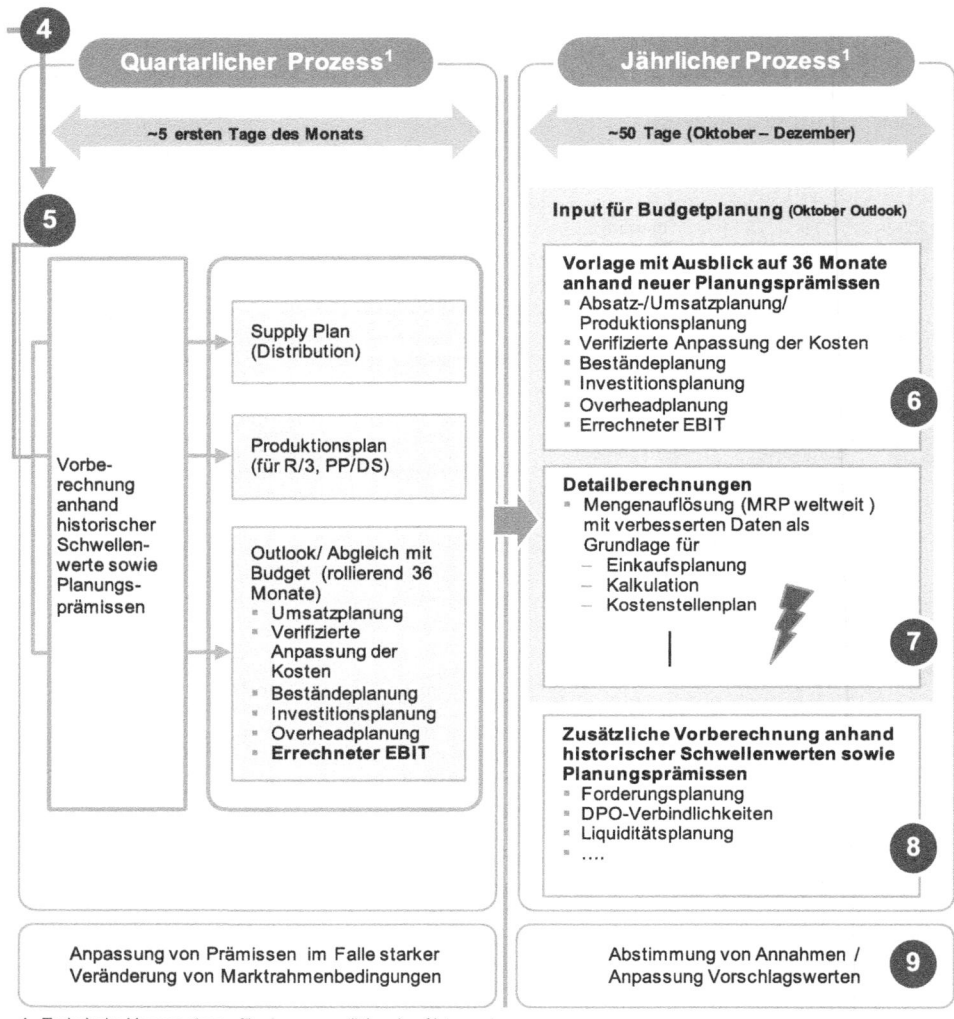

Abb. 15.14 IBP – vierteljährlicher und jährlicher Prozess. (Capgemini Consulting)

Einbettung von Business Analytics im Unternehmen

Die – unberechtigte – Skepsis gegenüber Business Analytics hat ihren Ursprung häufig in überhöhten Erwartungen, bisweilen auch in der verbreiteten Anekdote, wonach schon manches Unternehmen hohe Investitionen in Big Data & Analytics-Lösungen getätigt habe, um danach nur wenig Wert daraus zu generieren.

Das Thema „Erwartungen" wurde bereits in vorausgegangenen Kapiteln diskutiert. Dabei ist zu berücksichtigen, dass zur Implementierung neben ausreichenden Investi-

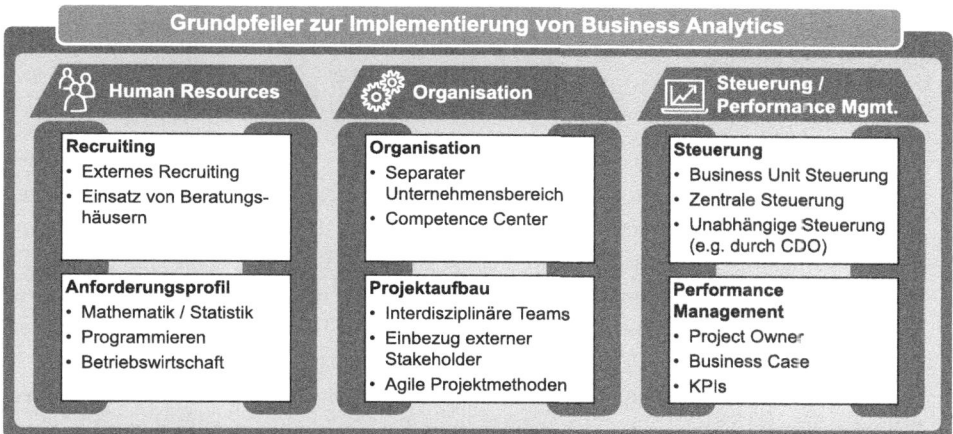

Abb. 15.15 Grundpfeiler zur Implementierung von Business Analytics

tionsmitteln auch erhöhte Anforderungen an die Organisation gestellt werden, was in hohem Maße ebenfalls über den Erfolg von Business-Analytics-Initiativen entscheidet.

Das Ziel des folgenden Exkurses ist es, anhand von drei organisationskritischen Faktoren – *Human Resources, Organisation* sowie *Steuerung und Performance Management* – zu erörtern, wie sich Business Analytics im Unternehmen zielführend umsetzen lässt. Eine Zusammenfassung aller Grundpfeiler ist in Abb. 15.15 zu finden.

Human Resources

Das Beherrschen von Big Data und Analytics verlangt völlig neue Fähigkeiten, welche noch bis vor kurzem an den Universitäten nicht vermittelt wurden und die höchst selten in einem Unternehmen schon anzutreffen sind.

Das für Business Analytics benötige Anforderungsprofil ist im Titel *Data Scientist* zusammengefasst. Dieser Titel beruht auf einer Kombination von drei verschiedenen Qualifikationen:

*   Mathematik/Statistik,
*   Programmierung und
*   Betriebswirtschaft.

Ein Mathematiker kann beispielsweise mit komplexen Modellen umgehen, ist jedoch nicht immer in der Lage, aus diesen Ergebnissen auch nutzbare Schlüsse für das Unternehmen zu ziehen.

Da eine solche Skills-Kombination selten im Unternehmen zu finden ist, müssen sich Firmen häufig bei der Suche nach dem passenden Personal auf dem Arbeitsmarkt umsehen. Bei geringer Business-Analytics-Erfahrung im Unternehmen kann auch der Einsatz externer Fachberatungen sinnvoll sein. Dabei muss jedoch sichergestellt werden, dass nach dem Beratungsprojekt das Wissen an die internen Mitarbeiter transferiert wird.

Der *Data Scientist* ist derzeit eine knappe Ressource auf dem Arbeitsmarkt, weshalb für ihn Anreize im Unternehmen geschaffen werden müssen. Dazu zählen unter anderem moderne Soft- und Hardwarelösungen, interessante Fragestellungen und unternehmerische Freiheit.

Organisation

Für ein Unternehmen, das Business Analytics erfolgreich im Unternehmen implementieren will, ist es wichtig, zu verstehen, dass Business Analytics kein verlängerter Arm der IT oder der Business-Intelligence-Abteilung ist. Es ist empfiehlt sich daher, Business Analytics als separaten Unternehmensbereich zu organisieren, um die Dominanz eines Teilbereichs, beispielsweise der IT, oder deren Manipulation zu verhindern. Nur so wird das Risiko minimiert, dass die Auswahl der Business-Analytics-Initiativen an den Möglichkeiten der IT statt an der Unternehmensstrategie ausgerichtet wird.

Dynamische Projektmanagement-Methoden wie *Scrum*, welche einer iterativen Vorgehensweise folgen und die Gegebenheiten der Unternehmensanforderungen einer Initiative in jedem Schritt überprüfen, sichern die nötige Flexibilität für Business-Analytics-Projekte. Abteilungs- und funktionsübergreifende Zusammenarbeit ist wichtig, um Qualität, Businessbezug und Machbarkeit der Initiativen zu garantieren Auch die Einbindung z. B. der Rechtsabteilung ist unerlässlich, um das Risiko gesetzwidriger Nutzung von Daten zu verhindern. Des Weiteren sollten bedeutende interne Stakeholder, etwa Controller oder Geschäftsbereichsleiter, sowie externe Stakeholder, z. B. andere Industrieteilnehmer, einbezogen werden, um eine unternehmensweite Akzeptanz für Business-Analytics-Projekte zu fördern. Auf längere Sicht kann natürlich die Akzeptanz nur durch die aufgrund von Business Analytics verbesserten Ergebnisse und Entscheidungen nachhaltig sichergestellt werden.

Um die knappen Business-Analytics-Ressourcen effektiv und effizient zu nutzen und um die Entwicklung und Implementierung von Business-Analytics-Lösungen optimal zu gestalten, bietet es sich an, die Business-Analytics-Abteilung als zentrales Competence Center zu organisieren und in zwei Teile zu gliedern:

- In der sogenannten Produktionsstätte werden die Unternehmensanforderungen an Business Analytics definiert und neue Lösungen entwickelt, indem mit neuen Daten und Modellen gemeinschaftlich experimentiert wird. Hier werden auch die entwickelten Modelle und hergeleiteten Korrelationen auf ihre Plausibilität überprüft.
- In der Lieferstätte implementiert wird die Lösung erst, sobald ein Proof of Concept erstellt und ein Pilot gefahren wurde. Die Lieferstätte verteilt die Lösung dann zentralisiert an die verschiedenen Bereiche im Unternehmen. Hier können Mitarbeiter mit geringerer Qualifikation eingesetzt werden, da die vorher entwickelten Analysen nur noch geringfügig angepasst und ausgeführt werden müssen.

Bei dieser Form der Organisation entsteht ein hohes Synergiepotenzial mit Lerneffekt durch die Data Scientists bzw. die entwickelten Lösungen. So wird es möglich, relativ schnell innovative Big-Data-Analytics-Initiativen zu entwickeln und diese in die tägliche Arbeit des Unternehmens einzugliedern.

Steuerung und Performance Management

Die Steuerung von Business Analytics kann auf drei Wegen erfolgen. Zum einen kann Business Analytics durch die einzelnen Geschäftsabteilungen gesteuert werden, was große Nähe zum Geschäft ermöglicht und oft weniger Aversion gegenüber Business Analytics erzeugt. Eine Alternative stellt die zentrale Leitung von Business Analytics dar, wobei die strategische Ausrichtung und Anforderungen an den Bereich von der Firmenzentrale vorgegeben werden. Die Gefahr bei diesem Modell ist allerdings, dass Silos zwischen dem Business und der Analytics-Abteilung entstehen können. Dagegen hilft die Schaffung einer weiteren Topmanagement-Ebene, beispielsweise die des Chief Data Officer (CDO): Sie kann verhindern, dass es für Big Data und Analytics keinen Sponsor im Unternehmen gibt, der die strategische Bedeutung von Business Analytics sichert.

Besonders am Anfang sollte die Wahl einer passenden Steuerung der Ausrichtung des Unternehmens, den Lösungsopportunitäten für Business Analytics sowie der Affinität der jeweiligen Geschäftsbereichsführung bzw. des Managers folgen. Ein Unternehmen mit starken Produkten oder Brands, die spezifisch sind und weitgehend eigenständig agieren, sollte die Sponsorschaft für Analytics zuerst eher an einen Bereich mit Unsicherheiten diversen Ursprungs und einem Manager, der Business Analytics grundsätzlich versteht, übertragen. Letzterer muss kein technischer Spezialist sein.

Im Bereich Business Analytics ist es häufig schwierig, die tatsächliche Investitionsrentabilität zu ermitteln und die Erfolge zu quantifizieren. Um dieser Tatsache gerecht zu werden, sollte man jede Business-Analytics-Initiative – wie bei anderen Projekten auch – mit einem Business Case verknüpfen und dabei einem Venture-Capital-Ansatz folgen. Dabei werden Investitionen schrittweise und abhängig vom Erfolg getätigt.

Ein Risiko, dass der Business-Analytics-Einsatz keine Leistungsverbesserung herbeiführt, wird wohl nie auszuschließen sein. Deshalb sollten Piloten für neue Lösungen so früh wie möglich gefahren werden, um ausschließlich erfolgversprechende Projekte weiterzuverfolgen. Darüber hinaus sollte bei Beginn jeder Initiative ein Project Owner definiert werden, der die Verantwortung für deren Erfolg übernimmt. Sobald eine Lösung im Einsatz ist, sollten, basierend auf Unternehmenszielen, klare KPIs definiert werden, die sich auf Effizienz, Kosten und Leistungssteigerung beziehen. Nur greifbare Ergebnisse rechtfertigen die Existenz und Investitionen in Big Data & Business Analytics.

Teil IV
Die praktische Umsetzung – an einem Beispielunternehmen präzise erläutert

Vom Ausgangspunkt bis zur Planungsoptimierung

16

In diesem letzten Abschnitt des Buches zeigen wir die praktische Anwendung der zuvor beschriebenen Vorgehensweisen, Methoden und Empfehlungen am Beispiel eines Unternehmens. Dabei beleuchten wir wesentliche Elemente für die Praxis, wobei die ausgewählten Wege nur als beispielhaft und keineswegs als erschöpfend zu betrachten sind. Auch andere Methoden können zur Visualisierung bzw. Erreichung ähnlicher Aussagen herangezogen werden.

Unser Beispiel will nicht in erster Linie die Relevanz der dargestellten Unternehmensziele untersuchen, sondern die Verknüpfung bzw. Auswirkung auf eine Unternehmensplanung diskutieren. Zur Vereinfachung wird hier die operative Planung bzw. Kostenstellenplanung und -steuerung einzelner Bereiche außer Betracht gelassen.

Zunächst ein kurzer Überblick über das Beispielunternehmen, dem wir den Namen ,Ideal' geben:

- Umsatz 2014: 2 Mrd. €
- Profitabilität (EBITDA) je nach Produkt und Vertriebskanal: 4–30 %
- Anzahl der Mitarbeiter: 10.000
- Cash-Stand zum Stichtag: 210 Mio. €
- Produktpalette: Komponenten für Modulbauer der Automobilindustrie
- 52 Produkte, 7 Produktgruppen
- Produktionsstätten in China, Polen und Deutschland
- OEM-Kunden in Deutschland, Frankreich, Österreich, Japan, China und USA; Vertriebsgesellschaften in USA. Aftermarket: Kunden weltweit.

Das Unternehmen war bislang ein Teil eines Großkonzerns und ist vor kurzem im Rahmen eines Carve-Outs selbstständig geworden. Das bisherige Management führt das Unternehmen weiter.

© Springer Fachmedien Wiesbaden 2015
I. Barkalov, *Effiziente Unternehmensplanung,*
DOI 10.1007/978-3-658-06839-4_16

Ein Private-Equity-Unternehmen, das sich in der Branche auskennt und an weiteren Unternehmen der Branche beteiligt ist, hält die Mehrheit an Unternehmensanteilen. Das Unternehmen ist nicht an der Börse notiert.

16.1 Unternehmensziele und Zielsetzung einer Unternehmensplanung verknüpfen

Das Unternehmen hat verschiedene Produkte, darunter auch neue und auslaufende. Das gesamte Produktportfolio und der Technologiestand deuten darauf hin, dass ,Ideal' ein reifes und ausgewachsenes Unternehmen ist.

Wie Abb. 16.1 zeigt, befindet sich das Unternehmen momentan in der ,Maturity Phase'. Das bedeutet, dass ein starkes Wachstum bereits vorüber ist und sich das Unternehmen in der Cash Collection Phase befindet. Es sollte sich also verstärkt um die Generierung von Cash und dessen Weiterleitung an die Anteilseigner kümmern.

Die für Ideal anstehende Unternehmensphase ,Decline' weist darauf hin, dass das Unternehmen die Kosteneffizienz zumindest für einige seiner Produkte stärker in den Fokus rücken sollte. Außerdem müssen sich die Verantwortlichen darüber Gedanken machen, wie die Lebensdauer der Produkte verlängert werden kann.

Aus dieser Position heraus kann die Führungsmannschaft vorab schon einige Schwerpunkte der Unternehmensziele identifizieren und konkretisieren. Dabei ist es sehr hilfreich, wenn im Führungsteam das gleiche Verständnis zur Positionierung angestrebt und gehalten wird.

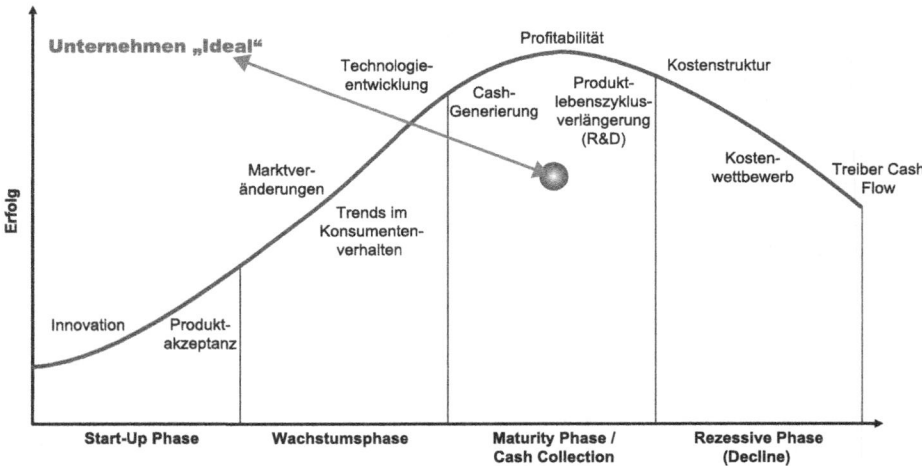

Abb. 16.1 Lebenszyklusmodell mit Standpunkt von ,Ideal'

Die Zielschwerpunkte von Ideal lauten zusammengefasst:

* Fokus auf Cash-Generierung,
* Kostenbewusstsein,
* Verlängerung der Produktlebensdauer.

Die Zielsetzung einzelner Führungsmitglieder bzw. einzelner funktionaler Domänen richtet sich zwar nach Unternehmensziel-Schwerpunkten, unterscheidet sich aber in den spezifischen Anforderungen der funktionalen Domänen für das Erreichen der Ziele. Der CEO hat erkannt, dass alle drei Schwerpunkte in einer Beziehung, aber auch in einem gewissen Widerspruch zueinander stehen. Er weiß auch, dass verfügbarer Cash für einen Private-Equity-Investor erste Priorität haben kann.

Ein rigides Kostenmanagement hilft natürlich dabei, die Profitabilität und damit auch den Cashflow zu steigern, jedoch werden andererseits zwangsläufig fehlende Investitionen und Ausgaben z. B. in R&D und Marketing die Lebensdauer von Produkten eher verkürzen und nicht verlängern. Dadurch wird das Unternehmen zu früh in die ‚Decline'-Phase gedrängt. Es kommt also auf die Zielbalance an, wenn die langfristige Wertschaffung sichergestellt werden soll.

Auf folgende Kernziele hat sich der CEO mit seiner Führungsmannschaft für das kommende Jahr geeinigt, was auch mit den Anteilseignern abgestimmt wurde:

* Verfügbarer Cash: 300 Mio. €
* Kostenersparnis: 70 Mio. €
* Gesamtprofitabilität (EBITDA): 12 %
* Verlängerung der Lebenszeit von drei Produktgruppen um weitere 5 Jahre im OEM sowie um 10 Jahre im Aftermarket

Gleichzeitig möchte der CEO, der die Zielschwerpunkte konkretisiert und mit messbaren Zielgrößen erläutert hat, eine schnelle Etablierung als unabhängiges Unternehmen am Markt und die Sicherstellung des Marktanteils erreichen.

16.1.1   Erwartungen des CEO

Ausgehend von diesen Zielen hat der CEO folgende Erwartung an die Unternehmensplanung:

* Aus dem Planungsprozess geht der Beitrag der einzelnen funktionalen Domänen zur Verbesserung des Cashflow hervor. Der Bedarf an Cash für Supply Chain und R&D ist definiert. Unterschiedliche Investitionsvolumina sind – auf der Grundlage der wahrscheinlichen Produktlebensdauer-Verlängerung – geschätzt bzw. bewertet.

- Der Planungsprozess legt fest, wo die Kosten reduziert werden können und sollen. Die Auswirkung der Kostenreduktion auf Cash sowie Produktlebensdauer wird durch den Planungsprozess bewertet und an das Management kommuniziert.
- Die Gesamtprofitabilität ist auf einzelne Produkte bzw. Produktgruppen allokiert.
- Der Investitionsbedarf pro Produktgruppe bzw. funktionaler Domain zur Verlängerung der Lebensdauer ist validiert. Die Optionen zur Reduzierung der Auswirkung auf den Cashflow sind bewertet und kommuniziert.

Zur Ergebniskontrolle sowie Ableitung und Kommunikation von Gegenmaßnahmen sind weitere Anforderungen formuliert worden:

- Monatlicher Soll/Ist-Cash-Bestand bzw. Ausblick auf den Bestand zum Jahresende.
- Monatliche Soll/Ist-Kostenreduzierung bzw. Ausblick auf Jahreszielergebnis.
- Vierteljährlicher Soll/Ist-Profitabilitätsreview auf Produktgruppen mit Ausblick auf die nächsten 18 Monate.
- Vierteljährlich ermittelter Investitionsbedarf versus Produktlebensdauer: Review pro Produktgruppe/funktionaler Domain mit Ausblick auf die nächsten 18 Monate.
- Vierteljährliche ‚Room Temperature'-Überprüfung bei Kunden und Nutzern zu den Produkten von Ideal und zu Trends in der Branche.

Letzteres ist objektiv oft nur schwer einzuschätzen. ‚Ideal' setzt dazu die in Kap. 16.2 erläuterte analytische Methode ‚Share-of-Voice' ein.

Der CEO ist nur eine der zentralen Figuren, die Anforderungen an die Unternehmensplanung stellen.

16.1.2   Erwartungen des CFO

Als nächstes betrachten wir die Aufgabenstellung des CFO. Er hat den Auftrag, einen abgestimmten Vorschlag zur Aufteilung von Cash- und Kostenersparniszielen umzusetzen. Darüber hinaus muss er abschätzen, wie die Reduzierung diverser Kostenblöcke in Verbindung mit anderen Maßnahmen zur angepeilten Gesamtprofitabilität beiträgt. Auf seiner Agenda steht außerdem die Untersuchung wichtiger Szenarien, z. B.: Welche Mittel stehen dem Unternehmen zu welchem Zeitpunkt für Investitionen zur Verfügung? Der CFO verantwortet direkt die Kosten der Backoffice-Organisation. Mit dem Private-Equity-Investor hat er den Umfang des Reportings abzustimmen, den das Unternehmen vierteljährlich und zum Jahresende abgeben muss.

Vor diesem Hintergrund hat der CFO an die Unternehmensplanung folgende Anforderungen:

- Kommunikation von Kernzielen an das Unternehmen bzw. deren Verankerung in den Steuerungs- bzw. Planungsprämissen,
- Bottom-Up-Vorschlage zur Kostenreduzierung,

- Gesamtprofitabilitätsszenarien, die auf den Kostenreduzierungsvorschlägen aufbauen,
- Cashflow-Szenarien mit unterjähriger Entwicklung, basierend auf bestimmten Prämissen,
- Verankerung der Top-Down-Anpassungen in den Bottom-Up-Plänen bzw. eine direkte Bewertung ihrer Auswirkungen auf Cashflow und Profitabilität,
- Kommunikation und Zielvereinbarung (im Rahmen einer Führungskräfte-Zielvereinbarung) im Unternehmen,
- Verfügbarkeit von Zahlen, durch die sich eine Abweichung von Zielen analysieren lässt und die im Wesentlichen alle Informationsanforderungen der Unternehmensbereiche abdecken. Diese Zahlen müssen gleichzeitig die handelsrechtlichen Berichterstattungsanforderungen befriedigen sowie den mit den Investoren vereinbarten Meldeumfang widerspiegeln. Im Fall von Nachfragen muss es eine Möglichkeit geben, Soll/Ist-Vergleiche und -Analysen durchzuführen.

Weitere Anforderungen wurden formuliert, um den Kontrollanforderungen des CFO gerecht zu werden und eigene Frühwarnmechanismen und ggf. Hinweise auf notwendige Gegenmaßnahmen zu erhalten:

- Die zentralen Prämissen sind die Grundlage für die Bottom-Up-Planungen, die jedoch um weitere spezifische Annahmen in Bezug auf Markt oder funktionalen Bereich erweitert werden dürfen.
- Je nach Cashflow-Entwicklung in den ersten Monaten will der CFO ggf. eine Möglichkeit haben, die Entwicklung in den kritischen Bereichen alle zwei Wochen abzufragen. Der CFO will jedoch auch in der Lage sein, die Entwicklung des Cashflow über die Jahresgrenze hinaus zu bewerten. Daher möchte er einen rollierenden Ausblick auf jeweils 12 Monate erhalten.
- Die maßgeblichen Kostenreduzierungsprogramme sollen gesondert verfolgt werden, und zwar monatlich mit Ausblick auf weitere 12 Monate. Im vorliegenden Fall handelt es sich um zwei Programme:
  - Kostenreduktion in der Produktion.
  - Kostenreduzierung durch Abbau von sogenannten TSLA (Temporäre Service Level Agreements), die noch aus der Zeit der Abspaltung vom alten Mutterkonzern stammen und insgesamt 40 Mio. € kosten.
- Die Gegenmaßnahmen sollten eine grobe Szenarien-Berechnung mit Eintrittswahrscheinlichkeit ermöglichen.
- Eine Datenerhebung für andere Zahlen, die nicht die Kernziele betreffen, sollte nicht häufiger als vierteljährlich erfolgen. Die ausschließlich für handelsrechtliche Zwecke bestimmten Daten brauchen sogar nur einmal jährlich erhoben zu werden.

16.1.3 Erwartungen des Vertriebschefs

Der Leiter Vertrieb ist gewissermaßen für die Verlängerung des Produktlebenszyklus verantwortlich. Er muss die Kunden für den Einsatz von ‚Ideal'-Komponenten auf neuen

Plattformen gewinnen und hat dafür einige potenzielle Abnehmer identifiziert. Dafür will er eine Imagekampagne für die in Frage kommenden Produktgruppen und Märkte starten; sie soll die Wahrnehmung von Endkonsumenten stärken und somit auch die Nachfrage stimulieren. Darüber hinaus muss er die jeweiligen Anforderungen und Erwartungen aufnehmen und an R&D sowie Produktion kommunizieren.

Besonders im Aftermarket, wo keine langfristigen Verträge den Absatz regeln, will der Vertriebsleiter die Absatzschwankungen ebenso frühzeitig wie langfristig in den jeweiligen Märkten erkennen, und zwar zumindest für drei Produktgruppen, die 70 % des Umsatzes ausmachen.

Auch der Vertriebsleiter muss einen Beitrag zur Cash-Verbesserung leisten; er hat aus diesem Grund berechnet, wie viel Cash eine Optimierung der Zahlungsbedingungen für Kunden einbringen kann. Da er aber auch weiß, dass sich Kunden nicht so schnell von einer Neuregelung überzeugen lassen werden, hat er vorsorglich ein Budget eingeplant, mit dem das Entgegenkommen einzelner wichtiger Kunden „belohnt" werden kann. Die Einführung neuer Zahlungsbedingungen soll nun bis zum Jahresende umgesetzt werden.

An die Unternehmensplanung richtet der Leiter Vertrieb folgende Anforderungen:

- Die Planung des Marketingbudgets in den verschiedenen Ländern muss auf den wachsenden Umsatz im OEM-Segment bzw. auf die hinzugewonnenen Plattformen abgestimmt sein.
- Der Wirkungsgrad der Marketingausgaben soll durch eine objektive Aufnahme der Kundenstimmung geprüft werden. Hierbei müssen sowohl positive als auch kritische Kommentare zum Produkt berücksichtigt werden, ebenso Vergleiche der Konsumenten zwischen der Technologie von ‚Ideal' mit einer neuen Technologie.
- Ein fortlaufender Soll-/Ist-Vergleich mit einem Ausblick soll für zwei Produktgruppen mit besonders starker Volatilität im Aftermarket durchgeführt werden; er hat besondere Bedeutung für die Key-Account-Manager in Russland, China und USA. Dabei würde der Leiter Vertrieb gern die Entwicklung auf der Ebene einzelner Produkte aus diesen Gruppen sehen.
- Der Fortschritt bei der Einführung neuer Zahlungsbedingungen sowie die Nutzung des dafür aufgelegten „Spezialbudgets" sollen exakt gemessen werden, damit deutlich wird, ob das Vorhaben bis Jahresende wirklich abgeschlossen werden kann.

16.1.4   Erwartungen des Leiters Supply Chain und Produktion

Der Leiter Supply Chain und Produktion ist auf Anhaltspunkte dafür angewiesen, wie viel Stückzahlen von welchem Produkt zu welchem Zeitpunkt hergestellt werden müssen. Nur so kann er die Anforderungen an Lieferanten mit der Produktion in Einklang bringen. Bisher musste er sich darüber nicht den Kopf zerbrechen, denn er hat immer verlässliche Zahlen von seinem Vertriebskollegen bekommen. Eventuelle Abweichungen konnte er über die Schichtarbeit an Feiertagen bzw. die Reduzierung von Schichten oder mit Personal von Zeitarbeitsfirmen ausgleichen. Kritische Komponenten mit langer Lieferzeit bezieht er nicht.

Sorgen bereitet dem Produktionsleiter das Ziel, bei den Kosten im operativen Bereich zu sparen. Seine Optionen: Sollte eine der drei Produktgruppen im OEM-Bereich keine neuen Plattformen in Deutschland gewinnen, könnte er die Produktion nach Polen verlagern. Falls gar keine neuen Plattformen in Europa gewonnen werden, wäre eine Auslagerung sogar nach China möglich. Damit würde er dem Ziel der Kostenreduzierung einen großen Schritt näherkommen.

Andererseits ist für Premium-Kunden in Deutschland das „Made in Germany"-Siegel ein Muss, und die europäischen Kunden legen großen Wert darauf, dass die Komponenten in der EU hergestellt werden.

Vor diesem Hintergrund legt der Leiter Supply Chain und Produktion die Ziele für eine Kostenreduktion in den drei Werken in Deutschland, Polen und China fest. Gleichzeitig will er dafür sorgen, dass die jeweiligen Maßnahmen exakt kontrolliert werden, damit sie bei einem Erfolg auch in anderen Werken umgesetzt werden.

Weil die Lieferanten bereits spät bezahlt werden, ist in seinem Bereich kein Beitrag zur Cash-Verbesserung abzusehen.

An die Unternehmensplanung hat der Leiter Supply Chain und Produktion folgende Anforderungen:

- Frühzeitige Information darüber, ob und wie die Lebensdauer von Produkten bzw. Produktgruppen durch die Gewinnung neuer Plattformen verlängert wird, mit möglichst genauer Darstellung der Wahrscheinlichkeit.
- Regelmäßige Kostenbenchmarks in den Produktionswerken mit Planziel-Vergleich und konsequenter Überprüfung von Maßnahmen.
- Bereitstellung eines flexiblen Instruments, um Detailinformationen zu verschiedenen Kostenblöcken abzufragen, die im Vormonat die Vorgaben nicht getroffen haben.

16.1.5   Schlussfolgerungen

Es wurde dargestellt, wie, ausgehend von den Unternehmenskernzielen sowie der Agenda der Führungsspitze, die Anforderungen an die Unternehmensplanung kaskadiert abgeleitet wurden. In gleicher Weise kann eine solche Kaskadierung natürlich innerhalb einzelner funktionaler Domänen auf die nächste Führungsebene fortgesetzt werden, soweit dies sinnvoll erscheint (siehe Abb. 16.2).

Aber Achtung! Dem Leser ist wahrscheinlich aufgefallen, dass das Führungsteam von ‚Ideal' seinen Fokus hauptsächlich auf die Kernziele gelegt hat – was auch nachvollziehbar ist. Doch bei alledem dürfen auch die Informationsanforderungen des üblichen „Tagesgeschäfts" nicht aus den Augen verloren werden. Darüber wird unter anderem im nächsten Kapitel gesprochen.

Abb. 16.2 Von Kernzielen zu den Anforderungen an die Unternehmensplanung

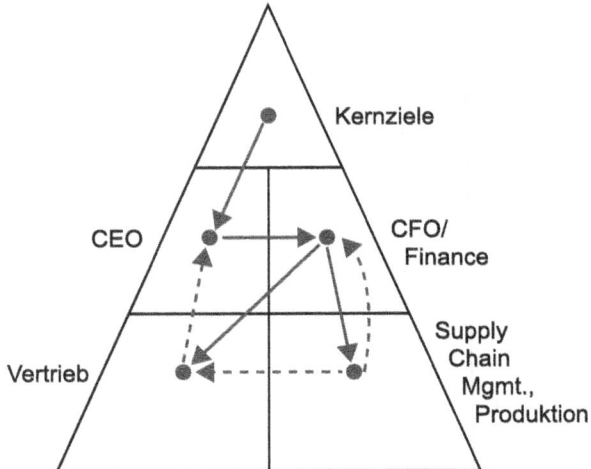

Für einen strukturierten Einsatz der Anforderungsaufnahme bzw. für deren Detaillierung wie auch für die Ableitung eines Planungsframeworks ist die Methodik eines Informationsmodells besonders zu empfehlen (siehe Abb. 16.3). Dieses Informationsmodell sorgt dafür, dass die Informations- bzw. Planungsprozessanforderungen systematisch verarbeitet werden. Dabei werden bereits aufgenommene Anforderungen auf der nächsten Ebene so detailliert, dass keine Diskrepanzen entstehen.

Das Informationsmodell begleitet den gesamten Prozess der Planungskonzeption – von der Festlegung von Kernzielen über die Definition geeigneter Planungsarten und zeitlicher Modalitäten bis zur Detaillierung einzelner Planungskennzahlen. Auch eine Brücke zur Ist-Berichterstattung ist dabei sinnvoll. Das Informationsmodell-Tool ist neben der nachfolgenden Darstellung darüber hinaus in Kap. 1 sowie im Anhang näher erläutert bzw. visualisiert.

16.2   Schwerpunkte der für die Unternehmenssteuerung relevanten externen Rahmeninformationen in der Unternehmensplanung festlegen

Für die Ausrichtung eines Unternehmens brauchen wir die verschiedensten Informationen. ‚Ideal‘ als ein Automotive-Unternehmen muss andere Informationen berücksichtigen als etwa ein Unternehmen der Pharmabranche. Folgende Schwerpunkte hat ‚Ideal‘ für sich definiert:

- **Makroökonomische Faktoren.** ‚Ideal‘ will einen Fahrzeugabsatzindex in den Zielländern (z. B. Forecasts im Automotive Bereich von IHS, VDA oder PWC) für eine Beurteilung der zukünftigen Nachfrage nutzen. Zusammen mit Absatzzahlen bzw. Er-

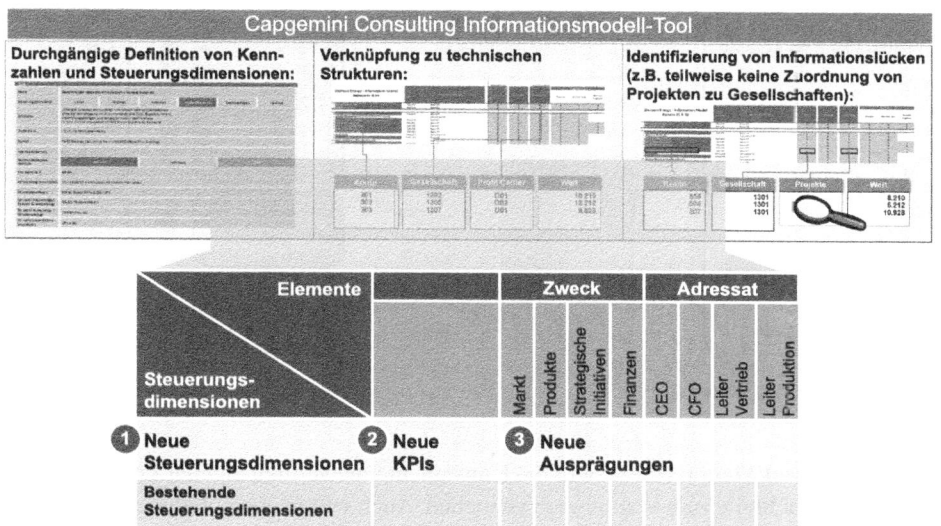

Abb. 16.3 Informationsmodell – Tool

wartungen bezüglich der Fahrzeuge oder Plattformen, die ‚Ideal' beliefert, wäre dies eine entscheidende Information, um den Absatz nach Produkten im OEM-Segment zu planen. Aber auch für den Aftermarket ist die Information relevant, da sie die Nachfrage nach Ersatzteilen in 3 bis 5 Jahren bestimmt. Auf weitere allgemeine makroökonomische Indizes will ‚Ideal' verzichten, da der Fahrzeugabsatzindex die allgemeinen Entwicklungen bereits aufnimmt. Auch in volatilen Märkten würde der gewählte Index ausreichen. Fällt der Absatz neuer Fahrzeuge signifikant, würde dies auch im Aftermarket zu fallender Nachfrage führen, da die Konsumenten auf billigere, nicht originäre Ersatzteile ausweichen würden.

- **Performance der Lieferkette:** Damit wird vor allem die Situation von Lieferanten, aber auch die Zahlungsfähigkeit von Kunden überwacht. Besonders im Aftermarket und in Schwellenländern sind die Ausfallversicherungen teuer. ‚Ideal' hat sich für die Auswertung von Abschlussmeldungen beim Handelsregister für Lieferanten und eine externe Bonitätsdatenbank für die Kunden entschieden. Eine Auswertung der Jahresmeldungen von Kunden in Schwellenländern hätte viel Unsicherheit gebracht, da sich die Märkte und die Kunden schnell verändern können. Lieferanten hat ‚Ideal' allerdings nur in seinen Stammländern, die als relativ stabil betrachtet werden können. Eine steigende Profitabilität bei Lieferanten würde aber z. B. auf eine mögliche weitere Optimierung bzw. Ausdehnung von Zahlungszielen hinweisen.
- **Etablierung neuer Technologien:** Es wird ständig an neuen Technologien gearbeitet, auch beim Wettbewerb. Man kann aber nicht jeder Technologie folgen. Sollte sich eine Technologie tatsächlich durchsetzen, braucht ‚Ideal' Zeit, um sich anzupassen und die betreffende Technologie zu adaptieren.

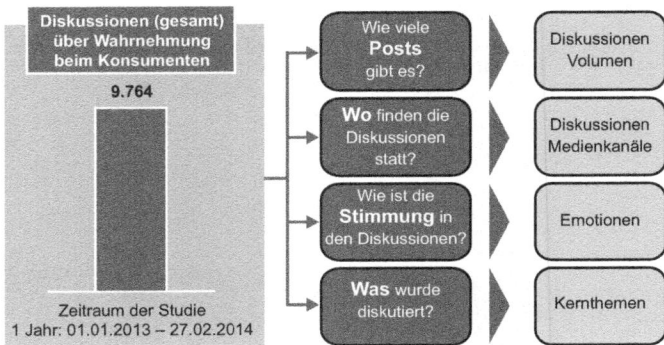

Abb. 16.4 Share of Voice

- **Social Digital Media**: ‚Ideal' will die Konsumentenbewertung eigener Produkte sowie Vor- und Nachteile zum Wettbewerb verstehen. Auch will man die Wahrnehmung neuer Technologien durch Konsumenten genau verfolgen. Die gewonnenen Erkenntnisse sollen den Abteilungen bei der Planung von Verbesserungsinitiativen Ansatzpunkte liefern und bei der Überprüfung eingeleiteter Maßnahmen helfen.

Abbildung 16.4 zeigt die Share-of-Voice-Methode, die ‚Ideal' benutzt, um sich ein möglichst objektives Bild zu verschaffen.

Bei der Share-of-Voice-Analyse werden alle möglichen sozialen Netzwerke nach bestimmten Kriterien durchsucht; im konkreten Fall geht es um sämtliche Informationen bezüglich der ‚Ideal'-Kernprodukte sowie um den Vergleich mit den jeweiligen Wettbewerbsprodukten. Wie kommen die Produkte an? Was sagen die Kunden, die eine Auswahl treffen, und die Endkonsumenten, die die Fahrzeuge fahren? Was gibt es an Positivem? Was ist negativ?

Durch diese Methode kann sich ‚Ideal' ein komplexes und objektives Bild vom momentanen Stand der Dinge auf dem Markt bilden und auf dieser Grundlage alles Weitere steuern.

Generell werden die oben genannten Informationen den Verantwortlichen regelmäßig zur Verfügung gestellt. Die daraus folgenden Maßnahmen spiegeln sich in den Plänen sowie Prognosen wider.

16.3   Ein Zielbild der Unternehmensplanung skizzieren

Die Controlling-Abteilung des Unternehmens ‚Ideal' skizziert ein Zielbild der Unternehmensplanung und -steuerung, basierend auf den Anforderungen des Führungskreises und den wichtigsten externen Rahmenbedingungen (siehe Abb. 16.5). Ziel ist es nicht, nach einzelnen Planungsarten zu detaillieren; vielmehr müssen die Anforderungen zusammen-

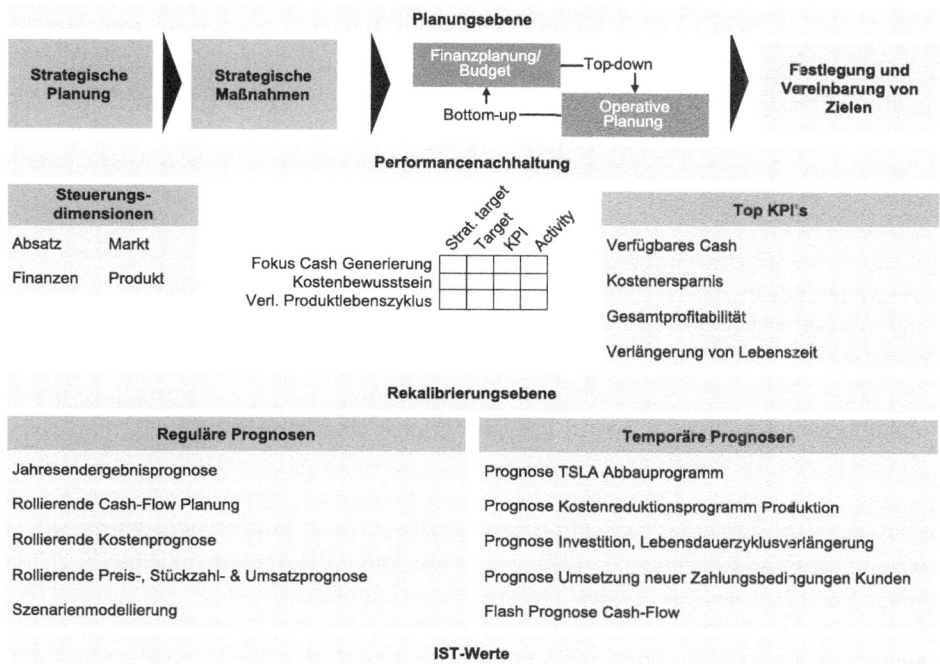

Abb. 16.5 Planungszielbild ‚Ideal'

geführt und strukturiert sowie ihr Zusammenspiel festgelegt werden. Die Wiederholung von Planungsinhalten sollte schon in diesem Stadium vermieden werden.

Bei den Informationsanforderungen wird eine erste Priorisierung vorgenommen, da die Umsetzung sämtlicher Anforderungen die Kapazitäten überschreitet und die Effizienz negativ beeinflussen könnte.

Die *Strategische Planung* liefert die Kernziele des Unternehmens für das Planungsjahr. Die Geschäftsführung sollte aber auch die Ziele mit Erwartungen an einzelne Unternehmensbereiche verknüpfen.

Das *Jahresbudget* baut auf den Annahmen und Erwartungen der Strategischen Planung auf, wobei die Bereiche ihre jeweiligen Erwartungen mit Vorschlägen für konkrete Maßnahmen, deren Kosten und Investitionen im Budget verbinden sowie die möglichen Effekte im Budget quantifizieren. Dabei sollte der Schwerpunkt auf die strategisch festgelegten Bereiche gelegt werden. Der Prozess sieht drei Abstimmungsrunden vor:

- zentrale Erwartungen an die Bereiche,
- Budgetvorschlag von Bereichen an die Führungsmannschaft, Validierung und Verifizierung,
- Freigabe.

Anschließend werden die Zahlen für die jeweiligen Zielvereinbarungen des erweiterten Führungskreises übernommen.

Die Cashflow-Planung sollte eine eigenständige Planungsart werden, die jedoch in das Budget übergeht.

Eine Bewertung des Cashflow sowie die Kosten sollten mit einfachen Szenarien-Analysen unterstützt werden.

Reguläre Prognosen (Forecasts) sind regelmäßig anzuwenden. Sie dienen der Gesamtunternehmenssteuerung. Dabei handelt es sich um:

- die Jahresendergebnisprognose, quartalsweise abzugeben;
- die rollierende Cashflow-Planung über 12 Monate, monatlich abzugeben;
- die rollierende Kostenprognose, Kernproduktgruppen über 18 Monate. Monatlich abzugeben;
- die rollierende Preis-, Stuckzahl- und Umsatzprognose. OEM, Aftermarket. Kernproduktgruppen. Kernmärkte. Über 18 Monate. Monatlich abzugeben.
- die Szenarien-Modellierung.

Rollierende Cashflow- und Kostenprognosen sollten mit der Jahresendergebnisprognose verknüpft werden. Die rollierende Umsatzprognose liefert die Ansatzpunkte für die Jahresendergebnisprognose. Eine direkte Verknüpfung erfolgt jedoch nicht.

Temporäre Prognosen dienen der Abbildung von Initiativen und Programmen, die zeitlich begrenzt sind, und sie erleichtern die Steuerung solcher Initiativen. Sie liefern die Ansatzpunkte zu regulären Prognosen, werden jedoch nicht direkt verknüpft. Temporäre Prognosen schaltet ‚Ideal' nach Ablauf einer Initiative ab, damit keine überflüssigen Daten eingesammelt werden.

Alle temporären Prognosen werden während der Dauer des jeweiligen Programms bzw. der Initiative abgefragt, und zwar:

- Prognose TSLA Abbauprogramm,
- Prognose Kostenreduktionsprogramm Produktion,
- Prognose Investition, Lebensdauerzyklusverlängerung für ausgewählte Produktgruppen,
- Prognose Umsetzung neuer Zahlungsbedingungen Kunden Aftermarket,
- Flash-Prognose Cashflow.

Dem Controlling ist bewusst, dass nicht jede einzelne Anforderung im Zielbild explizit Eingang gefunden hat. Man geht jedoch davon aus, dass die gewonnenen Informationen die meisten Anforderungen bedienen lassen. Für die nicht berücksichtigten Prognosen wird die Controlling-Abteilung eine Kosten-Nutzen-Analyse machen müssen und eine Entscheidung durch CFO und CEO herbeiführen.

Zu den Schwerpunkten der externen Rahmeninformationen gehören die Trends; sie haben jedoch eher einen Informationsaufnahme- und nur wenig Planungscharakter. Sie werden daher in das Ist-Berichtswesen integriert und stehen somit auch in der Planung zur Verfügung.

Zwecks Vereinfachung wurde hier nicht über mögliche Prognoseabfragen auf der Ebene einzelner Produktgruppen gesprochen. Natürlich kann ein Unternehmen die Logik fortsetzen und die eine oder andere Abfrage für Kernprodukte integrieren. Auch im späteren Verlauf wird die Ebene Produkt zwecks Vereinfachung nicht betrachtet.

16.4   Den Reifegrad (Effizienz und Effektivität) der Planung abschätzen sowie prüfen, ob er den Erwartungen an die Planung genügt

Nachdem ein Planungszielbild aus den Anforderungen der Führungsmannschaft abgeleitet worden ist, will ‚Ideal' verstehen, ob die Stärken und Schwächen des aktuellen Standes der Unternehmensplanung mit dem Planungszielbild im Einklang stehen oder davon abweichen.

Dazu eignet sich eine Einschätzung des Reifegrades der Unternehmensplanung nach Planungseffektivität und Effizienz. ‚Ideal' nutzt zur Ermittlung des Reifegrades den Forward-Visibility-Fragebogen bzw. das Forward-Visibility-Assessment.

▶   Neben der detailliert erläuterten Capgemini-Matrix gibt es noch eine Vielzahl weiterer Assessment-Möglichkeiten, die von anderen Beratungsunternehmen angeboten werden – zum Teil in Form kostenloser Online-Plattformen:

   HORWATH & PARTNERS bietet im Rahmen seines seit 2003 bestehenden „CFO-Panels" eine webbasierte und voll automatisierte Benchmarking-Plattform für ad-hoc-Berichte.

   The Hackett Group präsentiert im Internet ein „Business Best Practices Intelligence Center" mit Benchmarking.

   Deloitte hat unter dem Titel „Plan. Budget. Forecast" eine interaktive Plattform mit integriertem Benchmark-Tool eingerichtet.

‚Ideal' kann damit feststellen, dass seine Planung auf der Effizienzachse recht gut abschneidet. Aufgrund von Standardisierungs- und Automatisierungsprojekten sind die Datenverarbeitungsabläufe und die Plausibilitätsprüfungen auf einem guten Niveau.

Nicht zufriedenstellend ist demgegenüber die Steuerungsrelevanz der gewonnenen Informationen; sie entspricht nicht den tatsächlichen Herausforderungen des Unternehmens, wie man anhand von Abb. 16.6 erkennen kann. ‚Ideal' sieht daher die Notwendigkeit, die Effektivität der Planung signifikant zu verbessern, wobei allerdings der Abstimmungsaufwand (siehe Abb. 16.7) auf dem gleichen Niveau gehalten werden soll.

Hier wird sich ‚Ideal' freilich einer schwierigen Herausforderung gegenübersehen, denn wenn das Unternehmen nun einfach die neuen Anforderungen der Führungsmann-

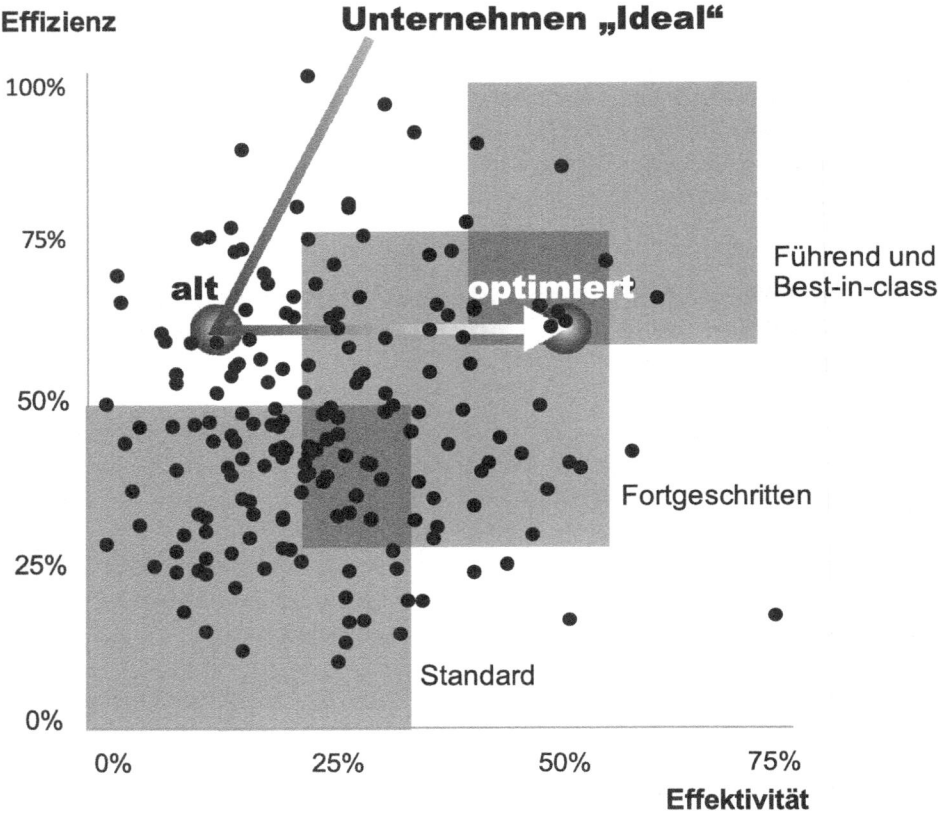

Abb. 16.6 Reifegradmatrix ‚Ideal' (alt vs. optimiert)

schaft „on-top" zum bisherigen Umfang der Planung hinzunehmen will, dann wird dies zwangsläufig zu mehr Aufwand, mehr Abstimmung zwischen neuen und alten Inhalten sowie zu längerer Planungsdauer führen (siehe hierzu Abb. 16.8).

‚Ideal' muss deshalb klären, welche ‚alten' Informationen das Geschäft weiterhin treiben, und es muss weitere Details für die neuen Anforderungen liefern, damit klar wird, welche neuen Informationen wirklich relevant sind und welche Informationen nur „historisch mitgeschleppt" werden.

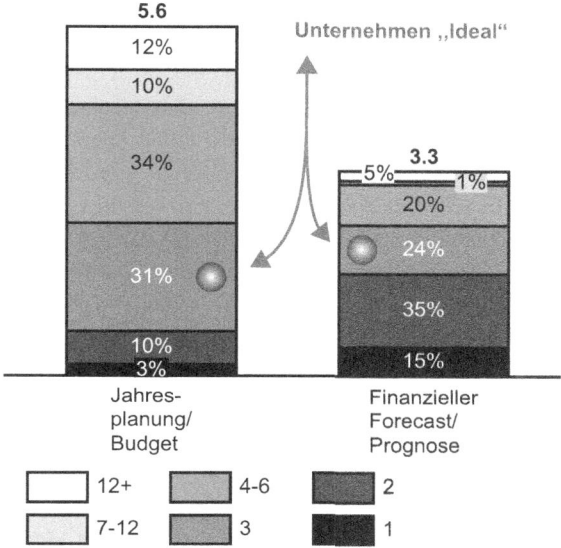

Abb. 16.7 Abstimmungsrunden bei ‚Ideal'

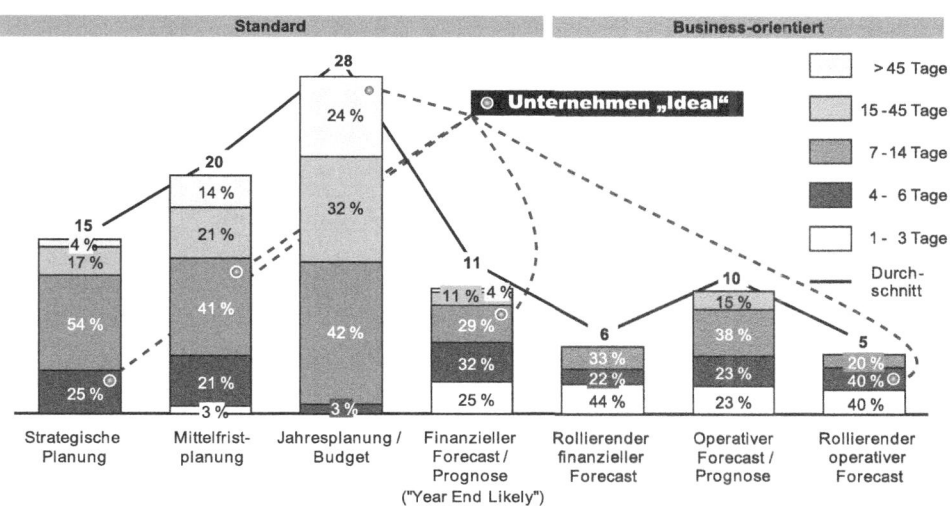

Abb. 16.8 Tagesaufwand für die Planungsarten bei ‚Ideal'

16.5   Das wirklich Wesentliche identifizieren: Die Kerntreiber des Unternehmens

Wie jedes Unternehmen, sieht sich ‚Ideal' einer Vielzahl von Einflussfaktoren ausgesetzt. Aber welche sind wirklich für die Steuerung und das Berichtswesen relevant? Um darauf eine Antwort zu finden, muss „Ideal" in einem ersten Schritt die Kerntreiber identifizieren. Alle Planungsinformationen, die den Geschäftstreibern nicht entsprechen, werden gesondert überprüft. Ziel muss es sein, den Detaillierungsgrad für die weniger relevanten Bereiche signifikant zu reduzieren und somit Kapazität für die Anforderungen der Führungsmannschaft zur Verfügung zu stellen.

Hierfür können verschiedene Methoden genutzt werden; in Kap. 9 wurden diese ausführlich erläutert.

‚Ideal' entscheidet sich dafür, zur Ermittlung von Geschäftstreibern Business Analytics einzusetzen.

Im ersten Schritt werden die Hypothesen zu den möglichen Einflussfaktoren definiert.

‚Ideal' will eine möglichst objektive Sicht auf die Einflussfaktoren bzw. Erwartungen des Marktes erhalten, will gleichzeitig Kunden und Konsumenten besser verstehen – und setzt daher die bereits erwähnte Share-of-Voice-Methode ein (siehe Abb. 16.4). Dabei werden die Analystenberichte in Bezug auf Erwartungen des Marktes, die Berichterstattung zu Branchenveranstaltungen und Events in Bezug auf Kunden sowie Social Media in Bezug auf Konsumenten nach erwähnten Einflussfaktoren analysiert und die am häufigsten erwähnten Faktoren verifiziert. Dabei hat ‚Ideal' auch die Berichterstattungsquellen in besonderem Maß gewichtet.

Abbildung 16.9 zeigt die Ergebnisse. Besonders oft erwähnt wurden folgende Einflussfaktoren:

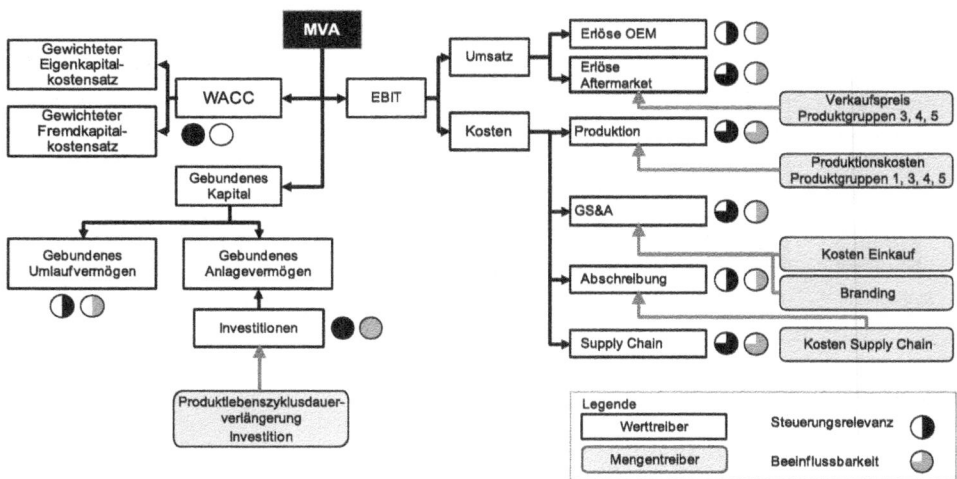

Abb. 16.9 Werttreiberanalyse von ‚Ideal' durch Share of Voice

Markt und Kunden:

- Produktpreis
- Produkt- bzw. Technologielebenszyklusdauer
- Fahrzeugvertrieb, Anteil der Sonderausstattungen der von ‚Ideal' belieferten Plattformen
- Technologiewahrnehmung der Konsumenten für das jeweilige Produkt
- EBITDA

Konsumenten:

- Qualität/Produktlebensdauer
- Relevanz der Technologie
- Brand

Die Korrelationsanalyse mit dem Unternehmenswert über 5 Jahre hat ergeben, dass der Produktpreis, der Absatz der Produktgruppen 2, 3 und 5 sowie die Produktlebensdauer eine hohe Korrelation zeigen. Die Technologiewahrnehmung bzw. Relevanz sowie Brand konnten dagegen nicht auf Korrelation analysiert werden, da keine verlässlichen Daten vorlagen. Das Management-Team hat trotzdem entschieden, die Technologiewahrnehmung der Konsumenten als Kerntreiber zu betrachten.

Zur Ermittlung unternehmensinterner Einflussfaktoren hat ‚Ideal' die Ergebnisse der vor kurzem abgeschlossenen Werttreiberanalyse sowie die Benchmarks eingesetzt. Dabei wurden Fünf-Jahres-Werte der ermittelten Einflussfaktoren auf Korrelation mit dem ebenfalls über 5 Jahre berechneten Unternehmenswert analysiert. Da ‚Ideal' bereits seit 10 Jahren ein SAP ERP eingeführt hat, standen zahlreiche Daten zur Verfügung. Folgende Kerntreiber wurden dabei identifiziert:

- Kosten der Supply Chain inklusive des Einkaufs,
- Produktionskosten der Produktgruppen 1, 3, 4 und 5,
- Verkaufspreis der Produktgruppen 3, 4 und 5 im Aftermarket-Bereich,
- Produktlebenszyklusdauer über alle Produktgruppen hinweg.

Man könnte nun die Frage stellen, warum einige Anforderungen bzw. Schwerpunkte der Führungsmannschaft sich nicht unter den ermittelten Kerntreibern wiederfinden. Doch sollte man sich auf die Ergebnisse der analytischen Methoden keineswegs bedingungslos verlassen.

Der Grund: Zum einen können sich Rahmenbedingungen ändern. Im Fall von ‚Ideal' war Cash zunächst kein großes Thema. Das Unternehmen war Teil eines Großkonzerns gewesen, in dem auch Cash durch Konzernzentralfunktionen sowie Cash Pooling gesteuert wurde.

Zu anderem will das Unternehmen die Bedingungen in möglichst großem Umfang selbst ändern können bzw. neue Schwerpunkte setzen und sich somit auf die neuen Treiber stützen, um z. B. im Wettbewerb besser abzuschneiden. Dabei werden die analytischen Methoden solche Treiber womöglich nicht erkennen. In so einem Fall vervollständigen die Initiativen des Führungskreises die ermittelten Treiber und verwerfen sie nicht.

16.6 Aufwand und Nutzen einzelner Planungsarten analysieren

Folgende Planungsarten hat ‚Ideal' in der Unternehmensplanung in der Vergangenheit eingesetzt:

- *Strategische Planung*. Dabei wurden zentrale finanzielle Kennzahlen wie Umsatz und Profitabilität festgelegt. Darüber hinaus wurden die Technologien und die Produktlebenszyklendauer besprochen. Auch die Entwicklung von Absatzmärkten mit den wichtigsten Kunden stand im Mittelpunkt. Die strategische Planung wurde durch die Strategieverantwortlichen sowie das Controlling vorbereitet und auf einem „Management Off-Site" im Mai verabschiedet. Eine Zielvereinbarung mit der Geschäftsführung für das darauffolgende Jahr fand im November statt.
- *Mittelfristplanung*. Sie musste in der vorgegebenen Struktur an den Konzern abgegeben werden und hat sich im Wesentlichen an Vorgaben des Konzerns und eigener strategischer Planung orientiert. ‚Ideal' hat diese Zahlen selbst wenig genutzt. Die Mittelfristplanung wurde innerhalb von 2 Monaten durch mehrere Abstimmungen fertiggestellt. Die Anzahl von Abstimmungsrunden variierte je nach Anzahl der Fragen aus der Konzernzentrale.
- *Budget*. Budgets basierten auf den durch das Controlling detaillierten Vorgaben der strategischen Planung und wurden „bottom-up" entwickelt. Dabei erfolgten in einem zweiten Durchlauf die „high-level top-down-Anpassungen", die für das gesamte Zahlenwerk wiederum bottom-up umgesetzt wurden. Der Detaillierungsgrad der Budgetplanung im Bereich Bilanz und GuV machte ca. 80 % der jeweiligen Ist-Berichterstattung aus. Auch eine Anpassungsrunde gab es nach der Abgabe an den Konzern. Die Budgetplanung folgte der Zeitleiste des Konzerns mit Start im Mai und finaler Freigabe Ende November, nachdem die Ziele des Führungskreises vereinbart worden waren.
- *Finanzieller Forecast auf Jahresende*. Dieser wurde quartalsweise an den Konzern im Umfang wie die Ist-Berichterstattung abgegeben. Die ‚Ideal'-Geschäftsführung schaute sich im Wesentlichen die Teile der GuV und des Working Capital an. Zum Quartalsanfang, Mitte des Monats, wurden die Zahlen abgestimmt und validiert an die Konzernzentrale gemeldet.
- *Rollierende Prognose*. Sie wurde für alle Produkte auf der über 18 Monate rollierenden Basis für das ‚Ideal'-Management abgefragt. Dabei wurde der Umsatz geteilt nach OEM und Aftermarket, und alle Märkte wurden abgefragt. Die Zahlen mussten bereits am fünften Arbeitstag samt Ist-Zahlen vorliegen, wobei das Management die wich-

tigsten Märkte bereits Anfang des Monats abtelefoniert hat. Durch die Masse an Informationen wurden eher die Ist-Zahlen fortgeschrieben. Einen echten Fokus auf die Entwicklung der Produkte gab es nicht.

16.7   Ist-Stand der Planung versus Zielstand analysieren

‚Ideal' hat das zukünftige Planungszielbild in Anlehnung an die Unternehmenskernziele sowie die Anforderungen des Managements und die externen Rahmenbedingungen skizziert. Die Analyse der Kerntreiber hat ergeben, welche Einflussfaktoren bislang am stärksten mit der Entwicklung des Unternehmenswertes korrelierten. Auch die Kerntreiber der externen Marktwahrnehmung wurden dabei bewertet. Zum Schluss wurden das bisherige Planungsmodell sowie der Reifegrad der Planung bewertet.

Nun geht es im vorliegenden Abschnitt darum, alle gewonnenen Erkenntnisse zu einer optimalen Unternehmensplanung zusammenzuführen. Ein blindes Befolgen von Anforderungen des Managements führt dabei ebenso wenig zum gewünschten Ergebnis wie ein blindes Vertrauen in „Bewährtes".

Auf die Wiederholung von gewonnenen Erkenntnissen wollen wir deshalb weitgehend verzichten. Stattdessen werden nur die aufgrund dieser Erkenntnisse vorgeschlagenen Änderungen erläutert.

Strategische Planung
Die strategische Planung setzt die Kernziele des Unternehmens nicht nur für das Planungsjahr, sondern auch für weitere zwei Jahre fest. Die Ziele sind auf die einzelnen Unternehmensbereiche, auf die Segmente OEM und Aftermarket sowie auf Märkte und Produktgruppen heruntergebrochen.

Die Strategische Planung basiert auf den *regulären rollierenden Prognosen*.
Anzahl der Abstimmungsrunden: 1 bis 2
Owner: CEO

Mittelfristplanung
Eine Zielvorgabe über drei Jahre wird schon im Rahmen der strategischen Planung gegeben, die wiederum auf einer rollierenden Überwachung von Kernparametern gründet.

Daher wird diese Planungsart nicht mehr genutzt und gestrichen.

Budget
Die Annahmen des Budgets richten sich nach der strategischen Planung. Dabei werden notwendige Detaillierungen anhand der rollierenden Prognosen und der Einschätzung der Marktkerntreiber vorgenommen. Auch wird überprüft, ob die bestehenden temporären Prognosen noch relevant sind oder ob sie aufgrund von Unternehmenskernzielen sowie neuen Initiativen des Führungskreises aktualisiert werden sollen.

‚Ideal' entscheidet sich dafür, die Detailinformationen zu Produktgruppen nicht mehr abzufragen, wenn sie nicht in Verbindung mit Kerntreibern stehen oder für das Management relevant sind. Dadurch wird Kapazität für die zusätzlich aufgelegten Prognosen geschaffen. Mit den jeweils Verantwortlichen wird daher eine neue Zielvereinbarung, basierend auf den Vorgaben der Strategischen Planung, verabschiedet.

Anzahl der Abstimmungsrunden: 3

Owner: CFO

Reguläre Prognosen

Der umfangreiche *Finanzielle Forecast auf Jahresende* geht zwar weit über die angeforderte *Jahresendergebnisprognose* hinaus, sollte jedoch zunächst beibehalten werden. Das Instrument dient dazu, Investoren und weitere externe Informationsempfänger mit wichtigen Daten zu versorgen. ‚Ideal' will Erfahrungen auf diesem Gebiet sammeln und dann in den nächsten zwei Jahren über das weitere Vorgehen entscheiden.

Nichtsdestotrotz muss dafür gesorgt werden, dass sich der Detailgrad der Informationen an den ermittelten Kerntreibern orientiert und dass Informationen aus anderen Prognosen nicht wiederholt werden. So wird zum Beispiel auf die Erhebung der Produktgruppeninformation ganz verzichtet. Die angedachte *Jahresendergebnisprognose* wird daher aus dem Planungszielbild gestrichen. Die jeweiligen Informationen werden dem *finanziellen Forecast auf Jahresende* entnommen.

Rollierende Cashflow-Planung wurde bislang indirekt im Budget vorgenommen und mit Hilfe des *finanziellen Forecast auf Jahresebene* überwacht. Die Kerntreiberanalyse hat ebenfalls keine besonders starke Korrelation gezeigt, was aber daran liegen kann, dass ‚Ideal' zuvor in den Konzern integriert war. Nach ersten Kontakten mit dem Private-Equity-Investor geht ‚Ideal' davon aus, dass die Transparenz und aktive Steuerung von Cash auf die Prioritätenliste rücken wird. Somit ist die Entscheidung gefallen, die *rollierende Cashflow-Planung* im Planungszielbild beizubehalten.

‚Ideal' will keine für die Unternehmenssteuerung irrelevanten Informationen sammeln und damit die Organisation entlasten. Daher wurden die Erkenntnisse der auf Business Analytics basierten Treiberanalyse zur Ausgestaltung der *rollierenden Kostenprognose* herangezogen. Die Analyse hat ergeben, dass eine Detailabfrage nur für die Produktgruppen 1, 3, 4 und 5 sinnvoll wäre. Da die Produktgruppe 1 im Planungsjahr ausrangiert wird, hat ‚Ideal' sich entschlossen, die Produktgruppe 1 in den regulären Prognosen nicht mehr zu berücksichtigen.

Somit reduziert sich der Umfang der *rollierenden Kostenprognose* auf die Kostenprognose zu den Produktgruppen 3, 4 und 5. ‚Ideal' will den fortlaufenden Fokus der Kostenverantwortlichen mit diesem Instrument ausschließlich auf die Kostentreiber legen. Bewusst verzichtet wurde auf eine Meldung der Kostenresidualgröße zu anderen Produktgruppen und somit auf einen integrierten Datentransfer in den *Finanziellen Forecast auf Jahresende*. Die Controller haben diese Information bei der Einschätzung der gesamten Kostenentwicklung ohnehin im *Finanziellen Forecast auf Jahresende* zur

Verfügung. Der Leiter von Supply Chain und Produktion ist der Owner der *rollierenden Kostenprognose* und nutzt sie zur Steuerung seines Bereiches. Controlling und Finanzen sind eher Informationsempfänger, geben jedoch Unterstützung bei der Sicherstellung der Datenqualität.

Wie bei der *Kostenprognose* ist es das Ziel der *rollierenden Preis-, Stückzahl- sowie Umsatzprognose,* den Verantwortlichen ein Instrument zur Steuerung von Produkten mit hoher Volatilität zu bieten und die Aufmerksamkeit der jeweiligen Führungskräfte auf solche Produkte zu lenken. Die Besonderheit dieser Prognose ist, dass sie sowohl vom Vertrieb als auch von Supply Chain und Produktion genutzt wird. Der Leiter Vertrieb steuert mit Hilfe dieses Instruments die Sales Community. Er ist auch für die Planung relevanter Stückzahlen sowie Preise verantwortlich. Das bedeutet, dass er die Möglichkeit und Verantwortung dafür hat, die Planzahlen seiner Vertriebsmitarbeiter zu korrigieren.

Anders ausgedrückt: Der Leiter Vertrieb gibt eine Bestellung an die Produktion ab und ist für den Vertrieb der angeforderten Menge verantwortlich. Der Leiter Supply Chain und Produktion zieht aus der Prognose die Veränderung von geforderten Stückzahlen bei volatilen Produkten, um die Bestände und die Produktion entsprechend zu steuern. Dabei liegt sein Interesse ausschließlich auf der Stückzahl. In unserem Beispiel geht es um die Produktgruppen 1, 3, 4 und 5. Die Produktgruppe 1 wird zwar im Laufe des Jahres ausrangiert, muss aber bis dato aus Sicht der Produktion besonders präzise gesteuert werden.

Zu den anderen Produktgruppen werden grundsätzlich die Zahlen des Budgets herangezogen, da es hier wenig Volatilität gibt. Sollte jedoch der Vertrieb eine Abweichung erwarten, kann dies auch außerhalb der Prognose an die Produktion kommuniziert werden. Sollte eine Produktgruppe jedoch eine signifikante Fluktuation ausweisen, kann dies in die Prognose aufgenommen werden. Die Entscheidung darüber trifft der Leiter Vertrieb. Da im OEM-Bereich die Preise über die Vertragszeit eher stabil bleiben, hat der Leiter Vertrieb sich für die Erhebung von Preisen bei den Produktgruppen 1, 3, 4 und 5 nur im Aftermarket entschieden. Die Umsatzzahl ist in diesem Zusammenhang eine errechnete Kontrollgröße, die sich aus der Multiplikation von Prognose- und Budgetzahlen ergibt. Den sich ergebenden Umsatz bespricht der Leiter Vertrieb mit CFO und CEO.

Temporäre Prognosen
Die temporären Prognosen haben generell keinen rollierenden Charakter, sondern blicken immer auf das Endergebnis von Initiativen bzw. eines Programms, wobei zu entscheiden ist, ob es den Erreichungsgrad von Milestones zu prognostizieren gilt. Der Informationsumfang ist typischerweise auf wenige Kerninformationen begrenzt. Die temporären Prognosen haben oft eine relativ einfache, aber wenig standardisierte Struktur. Nach Ablauf der betreffenden Initiative werden die historischen Daten oft nicht mehr gebraucht. Daher sind dafür eher Tools mit einem hohen Grad an Flexibilität geeignet.

Genutzt werden die temporären Prognosen nur, soweit dies Sinn macht; spätestens nach Abschluss der Initiative bzw. des Programms werden sie vollständig entfernt. Der Fortschritt wird durch den Soll-Ist-Vergleich im Reporting kontrolliert.

Der Führungskreis hat sich zunächst auf drei Prognosen zu Kunden und Aftermarket verständigt:

- Prognose zum TSLA-Abbauprogramm,
- Prognose zu Investition, Lebensdauerzyklusverlängerung für ausgewählte Produkt-gruppen und
- Prognose zur Umsetzung neuer Zahlungsbedingungen.

Der Ausstieg aus den TSLA sowie die Umsetzung neuer Zahlungsbedingungen sollen im Planungsjahr abgeschlossen werden; dabei wird der Erreichungsgrad Mitte des Jahres kontrolliert. Das Programm zur Verlängerung von Produktlebenszyklen wurde auf zwei Jahre ausgelegt. Dabei wurden ebenfalls halbjährige Meilensteine definiert. Die Prognosen-Owner wollen einmal im Quartal einen Ausblick auf die Meilensteine sowie die Enderreichung erhalten.

Eine Prognose zum Kostenreduktionsprogramm in der Produktion wurde als redundant zur regulären *Kostenprognose* erachtet, da bereits dort die Kostenentwicklung für Produktgruppen mit einer hohen Korrelation zum Unternehmenswert abgebildet wird.

Die Flash-Prognose Cashflow wird zunächst zurückgestellt. Das Unternehmen will zuerst Erfahrungen mit der regulären *rollierenden Cashflow-Planung* sammeln.

Die festgelegte Struktur und die Informationsanforderungen für das finale Planungs-zielbild werden wiederum in das *Informationsmodell* übertragen. Dabei sollte auf eine eventuelle Informationsüberschneidung geachtet werden; auch muss die Lebensdauer von Planungsinstrumenten klar festgelegt werden. Später dient das Informationsmodell zur genauen Dokumentation der geforderten Kennzahlen, zur Verknüpfung mit Ist-Daten sowie zur Implementierung dieser Definitionen in die Datenelemente sowie Strukturen verwendeter IT-Systeme. Das Informationsmodell kann darüber hinaus auch zur Ableitung von Anforderungen an ein Planungstool verwendet werden.

Das festgelegte Planungszielbild ist in der folgenden Übersicht zusammengefasst sowie in Abb. 16.10 am Ende des Abschnitts inklusive aller Verknüpfungen graphisch skizziert.

- ***Strategische Planung***
  - Datenintegration aus: keine.
  - Abstimmung mit: rollierende Kostenprognose; rollierende Cashflow-Planung; rollierende Umsatzprognose sowie relevante temporäre Prognosen.
  - Bereitstellung: einmal im Jahr; Korrektur unterjährig bei Bedarf.
  - Umfang: in der Tiefe: Kennzahlen wie Kap. 10; in der Breite: Unternehmensbereich, Segmente OEM und Aftermarket, Märkte; Produktgruppen 1 bis 7; auf Jahresende plus 2 Jahre.
  - Anzahl Abstimmungsrunden: 1 bis 2.
  - Owner: CEO.

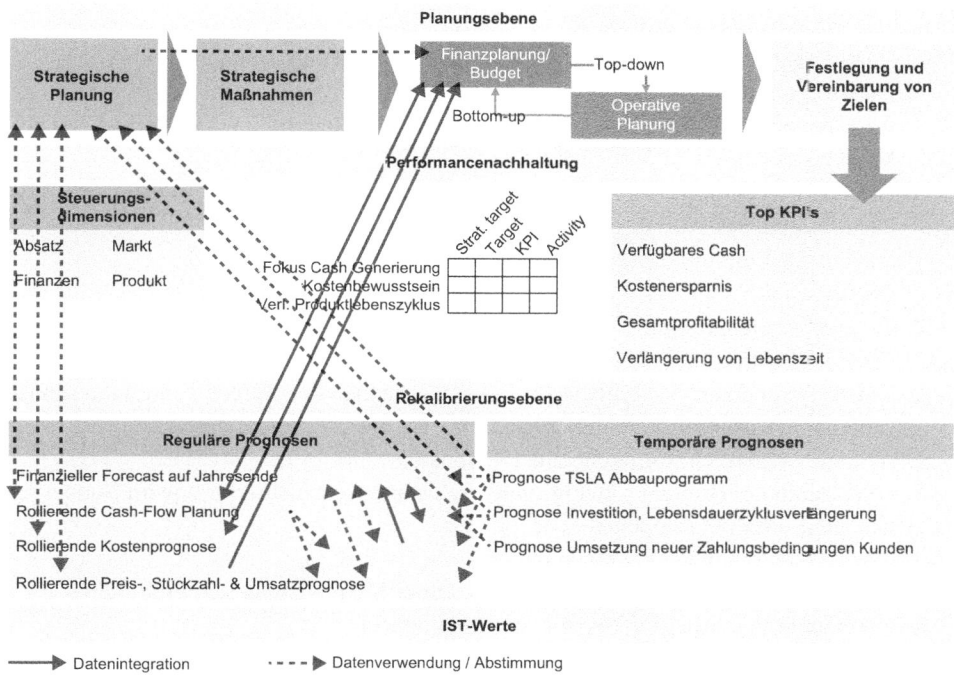

Abb. 16.10 Planungszielbild ‚Ideal' inklusive Verknüpfungen

- **Budget**
  - Datenintegration aus: rollierende Cashflow-Planung; rollierende Kostenprognose; rollierende Umsatzprognose.
  - Abstimmung mit: strategische Planung, finanzieller Forecast auf Jahresende.
  - Abfrage: einmal im Jahr; Detaillierung auf Produktgruppen; auf Jahresende.
  - Umfang: in der Breite wie in der Ist-Berichterstattung; in der Tiefe nur für Produktgruppen 1, 3, 4 und 5.
  - Anzahl Abstimmungsrunden: 3.
  - Owner: CFO.

Reguläre Prognosen

- *Finanzieller Forecast auf Jahresende*
  - Datenintegration aus: rollierende Cashflow-Planung; rollierende Kostenprognose.
  - Abstimmung mit: rollierende Kostenprognose; rollierende Umsatzprognose.
  - Abfrage: quartalsweise; auf Jahresende.
  - Umfang: in der Breite wie im Budget; in der Tiefe ohne Detaillierung auf Produktgruppen.
  - Anzahl Abstimmungsrunden: keine.
  - Owner: CFO.

- *Rollierende Cashflow-Planung*
  - Datenintegration an: finanzieller Forecast auf Jahresende; Budget.
  - Datenverwendung in: strategische Planung.
  - Abfrage: monatlich; keine Detaillierung auf Produktgruppen; rollierend auf 12 Monate.
  - Umfang: in der Breite folgt die Logik der Cashflow-Berechnung; in der Tiefe ohne Detaillierung auf Produktgruppen.
  - Anzahl Abstimmungsrunden: keine.
  - Owner: CFO.
- *Rollierende Kostenprognose*
  - Datenintegration an: Budget.
  - Datenverwendung in: strategische Planung; finanzieller Forecast auf Jahresende; rollierende Cashflow-Planung.
  - Abfrage: monatlich; rollierend auf 18 Monate.
  - Umfang: in der Breite: Produktgruppen-relevante Kostenstruktur wie im Budget; in der Tiefe: Produktgruppen 3, 4, 5.
  - Anzahl Abstimmungsrunden: keine.
  - Owner: Produktgruppenverantwortliche, Leiter Supply Chain und Produktion.
- Rollierende Preis-, Stückzahl- sowie Umsatzprognose
  - Datenintegration an: Supply Chain und Produktions-Systeme.
  - Datenverwendung in: strategische Planung, finanzieller Forecast auf Jahresende, rollierende Cashflow-Planung.
  - Abfrage: monatlich; rollierend auf 18 Monate.
  - Umfang: in der Breite: Stückzahl, Preis (nur für Aftermarket-Segment); in der Tiefe: Produktgruppen 1, 3, 4, 5.
  - Anzahl Abstimmungsrunden: keine.
  - Owner: Leiter Vertrieb.

Temporäre Prognosen

- *Prognose TSLA Abbauprogramm*
  - Datenintegration an: keine.
  - Datenverwendung in: strategische Planung; finanzieller Forecast auf Jahresende; rollierende Cashflow-Planung; rollierende Kostenprognose.
  - Abfrage: quarteilsweise; auf Halbjahr und Jahresende.
  - Umfang: in der Breite: € Reduzierung (eine KPI) pro TSLA über 200 k €; in der Tiefe: keine.
  - Anzahl Abstimmungsrunden: keine.
  - Owner: CFO; TSLA Owner.

- *Prognose Investition, Lebensdauerzyklusverlängerung für ausgewählte Produktgruppen*
  - Datenintegration an: keine.
  - Datenverwendung in: strategische Planung; rollierende Cashflow-Planung; rollierende Preis-, Stückzahl- sowie Umsatzprognose.
  - Abfrage: quarteilsweise; auf Halbjahr und Jahresende.
  - Umfang: in der Breite: Investition, Verlängerung des Lebenszyklus in Jahren (zwei KPI); in der Tiefe: Produktgruppen 3, 4, 5.
  - Anzahl Abstimmungsrunden: keine.
  - Owner: Leiter Supply Chain und Produktion; Leiter Vertrieb.
- *Prognose Umsetzung neuer Zahlungsbedingungen Kunden Aftermarket*
  - Datenintegration an: keine.
  - Datenverwendung in: strategische Planung, finanzieller Forecast, rollierende Cashflow-Planung, rollierende Kostenprognose.
  - Abfrage: quarteilsweise; auf Halbjahr und Jahresende.
  - Umfang: in der Breite: durchgesetztes Zahlungsziel, ab wann (zwei KPI); in der Tiefe: pro Kunde.
  - Anzahl Abstimmungsrunden: keine.
  - Owner: Leiter Vertrieb.

Die Szenarien-Modellierung stellt kein eigenständiges Planungsinstrument dar. Sie bietet lediglich die Möglichkeit, die Auswirkungen der prognostizierten Werte auf das Gesamtergebnis herzuleiten. Das Szenario-Modell von ‚Ideal' basiert auf Kap. 14.3. Dabei werden nur die quantifizierbaren Treiber berücksichtigt.

Das ‚Ideal'-Szenario-Modell
Szenario-Sensitivitätsgröße: Unternehmenswert
   Einflussgrößen:

- Produktpreis
- Produktgruppenlebenszyklusdauer
- Fahrzeugvertriebsindex
- Unternehmenskosten
- Produktionskosten der Produktgruppen
- Verkaufspreis der Produktgruppen

Für Parameter, die sich aufgrund der jeweiligen Planung nicht ändern, werden die Budget- bzw. Ist-Zahlen herangezogen. Es ist offensichtlich, dass das Modell nur eine Indikation bietet. Dabei sollte die Auswirkung von eher qualitativen Treibern auf das Ergebnis vom Owner eines Planungsinstrumentes bewertet werden.

16.8 Abschließende Überlegungen zur Planungsoptimierung

Ein Planungszielbild und die Planungsstruktur sind verabschiedet; daraus haben sich bereits Vereinfachungen, eine erste Detailgradreduzierung und eine Verminderung von Abstimmungsrunden ergeben. Das darf schon als wichtiger Beitrag zur Effizienzsteigerung in der Planung verbucht werden.

Was trägt auf der anderen Seite zur Steigerung der Planungseffektivität bei? Die Unternehmensplanung und -steuerung wurden, wie wir gesehen haben, klar auf die definierten Unternehmensziele und auf die Erfolgstreiber hin ausgerichtet. Dadurch hat die Organisation von ‚Ideal' die anzustrebende Fokussierung erreicht, eines der wichtigsten Elemente zur Verbesserung von Planungs-Aussagekraft und -relevanz.

Welche Positionierung unser Beispielunternehmen ‚Ideal' nach Umsetzung des neuen Planungszielbildes erreichen kann, ist der – eingehend erläuterten – Reifegrad-Matrix zu entnehmen (siehe Abb. 16.11).

Die Abb. 16.11 macht deutlich, dass ‚Ideal' gegenüber dem ursprünglichen Stand ein kleines Stück Planungseffizienz eingebüßt hat, andererseits aber dabei ist, den gewünschten Effektivitätsanstieg in vollem Umfang zu realisieren.

Für ‚Ideal' stellen sich nun zwei Fragen:

(a) Welche Maßnahmen sind zur weiteren Steigerung der Planungseffektivität sinnvoll?
(b) Lässt sich der zwar kleine, aber doch signifikante Verlust an Effizienz durch gezielte Maßnahmen kompensieren?

Mit Verbesserungsprojekten hat ‚Ideal' bereits Erfahrungen gemacht, leider keine guten. Man weiß zum Beispiel, dass Maßnahmen, die bei anderen Unternehmen durchaus positive Ergebnisse brachten, bei ‚Ideal' nur den Planungsaufwand gesteigert haben.

Abb. 16.11 Reifegradmatrix ‚Ideal'

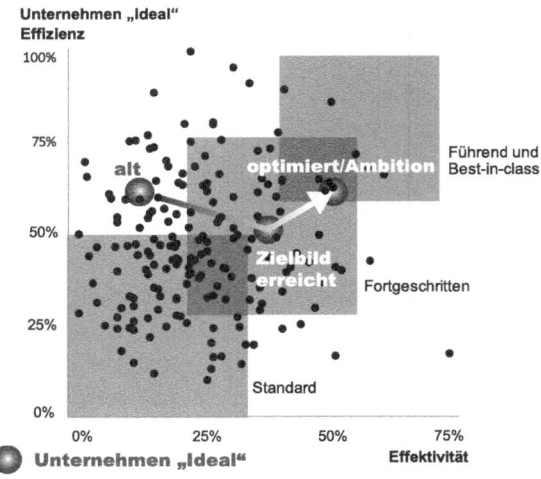

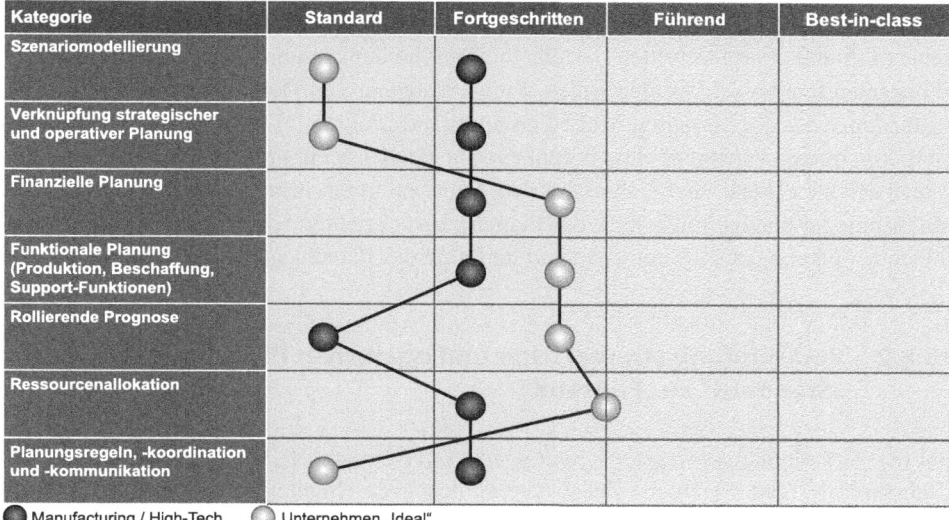

Abb. 16.12 Maturity Matrix

Die Wirksamkeit von Maßnahmen zur Verbesserung der Planungseffizienz und -effektivität ist in der Tat sehr uneinheitlich. Bei Unternehmen mit unterschiedlichem Planungsreifegradzustand können sich die Bemühungen ebenso unterschiedlich auswirken, nicht selten sogar mit negativem Ergebnis – also mit einer Verschlechterung. Das kann vor allem bei Unternehmen der Standard-Kategorie auftreten, wenn sie Maßnahmen ergreifen, die sich bei einem „fortgeschrittenen" Unternehmen als sinnvoll erwiesen haben.

‚Ideal' setzt das auf der Maturity-Matrix basierende Assessment-Tool ein, um den Stand der Unternehmensplanung in den Kategorien Standard bis Best-in-Class für einzelne Planungsbereiche zu ermitteln und daraus die geeigneten Verbesserungsmaßnahmen abzuleiten (siehe dazu den Benchmark-Fragebogen, Abb. 1.3 im Anhang).

Der Analyse (vgl. Abb. 16.12) kann ‚Ideal' die Erkenntnis entnehmen, dass der Reifegrad für die verschiedenen Planungsbereiche recht unterschiedlich ausfällt.

Darüber hinaus vergleicht ‚Ideal' die Ergebnisse mit dem Zielbild der Planung, um sich darüber klar zu werden, welche Planungsbereiche wirklich wichtig sind und welche mögliche Verbesserung tatsächlich eine signifikante Auswirkung auf die gesamte Steuerung in punkto Kosten und Effektivität bringen kann. Im Folgenden werden wir die Ergebnisse im Einzelnen betrachten.

16.8.1 Szenarien-Modellierung: Von „Standard" zu „Fortgeschritten"

Bei der *Szenarien-Modellierung* ist ‚Ideal' auf dem „Standard"-Level. Das entspricht zwar in der Manufacturing-Branche dem Benchmark, reicht aber für die Bedürfnisse von ‚Ideal' nicht aus. Das Unternehmen will den Markteinfluss in der Planung stärker berücksichtigen und muss deshalb die externen Faktoren in die Szenarien-Modellierung aufnehmen (Stand „Fortgeschritten"), wenn die Entscheidungsgrundlagen der Führungskräfte bedeutend verbessert werden sollen. Eine Ergänzung von Detailplänen mit konkreten Maßnahmen aus der Szenarien-Modellierung (Stand „Führend") hätte der Organisation zu viele Ressourcen entzogen, ohne ihr ein entscheidendes Mehr an Effektivität zu bringen. Daher will sich ‚Ideal' erst einmal mit dem Stand „Fortgeschritten" zufriedengeben. Die Maßnahme ist bereits im Zielbild der Planung berücksichtigt. ‚Ideal' will sie in den anstehenden Planungszyklus einbauen und im Laufe des Planungsjahres etablieren.

16.8.2   Verknüpfung strategischer und operativer Planung: Von „Standard" zu „Führend"

Bei der *Verknüpfung strategischer und operativer Planung* ist ‚Ideal' derzeit ebenso auf „Standard"-Niveau. Dazu hat das Unternehmen aber ehrgeizige Ambitionen: Sowohl die strategische als auch die operative Planung sollen verstärkt nach Geschäftstreibern ausgerichtet werden. Gleichzeitig will man die Reaktionsfähigkeit der Organisation auf strategische Initiativen dadurch verbessern, dass letztere quantifiziert und in die operative Planung eingegliedert werden, und zwar mit fixen Feedbackschleifen zurück in die strategische Planung.

Dies würde dem Stand „Best-in-Class" entsprechen, also drei Stufen über dem heutigen Niveau. Das Management entscheidet sich deshalb dafür, zunächst nur zwei Stufen anzupeilen. Im ersten Schritt, der auch dem entworfenen Planungszielbild entspricht, sollen die finanziellen Ziele der strategischen Planung zusammen mit den produktrelevanten Treibern mit der operativen Planung/dem Budget verknüpft werden. Gleichzeitig werden strategische Initiativen quantifiziert und über temporäre Prognosen in die strategische Planung so einbezogen, dass die fixen Feedbackschleifen sichergestellt werden. Im zweiten Schritt sollen weitere Treiber wie Brand und Wahrnehmung von Kunden folgen (siehe Abschn. 16.5). Dabei sollen die Planungsvorgaben und -annahmen für die operative Planung, die zur Steuerung bzw. Beeinflussung von Treibern dienen, definiert und integriert werden. Hier geht man zu Recht davon aus, dass strategische Initiativen nicht nur finanzielle Kennzahlen beeinflussen.

16.8.3   Finanzielle Planung: „Fortgeschritten"

Bei der *Finanziellen Planung* ist das Unternehmen bereits auf dem Level „Fortgeschritten". Eine Integration von rollierenden Prognosen sowie Cash-Planung ins Budget wie auch die Reduzierung der Informationsdetaillierung für Bereiche, die nicht Treiber-relevant sind, sind bereits im Planungszielbild vorgesehen. Daher will ‚Ideal' hier keine weiteren Maßnahmen ergreifen.

16.8.4   Funktionale Planung: Von „Fortgeschritten" zu „Führend"

Auch die *Funktionale Planung* entspricht bei ‚Ideal' dem Stand „Fortgeschritten". Das Unternehmen weiß jedoch, dass sein Geschäft in Bezug auf den Produktlebenszyklus immer stärker dem harten Kostenwettbewerb ausgesetzt ist. Eine vollständig abgestimmte Planung zwischen allen Bereichen ist daher unabdingbar, wenn kein noch so kleiner Kostenvorteil verpasst werden soll. Des Weiteren muss das Unternehmen in der Lage sein, auf die Veränderungen des Marktes bzw. des gesamten Ökosystems rasch und abgestimmt zu reagieren. ‚Ideal' ist bestrebt, im Bereich Funktionale Planung einmal „Best-in-Class" zu werden. Das Planungszielbild spiegelt den Stand „Führend" wider, der bereits für den nächsten Planungslauf umgesetzt werden soll. Um seine hochgesteckten Ziele zu erreichen, muss ‚Ideal' ein Treiber-basiertes Planungsmodell entwickeln. Dabei sind die Unternehmenstreiber in die Treiber einzelner Geschäftsbereiche herunterzubrechen.

Das angestrebte Planungsmodell ist insgesamt schlank zu halten; es muss wesentliche Bereiche mit Hilfe von Treibern verknüpfen. Die Simulationen sollten sich von einem handwerklichen Bewertungsinstrument für Entscheidungen zu einem Bewertungsmodell für Optionen entwickeln, um die Führungskräfte bei der Steuerung der Kapazitäten, der Produktion sowie der Supply Chain wirksam zu unterstützen. ‚Ideal' will dazu den Einsatz von Big Data in Kombination mit Statistics und Predictive Analytics prüfen. Eine Umsetzungszeitschiene ist im Anschluss an die Bewertung festzulegen.

16.8.5   Rollierende Prognose: Von „Fortgeschritten" zu „Führend"

Die *rollierende Prognose* ist bei ‚Ideal' auf dem Stand „Fortgeschritten". Das Unternehmen will diese Planungsart jedoch gemäß Planungszielbild ausbauen und fokussieren – und dadurch auf den Stand „Führend" bringen. Dabei sollen die Prognosen das Budget bzw. den gesamten Planungsprozess viel dynamischer, einfacher und stärker auf Erfolgstreiber fokussiert gestalten. Das Budget baut auf den Prognosen auf, so dass die Prognosen auch die Überwachung und Planung von Kerneinflussfaktoren übernehmen.

Treiber-relevante Informationsbereiche werden dadurch in der Detaillierung nicht eingeschränkt, denn der Detailgrad kann auf sinnvolle Weise durch Treiber gesteuert werden. Auch Event-basierte Prognosen lassen sich einplanen. Je nach Vorkommnis, Maßnahme oder Programm kann eine temporäre Prognose aufgelegt werden, deren Daten nach Beendigung des Events unkompliziert entsorgt werden. So werden die Ressourcen von nicht mehr relevanten Themen befreit und für Wichtigeres freigeräumt. Die Planung wird dadurch insgesamt flexibler.

Die Genauigkeit von Prognosen will ‚Ideal' nicht zu einem Bestandteil persönlicher Zielvereinbarungen machen. In Ownership und Gestaltung von Planungsinstrumenten sieht das Unternehmen bereits ein primäres Moment der Verantwortung von Führungskräften. Die Qualität ihrer Arbeit soll eher durch eigenes Interesse und Engagement gesteuert werden.

Die Umsetzung der genannten Ziele soll in zwei Schritten erfolgen: Im kommenden Planungszyklus (Jahreshorizont) werden zunächst die regulären Prognosen vorgestellt, in geringerem Umfang, je nach Zielbild, dagegen die temporären Prognosen. Sollte das Konzept im Unternehmen gut ankommen, will ‚Ideal' die temporären Prognosen auch für die Unternehmensbereiche ausbauen. Das Ziel ist es, bereichsübergreifend eine operative Reaktion zu fördern, was aber im direkten Zusammenhang mit der Entwicklung eines Planungsmodells steht, das im Bereich Funktionale Planung beschrieben worden ist.

16.8.6   Ressourcenallokation: Fast „Führend"

Die *Ressourcenallokation* ist bei ‚Ideal' auf dem Level zwischen „Fortgeschritten" und „Führend". Die Allokation erfolgt jährlich im Rahmen der Budget-Erstellung, doch dank der rollierenden Preis-, Stuckzahl- sowie Umsatzprognose mit Fokus auf die wichtigsten Produktgruppen und deren Integration in die Supply Chain und Produktion hat Ideal ein Instrument entwickelt, das eine kontinuierliche Anpassung in diesen Bereichen ermöglicht.

16.8.7   Planungsregeln, -koordination und -kommunikation: „Standard"

In der Kategorie *Planungsregeln, -koordination und -kommunikation* steht ‚Ideal' derzeit auf „Standard"-Niveau. Das Planungszielbild dagegen sieht den Zustand „Fortgeschritten" vor. Dabei wurden klare Datenziele und Informationswege definiert. Auch feste Abstimmungsrunden pro Planungsart wurden vorgesehen.

Jede einzelne Planung oder Prognose hat einen Owner zugewiesen bekommen, der für die Informationsqualität, Einhaltung von Meldezeiten sowie für die Kommunikation an relevante Stakeholder verantwortlich ist.

‚Ideal' sieht jedoch die Weiterentwicklung der *Verknüpfung strategischer und operativer Planung* sowie der *Funktionalen Planung* als Priorität für die Sicherstellung der strategischen Ausrichtung des Unternehmens. Von der Weiterentwicklung von *Planungsregeln* wird daher vorläufig bewusst Abstand genommen.

Abbildung 16.13 fasst schließlich alle auf Basis des Zielbilds abgeleiteten und zuvor beschriebenen Maßnahmen zusammen und gibt so einen finalen Überblick über die Planungsoptimierung von ‚Ideal'.

16.9   Fazit

Schritt für Schritt hat das Unternehmen ‚Ideal' seine Planungssituation analysiert, nach den Kriterien der „Reifegrad-Matrix" exakt bewertet und auf dieser Grundlage einzelne Ziele festgelegt – möglichst realistisch, nachvollziehbar und umsetzbar.

Bereich	Maßnahmen zur Verbesserung Zielbild	Umsetzung Horizont	Maßnahmen zur Verbesserung Maturity Matrix	Umsetzung Horizont
Szenariomodellierung	▪ Markteinfluss in der Planung stärker berücksichtigen	1 Jahr	▪ Verbesserung der Entscheidungsgrundlage der Führungskräfte: Aufnahme externer Faktoren in die Planung	1 + 1 Jahre
Verknüpfung strategischer und operativer Planung	▪ Ausrichtung der strategischen und operativen Planung nach Geschäftstreibern ▪ Verbesserung der Reaktionsfähigkeit der Organisation auf strategische Initiativen	1 Jahr	▪ 1. Schritt: Verknüpfung finanzieller Ziele der strategischen Planung mit produktrelevanten Treiber der operativen Planung / Budget ▪ Quantifizierte Eingliederung strategischer Initiativen in die operative Planung (inkl. fixer Feedbackschleifen) ▪ 2. Schritt: Aufnahme weiterer Treiber (z.B. Brand, Wahrnehmung durch Kunden) in operativer Planung (Einklang mit Planungsvorgaben und -annahmen sichern)	1 + 1 Jahre
Finanzielle Planung	--------		--------	
Funktionale Planung (Produktion, Beschaffung, Support-Funktionen)	▪ Entwicklung eines treiberbasierten Planungsmodells	1 Jahr	▪ Verknüpfung aller Treiber (u.a. Eingliederung der Unternehmenstreiber unter Treiber der einzelnen Geschäftsbereiche) ▪ Einsatz eines Entscheidungs-bewertungsinstruments/ Optionsbewertungsmodells (z.B. Big Data Ansatz in Verbindung mit Statistics/ Predictive Analytics)	tbd
Rollierende Prognose	▪ Flexibilisierung / Vereinfachung der Prognosen Budget bzw. Planungsprozess (gesamt)	1 Jahr	▪ Einführung temporärer Prognosen	1 + 1 Jahre
Ressourcen-allokation	▪ Kontinuierliche Anpassung der Ressourcen	1 Jahr	▪ Einsatz rollierender Preis-, Stückzahl- und Umsatzprognosen mit Fokus auf wichtigste Produktgruppen sowie Integration in die Supply-Chain und Produktion	1 + 1 Jahre
Planungsregeln, -koordination und -kommunikation	▪ Klare Definition von Informationswegen, Abstimmungsrunden pro Planungsart ▪ Vergabe eines klaren Owners für jede einzelne Planung und Prognose	1 Jahr	– Keine Priorität –	tbd

Abb. 16.13 Planungsoptimierung ‚Ideal': Zusammenfassung der Maßnahmen

Die Unternehmensführung weiß genau, dass sie nicht einfach nach den Sternen greifen kann, dass sie sich in dem einen oder anderen Bereich mit der Steigerung um eine, maximal vielleicht zwei Stufen bescheiden muss. Manches muss und kann auch auf dem aktuellen Stand bleiben, weil es wichtigere Prioritäten gibt.

Die letzten Abschnitte, insbesondere Kap. 16.8, machen unter anderem deutlich, dass der Einsatz eines Informationsmodells für die Umsetzung von Planungen sehr sinnvoll sein kann. Auch andere zielführende Methoden der Verbesserung sind aber denk- und nutzbar, wenn das Zielbild im Auge behalten wird. Verzetteln darf sich ein Unternehmen dabei nicht.

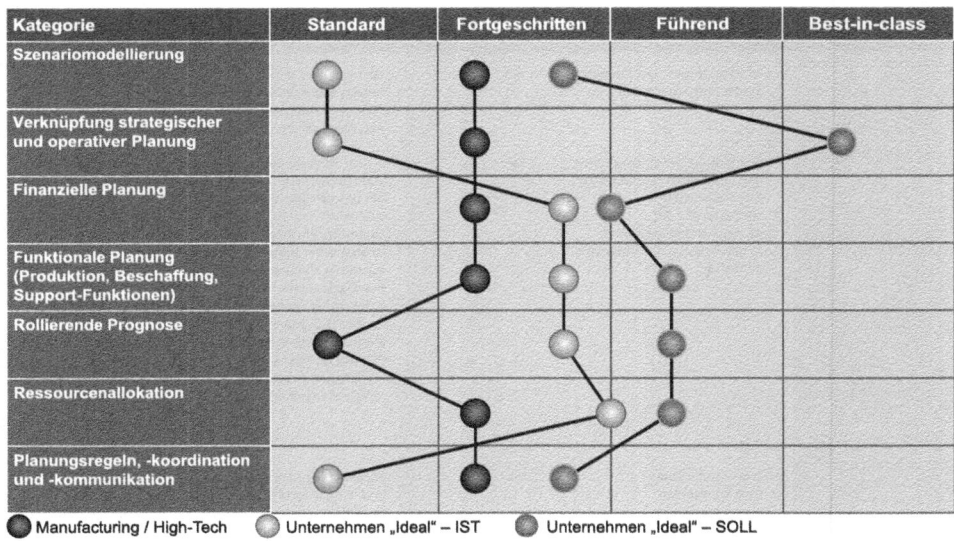

Abb. 16.14 Maturity Matrix (‚Ideal – Ist' vs. ‚Ideal – Soll')

Unser Beispielunternehmen – auch das muss noch einmal betont werden – kann nicht als allgemeingültiges Fallbeispiel betrachtet werden; dafür sind Strukturen, Rahmenbedingungen und Einflussfaktoren viel zu unterschiedlich. Aber in dieser Tatsache steckt auch ein gewisser Reiz: Es ist sicher anregend und nützlich, die Gestaltung einer Unternehmensplanung einmal von einem ganz anderen Blickwinkel aus zu betrachten. Dies kann zum Beispiel dazu führen, dass Manager ganz neue Steuerungsbedürfnisse entdecken. Oder dass ihnen Aspekte bewusst werden, die bisher hinter allzu Selbstverständlichem verborgen waren.

Ein dazu passendes Stichwort könnte der Begriff „Benchmark" sein. Im Prinzip sind Benchmarks gute Anhaltspunkte. Unser Beispielunternehmen ‚Ideal' hat nun allerdings einige Schwerpunkte definiert, die über einem Benchmark liegen müssen, wenn das Unternehmen langfristig im rauen Wettbewerb bestehen will.

Die Schlussfolgerung lautet: Unternehmen, die sich vom Wettbewerb abheben wollen, tun gut daran, wichtige Dinge anders zu machen als andere (siehe Abb. 16.14). Ein Widerspruch zu den Aussagen am Anfang unseres Buches? Keineswegs. Von anderen zu lernen und dennoch eigene Wege zu gehen – diese Synthese wird letztlich zum Erfolg führen.

Anhang

Informationsmodell

Das Informationsmodell (Abb. 1) spiegelt das Zusammenspiel der Informationsanforderungen im Unternehmen wider. Durch die Identifizierung von KPIs können die nötigen Wege eingeschlagen werden, um je nach Bedarf zu handeln. Die abgebildeten Kennzahlensteckbriefe definieren verschiedene KPIs aus der Sicht von Business und IT und bündeln alle relevanten Informationen, die den jeweiligen Treiber betreffen.

Auf der vertikalen Achse werden alle relevanten kennzahlenspezifischen Attribute aufgelistet.

Die horizontal unterlegten Beschriftungen weisen auf die Gültigkeit der spezifischen Attributsausprägung hin.

Zahlungsbereitschaft

Abbildung 2 verdeutlicht die unterschiedliche Zahlungsbereitschaft (Willingness-to-pay) der Kunden in Relation zu den Kosten des Unternehmens. So kann sich ein Unternehmen ein besseres Bild über seine wichtigsten Treiber und deren Einfluss auf die Zahlungsbereitschaft der Kunden machen.

Benchmark-Fragebogen

In erster Linie dient der Benchmark-Fragebogen (Abb. 3) zur Selbsteinschätzung des Unternehmens in Bezug auf den Reifegrad in der Planung und die Identifikation von relevanten Verbesserungspotentialen.

© Springer Fachmedien Wiesbaden 2015
I. Barkalov, *Effiziente Unternehmensplanung,*
DOI 10.1007/978-3-658-06839-4

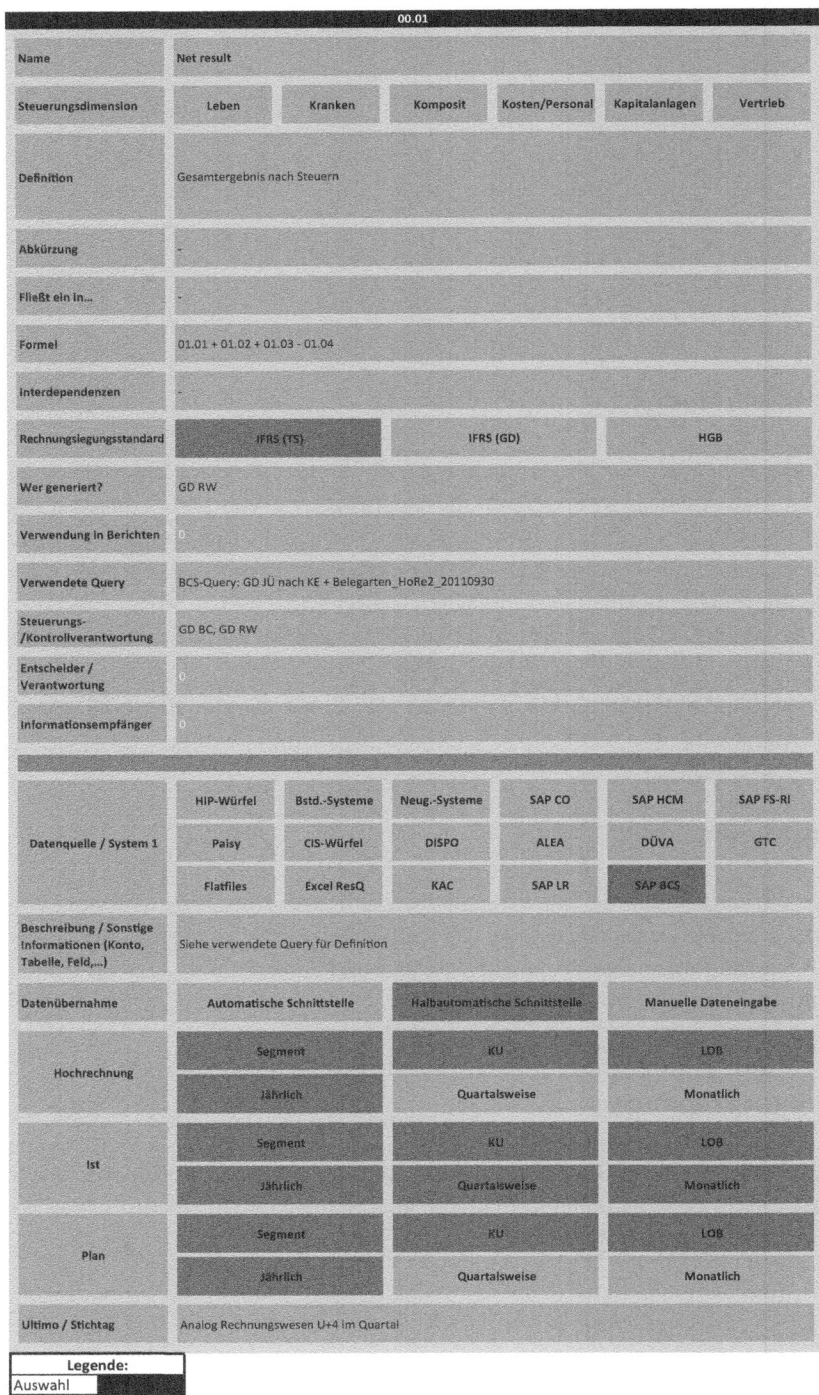

Abb. 1 Informationsmodell KPI – 5 verschiedene Auszüge aus der Tabelle

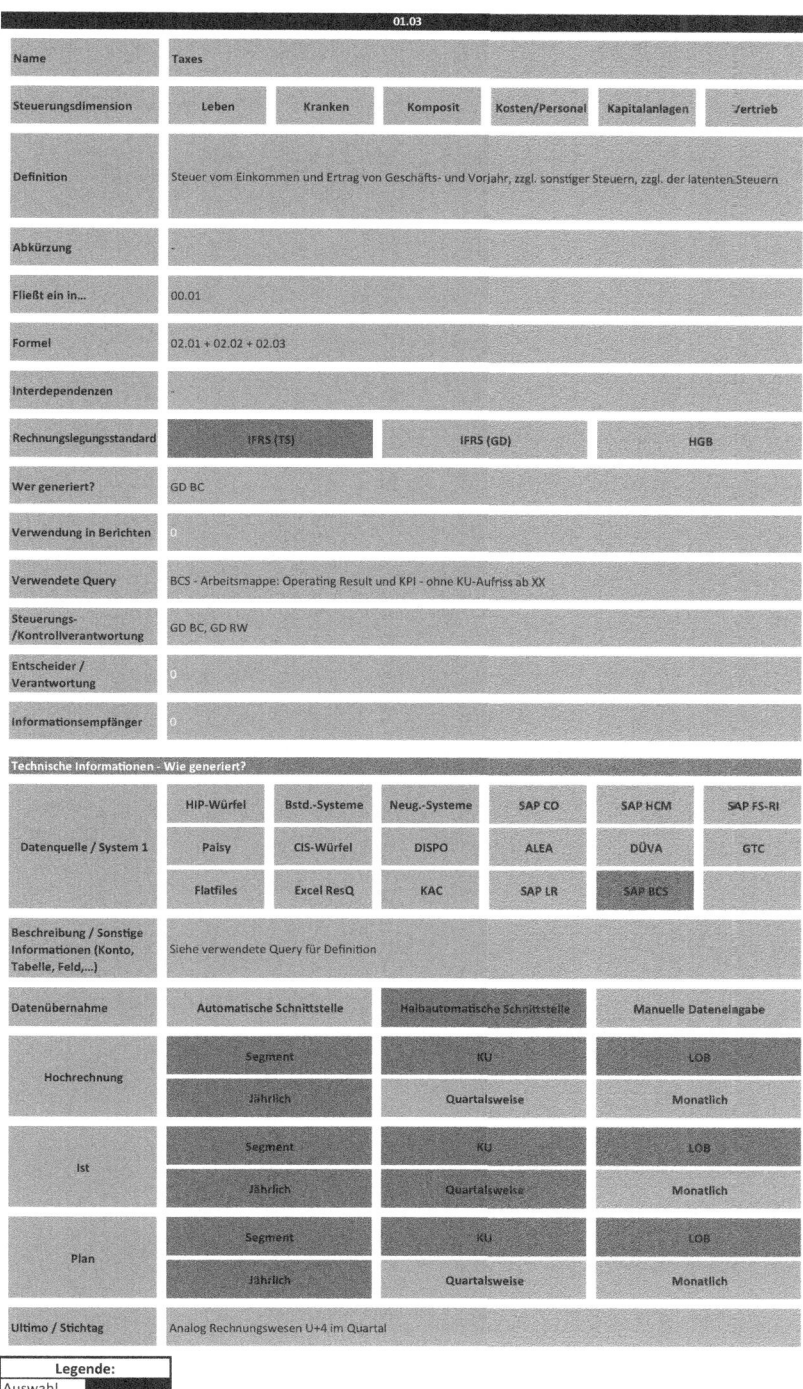

01.03					
Name	Taxes				
Steuerungsdimension	Leben	Kranken	Komposit	Kosten/Personal	Kapitalanlagen	Vertrieb
Definition	Steuer vom Einkommen und Ertrag von Geschäfts- und Vorjahr, zzgl. sonstiger Steuern, zzgl. der latenten Steuern					
Abkürzung	-					
Fließt ein in...	00.01					
Formel	02.01 + 02.02 + 02.03					
Interdependenzen						
Rechnungslegungsstandard	IFRS (TS)		IFRS (GD)		HGB	
Wer generiert?	GD BC					
Verwendung in Berichten	0					
Verwendete Query	BCS - Arbeitsmappe: Operating Result und KPI - ohne KU-Aufriss ab XX					
Steuerungs-/Kontrollverantwortung	GD BC, GD RW					
Entscheider / Verantwortung	0					
Informationsempfänger	0					

Technische Informationen - Wie generiert?

Datenquelle / System 1	HIP-Würfel	Bstd.-Systeme	Neug.-Systeme	SAP CO	SAP HCM	SAP FS-RI
	Paisy	CIS-Würfel	DISPO	ALEA	DÜVA	GTC
	Flatfiles	Excel ResQ	KAC	SAP LR	SAP BCS	
Beschreibung / Sonstige Informationen (Konto, Tabelle, Feld,...)	Siehe verwendete Query für Definition					
Datenübernahme	Automatische Schnittstelle		Halbautomatische Schnittstelle		Manuelle Dateneingabe	
Hochrechnung	Segment		KU		LOB	
	Jährlich		Quartalsweise		Monatlich	
Ist	Segment		KU		LOB	
	Jährlich		Quartalsweise		Monatlich	
Plan	Segment		KU		LOB	
	Jährlich		Quartalsweise		Monatlich	
Ultimo / Stichtag	Analog Rechnungswesen U+4 im Quartal					

Legende:
Auswahl

Abb. 1 (Fortsetzung)

OX.01					
Name	RoRAC Life				
Steuerungsdimension	Leben	Kranken	Komposit	Kosten/Personal	Kapitalanlagen	Vertrieb
Definition	Abkürzung steht für Return on Risk Adjusted Capital und ist ein risikoadjustiertes Perrformance-Maß. Das Geschäftsergebnis nach Steuern (NOPAT) wird ins Verhältnis zum erforderlichen durchschnittlichen Risikokapital gesetzt.				
Abkürzung	-				
Fließt ein in...	-				
Formel	Net Operating Profit After Tax (NOPAT) Life / Risk Adjusted Capital (RAC) Life				
Interdependenzen	0				
Rechnungslegungsstandard	IFRS (TS)		IFRS (GD)		HGB
Wer generiert?	GD BC / GD RW / GD ERM				
Verwendung in Berichten	0				
Verwendete Query	-				
Steuerungs- /Kontrollverantwortung	GD BC / GD ERM				
Entscheider / Verantwortung	0				
Informationsempfänger	0				

Technische Informationen – Wie generiert?

Datenquelle / System 1	HIP-Würfel	Bstd.-Systeme	Neug.-Systeme	SAP CO	SAP HCM	SAP FS-RI
	Paisy	CIS-Würfel	DISPO	ALEA	DÜVA	GTC
	Flatfiles	Excel ResQ	KAC	SAP LR	SAP BCS	
Beschreibung / Sonstige Informationen (Konto, Tabelle, Feld,...)	Siehe Management Report					
Datenübernahme	Automatische Schnittstelle		Halbautomatische Schnittstelle		Manuelle Dateneingabe	

Hochrechnung	Segment	KU	LOB
	Jährlich	Quartalsweise	Monatlich
Ist	Segment	KU	LOB
	Jährlich	Quartalsweise	Monatlich
Plan	Segment	KU	LOB
	Jährlich	Quartalsweise	Monatlich

Ultimo / Stichtag	Analog Rechnungswesen U+4 im Quartal

Legende:
Auswahl

Abb. 1 (Fortsetzung)

K1.01					
Name	Gesamtkosten netto ohne Provisionen / General Expenses				
Steuerungsdimension	Leben	Kranken	Komposit	Kosten/Personal	Kapitalanlagen	Vertrieb
Definition	Differenz zwischen Bruttokosten und Erlösen nach Konzernstandard ohne Berücksichtigung von Provisionsaufwand (inkl. Superprovionen), Vermittlungserträgen und Sonstigen Kosten des Vertriebs (s. auch Kontierungshandbuch SAP FI und Kontenplan RWpedia)				
Abkürzung	-				
Fließt ein in...					
Formel	Bruttokosten (ohne Prov.) - Erträge (DL u. Sonstige)				
Interdependenzen	Unallocated Holding Expenses (UHE)				
Rechnungslegungsstandard	IFRS (TS)		IFRS (GD)		HGB
Wer generiert?	GD-BC				
Verwendung in Berichten	0				
Verwendete Query	SAP BI-Query: ZPHKO_QS_KST1				
Steuerungs-/Kontrollverantwortung	GD-BC, UP-Bereiche KU				
Entscheider / Verantwortung	0				
Informationsempfänger	0				

Technische Informationen - Wie generiert?						
Datenquelle / System 1	HIP-Würfel	Bstd.-Systeme	Neug.-Systeme	SAP CO	SAP HCM	SAP FS-RI
	Paisy	CIS-Würfel	DISPO	ALEA	DÜVA	STC
	Flatfiles	Excel ResQ	KAC	SAP LR	SAP BCS	
Beschreibung / Sonstige Informationen (Konto, Tabelle, Feld,...)	Kostenartengruppe (KAG) 812					
Datenübernahme	Automatische Schnittstelle		Halbautomatische Schnittstelle		Manuelle Dateneingabe	
Hochrechnung	Segment		KU		LOB	
	Jährlich		Quartalsweise		Monatlich	
Ist	Segment		KU		LOB	
	Jährlich		Quartalsweise		Monatlich	
Plan	Segment		KU		LOB	
	Jährlich		Quartalsweise		Monatlich	
Ultimo / Stichtag	Analog Rechnungswesen U+4 im Quartal					

Legende:	
Auswahl	

Abb. 1 (Fortsetzung)

L1.04					
Name	Marge je LOB (Kranken)				
Steuerungsdimension	Leben	Kranken	Komposit	Kosten/Personal	Kapitalanlagen	Vertrieb
Definition	In der Lebens- und Krankenversicherung werden wegen der langjährigen Vertragslaufzeiten Barwertmodelle für eine adäquate Bestandsbewertung eingesetzt. Diese Modelle berücksichtigen die heutigen Werte aller zukünftigen, aus den Versicherungsbeständen resultierenden Aktionärsgewinne. Eine zentrale Kennzahl in diesem Zusammenhang stellt der Neugeschäftswert1 dar, der brachenweit gemäß der European Embedded Value (EEV) oder Market Consistent Embedded Value (MCEV) Methodik berechnet wird. Neben der klassischen				
Abkürzung	NBM				
Fließt ein in...	LX.08				
Formel	Neugeschäftswert Lob / APE Lob				
Interdependenzen	Überschussverwendungsquote Kranken (HGB)				
Rechnungslegungsstandard	IFRS (TS)		IFRS (GD)		HGB
Wer generiert?	KU Mathematik				
Verwendung in Berichten	0				
Verwendete Query	VBM Neugeschäftswert, ZPHLK_QA_VBM_IMMENDORF				
Steuerungs-/Kontrollverantwortung	KU Mathematik				
Entscheider / Verantwortung	0				
Informationsempfänger	0				

Technische Informationen - Wie generiert?

Datenquelle / System 1	HIP-Würfel	Bstd.-Systeme	Neug.-Systeme	SAP CO	SAP HCM	SAP FS-RI
	Paisy	CIS-Würfel	DISPO	ALEA	DÜVA	GTC
	Flatfiles	Excel ResQ	KAC	SAP LR	SAP BCS	
Beschreibung / Sonstige Informationen (Konto, Tabelle, Feld,...)	Die Werte werden in den VBM-Würfel eingetragen und ins LR bzw. BCS eingespielt.					
Datenübernahme	Automatische Schnittstelle		Halbautomatische Schnittstelle		Manuelle Dateneingabe	
Hochrechnung	Segment		KU		LOB	
	Jährlich		Quartalsweise		Monatlich	
Ist	Segment		KU		LOB	
	Jährlich		Quartalsweise		Monatlich	
Plan	Segment		KU		LOB	
	Jährlich		Quartalsweise		Monatlich	
Ultimo / Stichtag	U+8 monatlich					

Legende:
Auswahl

Abb. 1 (Fortsetzung)

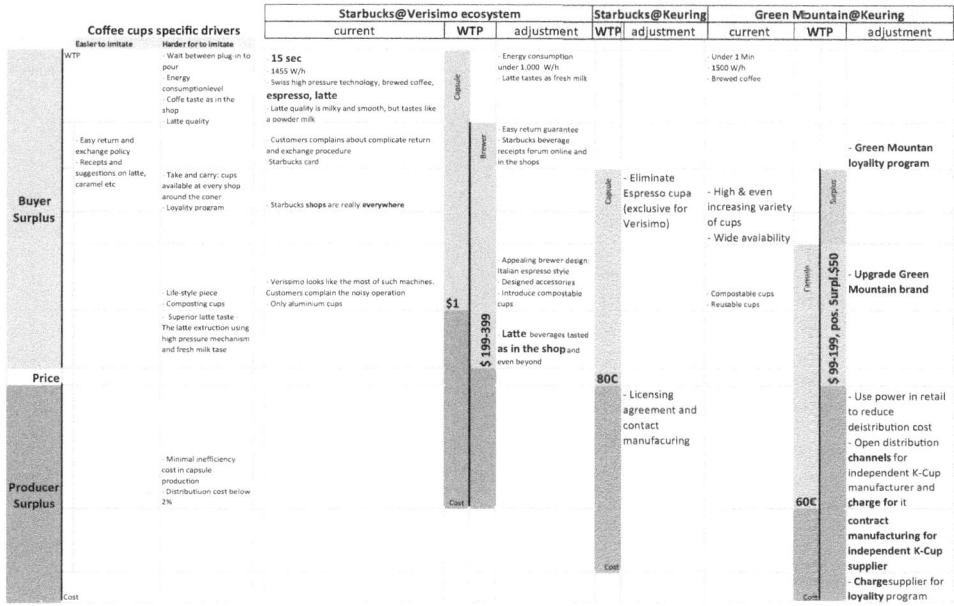

Abb. 2 Zahlungsbereitschaft der Kunden – ein bedeutender Parameter

Allgemeine Planungsfragen

1. Welche Arten von Planung setzen Sie ein?

Bitte kreuzen Sie diejenigen Antworten an, die für Ihr Unternehmen zutreffen. (Mehrfachauswahl möglich)

Die Beantwortung dieser Frage ist für den weiteren Verlauf des Fragebogens sehr wichtig, da in einigen Fragen ebenfalls nach dieser Aufteilung unterschieden wird.

- ☐ Strategische Planung
- ☐ Mittelfristplanung
- ☐ Jahresplanung/Budget
- ☐ Finanzielle Prognose (Bilanz, GuV - "Year End Likely")
- ☐ Szenarioplanung
- ☐ Keine der hier genannten Planungsarten

2. Setzen Sie darüber hinaus weitere Planungsarten ein?

Bitte kreuzen Sie diejenigen Antworten an, die für Ihr Unternehmen zutreffen. (Mehrfachauswahl möglich)

- ☐ Rollierende finanzielle Prognose (Zusätzlich zu "Year End Likely")
-     Operative Prognose (Geschäftssituation über GuV hinaus; z.B. Marktanteil, Preisentwicklung, Auftragslage)
- ☐ Rollierende operative Prognose
- ☐ Sonstige: _____

3. Was charakterisiert Ihre Planung am ehesten?

- ☐ Es existieren schriftlich fixierte und kommunizierte Planungsannahmen, Prämissen und/oder Rahmenbedingungen, die als Planungsgrundlagen für alle Bereiche des Unternehmens gelten.
- ☐ Vorgaben und Ziele aus der strategischen Planung sind nachvollziehbar in den detaillierteren Planungsstufen integriert.
- ☐ Es liegt ein unternehmensweit integriertes Planungsmodell vor, das für Szenarioberechnungen und/oder Simulationen verwendet werden kann.

4. Wie lange ist die Zeitdauer der Planung in Kalendertagen?

Bitte kreuzen Sie diejenigen Antworten an, die für Ihr Unternehmen zutreffen. (Mehrfachauswahl möglich)

	1-3	4-6	7-14	15-30	31-45	46-60	61-90	>90
Strategische Planung	☐	☐	☐	☐	☐	☐	☐	☐
Mittelfristplanung	☐	☐	☐	☐	☐	☐	☐	☐
Jahresplanung/Budget	☐	☐	☐	☐	☐	☐	☐	☐
Finanzielle Prognose (Bilanz, GuV - "Year End Likely")	☐	☐	☐	☐	☐	☐	☐	☐
Szenarioplanung	☐	☐	☐	☐	☐	☐	☐	☐

Abb. 3 Kompletter Fragebogen

5. Wie viele Abstimmungsrunden (z.B. Meetings) zwischen verschiedenen Hierarchieebenen finden pro Planungslauf statt, um Rückfragen und Unklarheiten zu klären?

Bitte kreuzen Sie diejenigen Antworten an, die für Ihr Unternehmen zutreffen. (Mehrfachauswahl möglich)

	1	2	3	4-6	7-12	>12
Strategische Planung	☐	☐	☐	☐	☐	☐
Mittelfristplanung	☐	☐	☐	☐	☐	☐
Jahresplanung/Budget	☐	☐	☐	☐	☐	☐
Finanzielle Prognose (Bilanz, GuV - "Year End Likely")	☐	☐	☐	☐	☐	☐
Szenarioplanung	☐	☐	☐	☐	☐	☐

6. Wie hoch ist der Detailgrad der Planung relativ zu den Ist-Daten, bezogen auf die Breite?

Bitte kreuzen Sie diejenigen Antworten an, die für Ihr Unternehmen zutreffen. (Mehrfachauswahl möglich)

Der Detailgrad in der Breite beschreibt, wie viele unterschiedliche Positionen (z.B. Kosten- oder Umsatzarten) ein Unternehmen in seiner Planung berücksichtigt – verglichen mit der Ist-Berichterstattung in Prozent.

	<5%	bis 20%	bis 40%	bis 60%	>60%
Strategische Planung	☐	☐	☐	☐	☐
Mittelfristplanung	☐	☐	☐	☐	☐
Jahresplanung/Budget	☐	☐	☐	☐	☐
Finanzielle Prognose (Bilanz, GuV - "Year End Likely")	☐	☐	☐	☐	☐
Szenarioplanung	☐	☐	☐	☐	☐

7. Wie hoch ist der Detailgrad der Planung relativ zu den Ist-Daten, bezogen auf die Tiefe - Granularität, Level in der Organisationsstruktur?

Bitte kreuzen Sie diejenigen Antworten an, die für Ihr Unternehmen zutreffen. (Mehrfachauswahl möglich)

Umsatz wird beispielsweise nur für Produktgruppen geplant und nicht für jedes Produkt einzeln, oder es wird nur für einen Geschäftsbereich aggregiert geplant und nicht auf Level einer Niederlassung oder eines Betriebs.

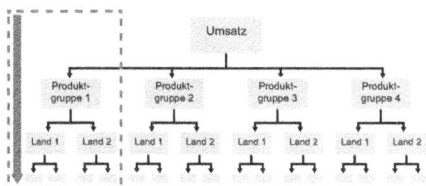

	<5%	bis 20%	bis 40%	bis 60%	>60%
Strategische Planung	☐	☐	☐	☐	☐
Mittelfristplanung	☐	☐	☐	☐	☐
Jahresplanung/Budget	☐	☐	☐	☐	☐
Finanzielle Prognose (Bilanz, GuV - "Year End Likely")	☐	☐	☐	☐	☐
Szenarioplanung	☐	☐	☐	☐	☐

Abb. 3 (Fortsetzung)

8. Bitte spezifizieren Sie den anteiligen Planungsaufwand (in Prozent) für die folgenden Bereiche.

Bitte kreuzen Sie diejenigen Antworten an, die für Ihr Unternehmen zutreffen. (Mehrfachauswahl möglich)

Bitte vergeben Sie insgesamt 100 Prozentpunkte. Als Hilfestellung ist ein mögliches Ergebnis der geplanten Auswertung abgebildet.

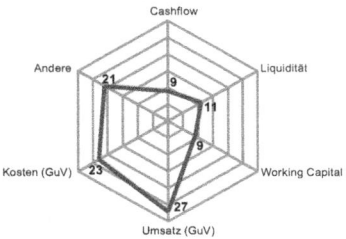

	Umsatz (GuV)	Kosten (GuV)	Cashflow	Liquidität	Working Capital	Andere
Strategische Planung	⌐	⌐	⌐	⌐	⌐	⌐
Mittelfristplanung	⌐	⌐	⌐	⌐	⌐	⌐
Jahresplanung/Budget	⌐	⌐	⌐	⌐	⌐	⌐
Finanzielle Prognose (Bilanz, GuV - "Year End Likely")	⌐	⌐	⌐	⌐	⌐	⌐
Szenarioplanung	⌐	⌐	⌐	⌐	⌐	⌐

Abb. 3 (Fortsetzung)

Maturity Fragen

9. In welchen Fällen setzen Sie Szenarioanalysen ein?

Bitte kreuzen Sie diejenigen Antworten an, die für Ihr Unternehmen zutreffen. (Mehrfachauswahl möglich)

- ☐ Investitionsentscheidungen und Finanzierungsentscheidungen
- ☐ Bilanzplanung
- ☐ GuV-Planung
- ☐ Cash-Flow-Planung
- ☐ Verkaufsplanung
- ☐ Produktionsplanung
- ☐ Sonstige: _____

10. Welche Details charakterisieren Ihre Szenarioanalyse darüber hinaus?

Bitte kreuzen Sie diejenigen Antworten an, die für Ihr Unternehmen zutreffen. (Mehrfachauswahl möglich)

- ☐ Die Szenarioanalyse basiert auf einem unternehmensweiten Planungsmodell.
- ☐ Es wird ein signifikanter Anteil an externen Faktoren in der Szenarioanalyse berücksichtigt.
- ☐ Die Szenarioanalyse ist um Detailpläne mit konkreten Maßnahmen ergänzt.
- ☐ Die Szenarioanalyse wird regelmäßig zur Überprüfung der Wirksamkeit beschlossener Maßnahmen eingesetzt.

11. Wie werden strategische Ziele mit der operativen Planung verknüpft?

Bitte kreuzen Sie diejenigen Antworten an, die für Ihr Unternehmen zutreffen. (Mehrfachauswahl möglich)

- ☐ Strategische Vorgaben sind für operative Bereiche detailliert.
- ☐ Strategische Initiativen sind über Geschäftstreiber mit operativer Planung verknüpft.
- ☐ Mehrfache Top-down- und Bottom-up-Abstimmung.
- ☐ Definierte Feedbackschleifen von operativen Einheiten sind in der strategischen Planung etabliert.

12. Wie sind Ihre finanziellen Teilpläne aufeinander abgestimmt und gibt es Verknüpfungen zur operativen Planung?

- ☐ Bilanzplanung, GuV-Planung und Cashflow-Planung werden weitgehend ohne Abstimmung und voneinander losgelöst geplant.
- ☐ Bilanzplanung, GuV-Planung und Cashflow-Planung sind aufeinander abgestimmt.
- ☐ Ein allgemeines Planungsmodell verknüpft operative Teilpläne mit der gesamten finanziellen Planung.
- ☐ Ein allgemeines Planungsmodell verknüpft operative Teilpläne mit der gesamten finanziellen Planung. Zusätzlich werden zentrale Geschäftstreiber in unterschiedlichen Szenarien analysiert.

13. Sind Ihre funktionalen Bereiche in Form einer integrierten Planung miteinander verknüpft?

- ☐ Die Planung der funktionalen Bereiche findet in getrennten Silos statt und basiert überwiegend auf historischen Werten.
- ☐ Die Produktions- und Beschaffungsplanung ist mit der Verkaufsplanung verknüpft.
- ☐ Der auf Produkte bzw. Produktgruppen herunter gebrochene Absatzplan ist Startpunkt für die funktionale Planung (End-to-End Prozess).

Abb. 3 (Fortsetzung)

14. Wie wird mit der rollierenden Prognose in Ihrem Unternehmen umgegangen?

Bitte beantworten Sie diese Frage nur, wenn in Ihrem Unternehmen eine rollierende Planung eingesetzt wird.

☐ Konzerncontrolling analysiert Abweichungen zwischen Ist, aktueller und vergangener Prognose sowie Plan.

☐ Prognosegenauigkeit als Teil des Managementprozesses. Operative Entscheidungen werden eher aus FC abgeleitet (weniger Planung).

☐ Prognosegenauigkeit als Teil der persönlichen Zielvereinbarung.

15. Wie werden Ressourcen (z.B. Investitions- oder Erweiterungsbudgets) in Ihrem Unternehmen allokiert?

☐ Die Ressourcenallokation basiert auf Bottom-up-Planungen. Budgets sind auf ein Kalenderjahr fixiert. Eine Anpassung/Kürzung erfolgt überwiegend proportional.

☐ Die Ressourcenallokation basiert auf Top-down-Planungen, wobei einzelne Investitionsverpflichtungen berücksichtigt werden. Budgets sind auf ein Kalenderjahr fixiert.

☐ Die Allokation von Ressourcen wird im Jahresverlauf angepasst. Investitionen werden nach klaren Bewertungsregeln allokiert.

☐ Es gibt einen internen Marktplatz (z.B. Priorisierungsworkshop) zur Verteilung von Investitionsressourcen, der auf dem Wertbeitrag der Projekte aufsetzt. Eine regelmäßige Überprüfung findet unterjährig statt.

16. Wie werden Ziele, Planungsablauf und Termine in Ihrem Unternehmen kommuniziert?

☐ Ein einmalig definiertes Planungshandbuch wird um die Jahresziele erweitert. Das Konzerncontrolling übernimmt die Prozesskoordination.

☐ Ziele sind auf die Unternehmenseinheiten heruntergebrochen. Dahinterstehende Annahmen zur zukünftigen Entwicklung sind kommuniziert. Regelmäßige Rekalibrierungsrunden sind vorgesehen. Klare Rollen und Verantwortungen sind definiert. Umfängliche individuelle Beiträge zur Planerreichung sind weitgehend über das Berichtswesen nachvollziehbar.

☐ Die Planung wird von externen Ereignissen ausgelöst und ist nicht rein kalenderbasiert. Es existiert ein flexibles, szenariobasiertes Berichtswesen. Geschäftstreiber sind ein integraler Bestandteil im Reporting und Controlling der jeweiligen Abteilungen.

Abb. 3 (Fortsetzung)

Detailfragen Business Analytics

17. Neue Datenquellen für "Big Data" (z.B. Clickstream Daten, Social Media, intelligente Geräte) sind immer häufiger Verfügbar. Verwenden Sie deartige Daten in Ihrem Planungsprozess?

- ☐ Ja
- ☐ Es ist für die Zukunft angedacht
- ☐ Nein

18. Kennen Sie Business Analytics?

Business Analytics verwendet große Datenmengen („Big Data"), statistische Verfahren, quantitative Analysen, Prognosemodelle und Fakten zur Entscheidungsfindung. Business Analytics kann als Input für menschliche Entscheidungen oder für vollständig automatisierte Entscheidungen eingesetzt werden.

- ☐ Ja
- ☐ Nein

19. Wurden in Ihrem Unternehmen in der Vergangenheit signifikante Verbesserungen (Umsatzsteigerungen oder Kosteneinsparungen) durch Business Analytics realisiert?

- ☐ Nein
- ☐ Ja, einmalige Verbesserung
- ☐ Ja, regelmäßige Verbesserungen

20. Auf welcher Unternehmensebene wurden die größten analytischen Geschäftspotenziale identifiziert?

- ☐ Abteilungen
- ☐ Geschäftsbereiche
- ☐ Geschäftsprozesse
- ☐ Unternehmensführung

21. Verwenden Sie die Ergebnisse von Business Analytics in Ihrem Planungsprozess?

- ☐ Ja
- ☐ Nein

22. Wie werden analytische Geschäftspotenziale in Ihrem Unternehmen umgesetzt?

- ☐ Fokussierte Umsetzung von relevanten Anwendungen in den einzelnen Geschäftsbereichen
- ☐ Zentrale Definition von analytischer Strategie und Roadmap für die Umsetzung in den Haupt-Geschäftsbereichen
- ☐ Zentrale Steuerung und unternehmensweite Umsetzung von analytischen Geschäftspotenzialen durch das Management

Abb. 3 (Fortsetzung)

23. Wie stellen Sie sicher, dass analytische Fähigkeiten in Ihrem Unternehmen eingesetzt werden?

Bitte kreuzen Sie diejenigen Antworten an, die für Ihr Unternehmen zutreffen. (Mehrfachauswahl möglich)

- ☐ Das Top-Management unterstützt den Einsatz von analytischen Fähigkeiten
- ☐ Förderung des Einsatzes von analytischen Fähigkeiten durch Bonusprogramme
- ☐ Schaffung von Anreizen zur Anwendung von analytischen Fähigkeiten in den persönlichen Zielvereinbarungen
- ☐ Direkte Beteiligung von Mitarbeitern an analytischen Geschäftspotenzialen (z. B. Beteiligung an Umsatzsteigerungen)
- ☐ Sonstige:

24. Wie stellen Sie sicher, dass analytische Fähigkeiten in Ihrem Unternehmen verfügbar sind?

Bitte kreuzen Sie diejenigen Antworten an, die für Ihr Unternehmen zutreffen. (Mehrfachauswahl möglich)

- ☐ Unternehmensweite Suche nach analytischen Mitarbeitern
- ☐ Punktueller Einkauf von externen Experten
- ☐ Bereitstellung von analytischen Schulungen für Mitarbeiter
- ☐ Gezieltes Recruiting von analytischen Experten
- ☐ Formalisierte Job-/Rollen-Rotationen von analytischen Experten
- ☐ Aufbau von analytischen Competence Centern zum Wissensaustausch

Abb. 3 (Fortsetzung)

Einordnungsfragen

25. Wie reif schätzen Sie die Planung Ihres Unternehmens ein?

Bitte beurteilen Sie den Reifegrad im Sinne der Maturity Matrix nach Beantwortung der bisherigen Fragen.
Nähere Informationen zur Maturity Matrix entnehmen Sie bitte der beigelegten Informationsbroschüre.

☐ Standard
☐ Fortgeschritten
☐ Führend
☐ Best-in-class

26. Wie erfolgreich schätzen Sie Ihr Unternehmen ein, im Vergleich zu Ihrem stärksten Wettbewerber?

☐ deutlich weniger erfolgreich
☐ weniger erfolgreich
☐ genauso erfolgreich
☐ erfolgreicher
☐ deutlich erfolgreicher

27. In welcher Branche ist Ihr Unternehmen tätig?

☐ Automobil
☐ Bau
☐ Chemie
☐ Einzelhandel
☐ Finanzdienstleistung
☐ Industrie
☐ IT
☐ Konsumgüter
☐ Lebensmittel
☐ Logistik
☐ Maschinenbau
☐ Medien
☐ Pharmazie und medizinische Versorgung
☐ Rohstoffe
☐ Software
☐ Telekommunikation
☐ Versicherung
☐ Versorgung
☐ Sonstige: _____

28. Wie viele Mitarbeiter beschäftigt Ihr Unternehmen?

☐ bis 250
☐ 250 - 1.000
☐ 1000 - 5.000
☐ 5000 - 10.000
☐ 10.000 - 50.000
☐ über 50.000

Abb. 3 (Fortsetzung)

29. Wieviel Umsatz hat Ihr Unternehmen im vergangenen Jahr erwirtschaftet?

☐   bis 250 Mio. €
☐   250 - 500 Mio. €
☐   500 Mio. - 2 Mrd. €
☐   2 - 10 Mrd. €
☐   10 - 50 Mrd. €
☐   über 50 Mrd. €

30. Wenn Sie Anmerkungen oder Fragen haben, können Sie uns diese gerne mitteilen. Ihre Angaben werden selbstverständlich vertraulich behandelt.

31. Gerne senden wir Ihnen die Umfrageergebnisse zu.

☐   Bitte senden Sie mir die Umfrageergebnisse elektronisch an die untenstehende eMail-Adresse.
☐   Bitte senden Sie mir die Umfrageergebnisse schriftlich an die untenstehende Adresse.

Name:
Funktion:
Unternehmen:
Straße:
PLZ, Ort
eMail-Adresse:

Vielen Dank für Ihre Teilnahme!

Igor Barkalov
Principal
Performance Management & Analytics
Capgemini Consulting
Berliner Straße 76, 63056 Offenbach
phone: +49 69 9515 1120
mail: igor.barkalov@capgemini.com

Sibylle Mume
Senior Consultant
Performance Management & Analytics
Capgemini Consulting
Karlstraße 12, 80333 München
phone: +49 151 4025 2127
mail: Sibylle.Mume@capgemini.com

Abb. 3 (Fortsetzung)

Branchen-Benchmark vs. Best-in-Class-Benchmark

Durch die Vielzahl an ausgewerteten Fragebögen konnten Branchenbenchmarks und die jeweiligen Best-in-Class-Unternehmen für die nachfolgenden Branchen erstellt werden (Abb. 4, 5, 6, 7, 8, 9, 10, und 11).

Consumer Products Retail

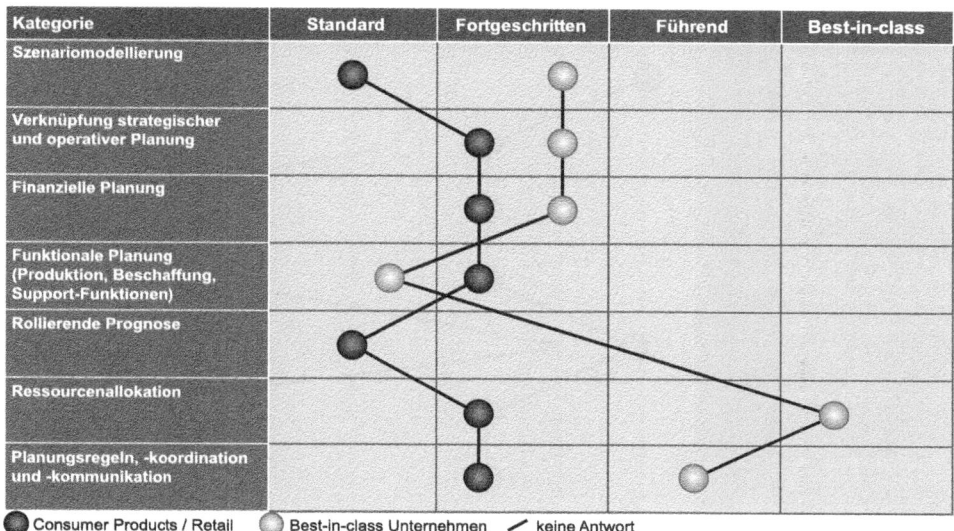

Abb. 4 Consumer Retail Benchmark (BIC)

Distribution/Transport

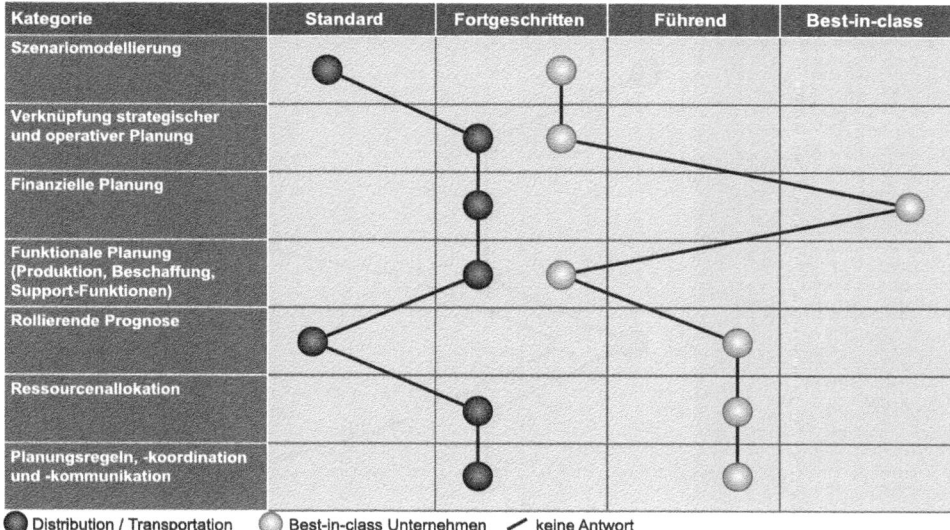

Abb. 5 Distribution/Transport Benchmark (BIC)

Energy/Utilities/Chemicals

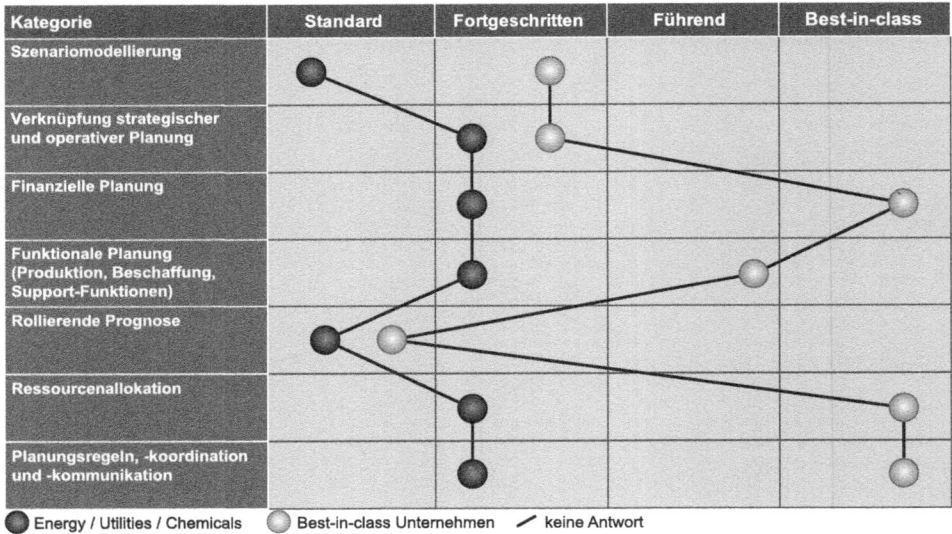

Abb. 6 EUC Benchmark (BIC)

Financial Sector

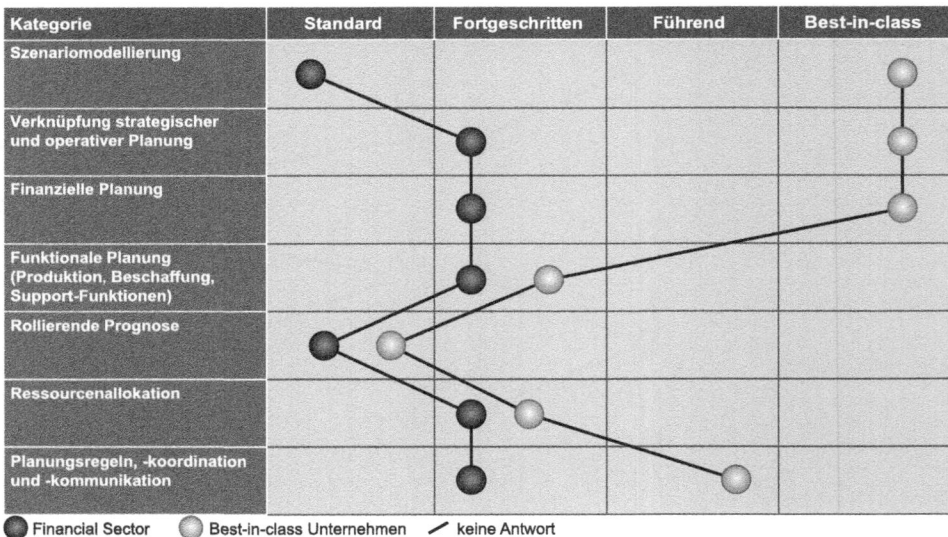

Abb. 7 Financial Sector Benchmark (BIC)

Life Science

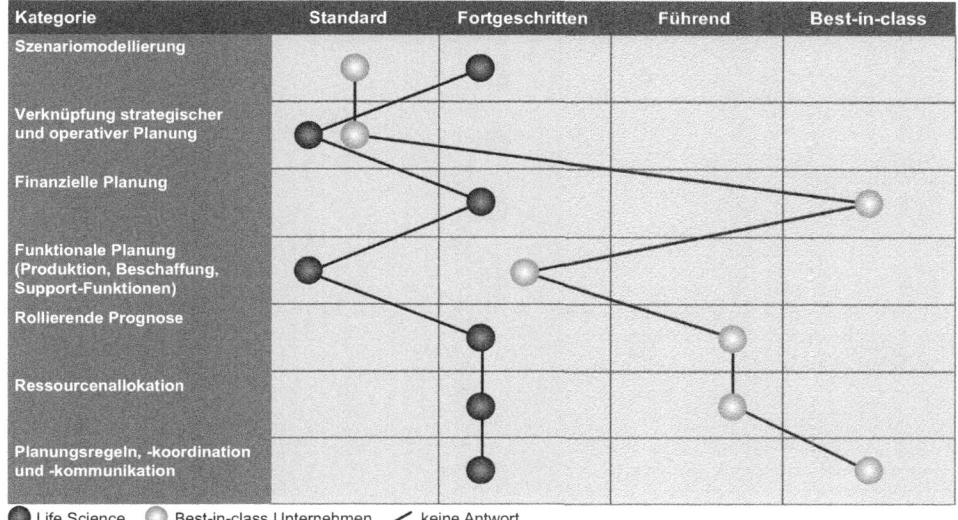

Abb. 8 Life Science Benchmark (BIC)

Manufacturing/High-Tech

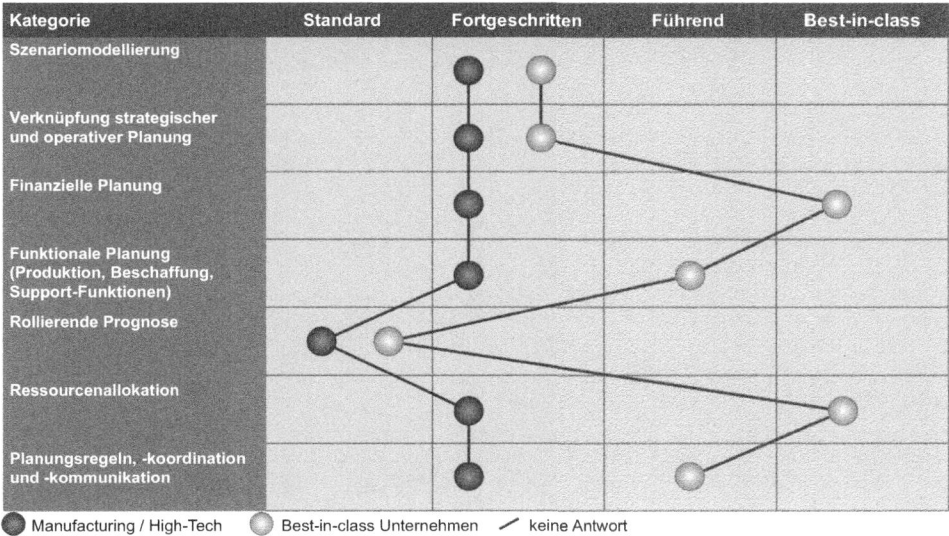

Abb. 9 Manufacturing Benchmark (BIC)

Real Estate

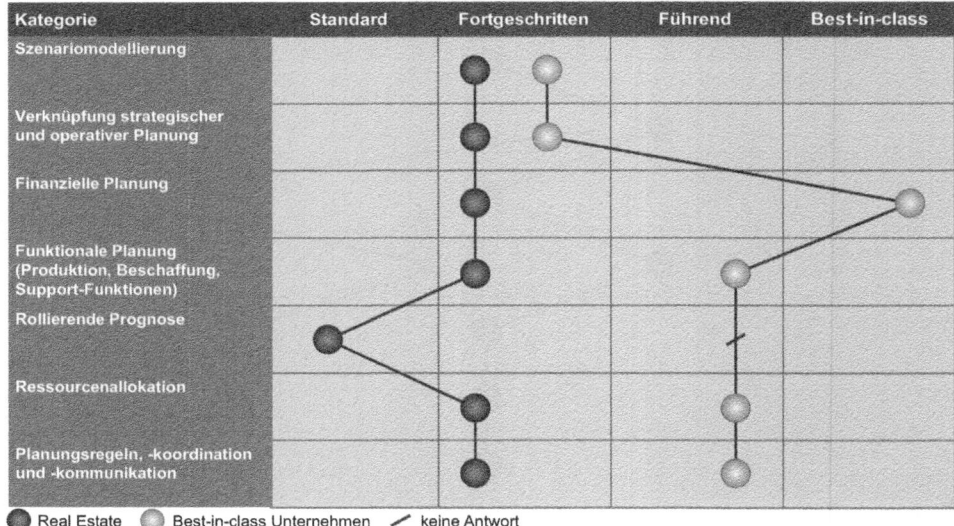

Abb. 10 Real Estate Benchmark (BIC)

Telecommunication/Media/Entertainment

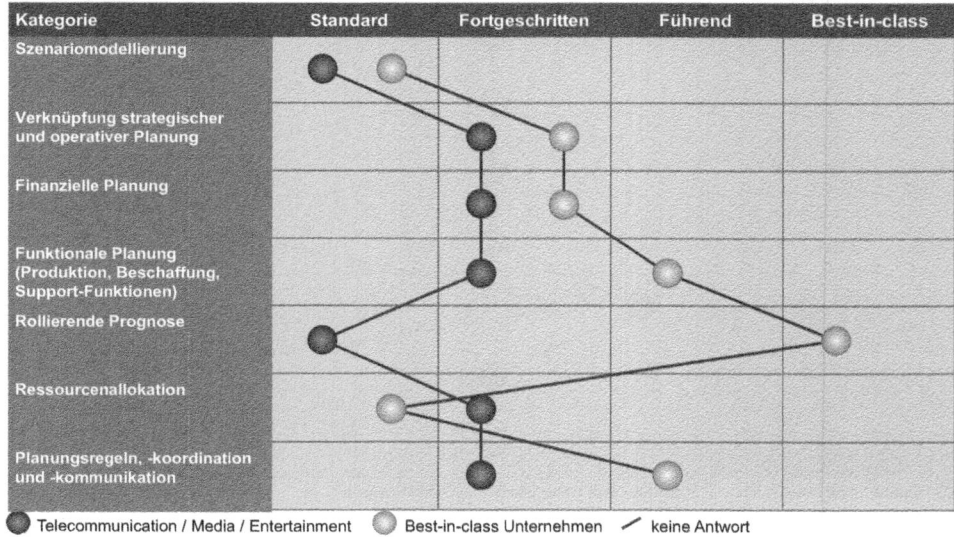

Abb. 11 TME Benchmark (BIC)

Unternehmensbenchmark im Vergleich mit zwei Branchenbenchmarks

Durch das Geschäft mancher Unternehmen kann eine Berücksichtigung von Benchmarks der angrenzenden Branchen von Bedeutung sein. Dadurch gestaltet sich der Benchmark-Vergleich komplexer (Abb. 12 und 13).

Energy & Manufacturing

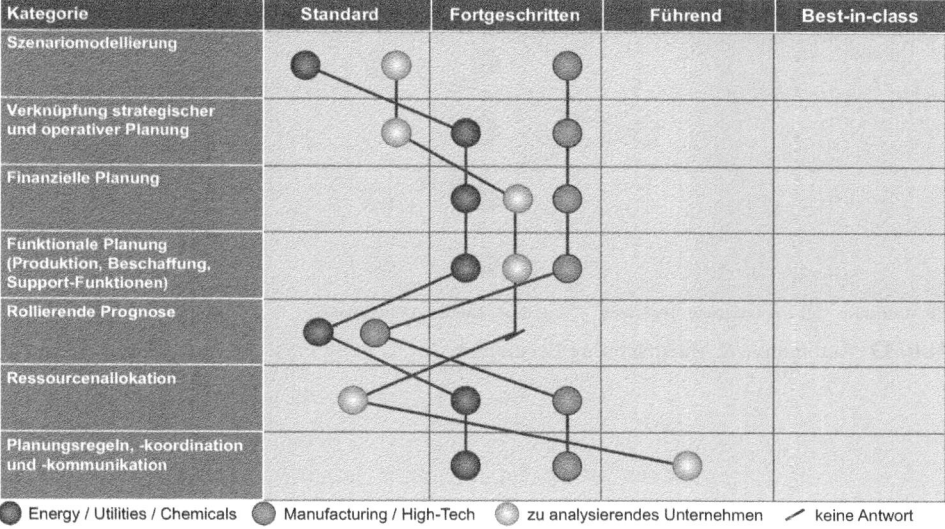

Abb. 12 Energy & Manufacturing Benchmark

Automotive & Manufacturing

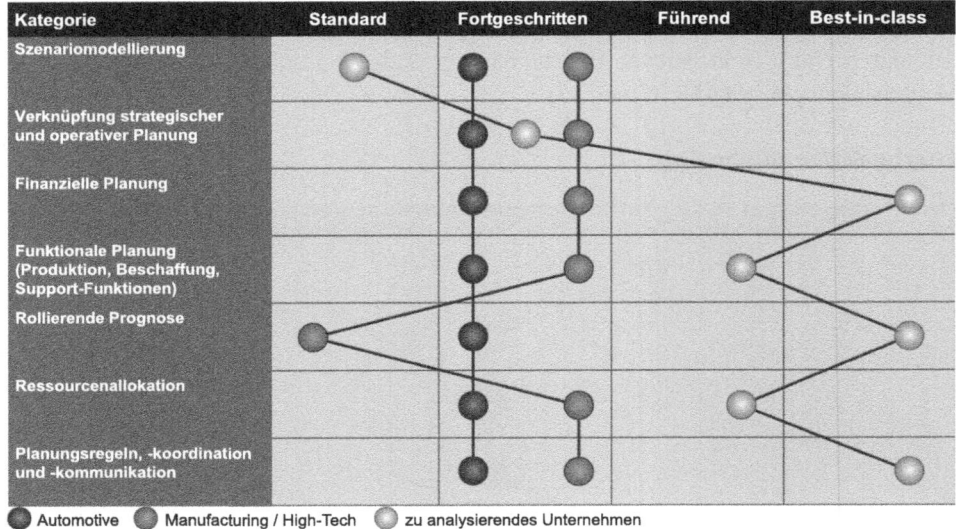

Abb. 13 Automotive & Manufacturing Benchmark

Literatur

Barkalov I, Martin J, Wagner P (2010). Forward Visibility Survey (1. Edition). Survey Document. Capgemini Consulting. https://www.de.capgemini-consulting.com/resource-file-access/resource/pdf/forward_visibility_0.pdf. Zugegriffen am: 10.1.2015

Barkalov I, Martin J, Mume S, Metz M, Wagner P, Jiang K (2013). Forward Visibility Survey (2. Edition). Capgemini Consulting. https://www.de.capgemini-consulting.com/resource-file-access/resource/pdf/forward_visibility_2edition13_09_web_1.pdf. Zugegriffen am: 10.01.2015

Berger W (2014). A More Beautiful Question: The Power of Inquiry to Spark Breakthrough Ideas, Bloomsbury USA

Hoppe J (2002). Unternehmensplanung: Die falschen Ziele. http://www.handelsblatt.com/archiv/viele-manager-kalkulieren-mit-kuenstlichen-zahlen-unternehmensplanung-die-falschen-ziele/2167226.html. Zugegriffen am: 10.01.2015

Horwath R (2014). Elevate: The Three Disciplines of Advanced Strategic Thinking, John Wiley & Sons, Inc.

Marciano S (2008). Strategy Essentials, NYU Stern

Schoen O, Hensle H, (2012). Adding Agility to Execution: Strategic Planning in the Digital Age. Survey Document. Capgemini Consulting. https://www.capgemini-consulting.com/resource-file-access/resource/pdf/Adding_Agility_to_Execution__Strategic_Planning_in_the_Digital_Age.pdf. Zugegriffen am 10.1.2015

Smith S (2014), Managing for Success: Practical Advice for Managers, Cambridge Hill Press

Surdak C (2014), Data Crush: How the Information Tidal Wave is Driving New Business Opportunities, AMACOM

Ward D (2014), F.I.R.E.: How Fast, Inexpensive, Restrained, and Elegant Methods Ignite Innovation, Published by arrangement with HarperBusiness, an imprint of HarperCollins Publishers.

© Springer Fachmedien Wiesbaden 2015
I. Barkalov, *Effiziente Unternehmensplanung,*
DOI 10.1007/978-3-658-06839-4

Sachverzeichnis

© Springer Fachmedien Wiesbaden 2015
I. Barkalov, *Effiziente Unternehmensplanung,*
DOI 10.1007/978-3-658-06839-4

The manufacturer's authorised representative in the EU is Springer
Nature Customer Service Centre GmbH, Europaplatz 3, 69115 Heidelberg,
Germany. If you have any concerns regarding our products, please
contact ProductSafety@springernature.com

Printed and bound by CPI Group (UK) Ltd, Croydon, CR0 4YY
27/04/2026
02097603-0007